NA PONTA DA LÍNGUA

NA PONTA DA LÍNGUA

GASTROBIOGRAFIA DO CHEF
RENATO CALEFFI

Todos os direitos reservados
Copyright © 2017 by Editora Pandorga

Direção Editorial
Silvia Vasconcelos
Produção Editorial
Equipe Editoral Pandorga
Curador Editorial
Alexandre Carvalho
Preparação
Andreia Barboza
Revisão
Tássia Carvalho
Ana Death Duarte
Projeto gráfico e diagramação
Vanúcia Santos (AS Edições)
Capa
Vanúcia Santos (AS Edições)
Fotografias
Victor Affaro
Tadeu Brunelli
Caio Braga
Roberto Voltan

Texto de acordo com as normas do Novo Acordo Ortográfico da Língua Portuguesa
(Decreto Legislativo nº 54, de 1995)

DADOS INTERNACIONAIS DE CATALOGAÇÃO NA PUBLICAÇÃO (CIP)
Ficha elaborada por: Tereza Cristina Barros - CRB-8/7410

Caleffi, Renato.
  Na ponta da língua : gastrobiografia do chef Renato Caleffi / Renato Caleffi. — 1. ed. — São Paulo : PandorgA, 2017.
  320 p. ; 16 x 23 cm.

  ISBN 978-85-8442- 219-7
  1. Caleffi, Renato 2. Chefes de cozinha 3. Culinária 4. Gastronomia 5. Saúde – Promoção I. Título. II. Gastrobiografia do chef Renato Caleffi

04.07/021-2017   CDD- 641.5

2017
IMPRESSO NO BRASIL
PRINTED IN BRAZIL
DIREITOS CEDIDOS PARA ESTA EDIÇÃO À
EDITORA PANDORGA
RODOVIA RAPOSO TAVARES, KM 22
GRANJA VIANA – COTIA – SP
Tel. (11) 4612-6404
www.editorapandorga.com.br

DEDICATÓRIA

OBRIGADO, ALEXANDRE CARVALHO POR COLABORAR E CONTRIBUIR NA CURADORIA DE IDEIAS E SÍNTESE DE TANTAS INFORMAÇÕES SOBRE MEU PASSADO, PRESENTE E INÚMEROS TEMAS ENVOLVIDOS. ESCREVER UM LIVRO REQUER ABDICAR DE VIDA SOCIAL, NECESSITA DE HORAS DEBRUÇADAS EM MADRUGADAS E FINAIS DE SEMANA; SEM O SEU APOIO, JAMAIS TERIA CONSEGUIDO.

Por fim, agradeço a todos os envolvidos na minha inesquecível jornada até os dias de hoje.

ROSA MORAES

DIRETORA DE HOSPITALIDADE,
ARTES & DESIGN | HOSPITALITY,
ARTS & DESIGN DIRECTOR
DIRETORA DE COMUNICAÇÃO E R.P
IPR AND COMMUNICATIONS DIRECTOR

INTRODUÇÃO

Renato Caleffi é o que eu descreveria como símbolo de resistência no meio gastronômico e vem, desde o início da nossa relação – primeiro, acadêmica, e, hoje, de mercado – enfrentando bravamente as batalhas da vida, sempre demonstrando enorme amor e disposição para ir a fundo em tudo o que escolhe fazer.

O primeiro paredão derrubado por esse bravo paulistano, na verdade, foi o grande sinal que ele deu para a vida de que não se subjugaria às imposições sociais, abandonando a profissão de advogado, para a qual estudou por anos e da qual toda a sua família gostava, para virar cozinheiro.

Na segunda das pelejas que gostaria de destacar aqui, eu estive diretamente envolvida e sou, de uma certa forma, responsável. Aluno da primeira turma de gastronomia da Universidade Anhembi

Morumbi e a participar de um intercâmbio cultural promovido pelo curso, viajou para a pequena cidade espanhola de Lasarte-Oria, na província de Guipúzcoa, para estagiar no estrelado restaurante Martin Berasategui. Lá, as coisas não foram nada fáceis para os jovens destemidos que embarcaram nessa empreitada e muitos, inclusive, desistiram. Renato foi um dos que ficou até o final, absorvendo cada gota de conhecimento oferecida pelo talentoso e durão chefe Basco.

Já, mesmo quando ainda cursava Direito, Renato estagiava na cozinha do Mestiço. Achei interessante que, quando conversávamos para que eu escrevesse esta introdução, ele me confessou que ficou em pânico quando, no início das aulas do seu curso de gastronomia, pedi a ele que superasse a timidez e contasse para a classe o porquê de estar ali. Por que querer fazer gastronomia?

Essa é mais uma prova de que Renato é um ser humano que se fortalece a partir dos desafios. Quem o assiste em uma palestra ou o escuta em uma roda de bate-papo não o descreveria como uma pessoa tímida. Ele argumenta que adquiriu experiência de falar com o público sobre técnicas gastronômicas. Que, quando o assunto é esse universo, um cozinheiro desembaraçado toma conta dele.

Acredito que muito dessa intimidade vem do fato de ele ter contato com a cozinha desde pequeno, como ele mesmo conta neste livro, quando passava férias na casa da avó, na cidade de Piraju, interior de SP, e a ajudava a cozinhar. Aliás, essa, para mim, é a melhor forma de se iniciar na cozinha. Assim, Renato começou a aprender a fazer pão, rosquinhas, carnes e massas para o cardápio dos domingos da família.

A alimentação orgânica foi o desafio, dentre muitos outros, que marcou a sua identidade no mundo da gastronomia. Renato apostou nesse conceito, pelo qual brigou por muito tempo, e mostrou que, mesmo em um país onde os produtos advindos desse cultivo ainda são restritos à elite, era possível crescer e promover uma transformação cultural.

Essas e outras histórias formam a vida e as memórias desse incrível cozinheiro, pelo qual tenho grande admiração e orgulho de ver onde ele está e a bandeira que empunha com muita paixão. Renato não só defende uma gastronomia mais saudável para os dias de hoje, como também influencia os jovens que serão os responsáveis pela cozinha do amanhã.

Em **Na Ponta da Língua**, ele traz, de forma singular, o que chama de gastrobiografia, e conta como foi influenciado por essas inspirações, desde criança até os dias de hoje. Essa longa entrevista única contará de forma emocionante e engraçada como essas experiências influenciaram a vida e a cozinha desse grande profissional.

JOANA MURA
Nutricionista - CRN3 nº160

NUTRIÇÃO E GASTRONOMIA FUNCIONAIS

A NUTRIÇÃO FUNCIONAL é uma maneira dinâmica de **abordar, prevenir e tratar** desordens crônicas complexas por meio da detecção e correção dos desequilíbrios que geram as doenças. Esses desequilíbrios ocorrem devido à inadequação da qualidade da nossa alimentação, do ar que respiramos, da água que bebemos, dos exercícios (a mais ou a menos) e das alterações emocionais que passamos. (Gabriel de Carvalho)

A produção alimentar visando a atender aos pré-requisitos de um prato envolve o plano alimentar adequado, receituário, técnica de preparo, cortes e temperaturas ideais aliadas à mistura de cores e sabores associada ao princípio ativo próprio de cada alimento. Essa fusão de ciência e transformação culinária possibilita a transformação do prato, via de saudabilidade e respeito, à identidade cultural alimentar.

A preocupação crescente com a saúde e com o bem-estar, mudanças na regulamentação dos alimentos e a crescente comprovação científica das relações existentes entre dieta e saúde levaram o Chef Renato Caleffi a incorporar o conceito de alimentos funcionais e transformá-los em pratos e arte culinária. Sua missão transformou-se, o ato de levar saúde passou a priorizar o desenvolvimento de um trabalho baseado na Gastronomia Funcional, que atende aos apelos do dia a dia, somados ao carinho, respeito e beleza do empratado.

A descoberta do Renato foi um presente, desses que a vida nos dá e que o tempo torna melhor na certeza do primeiro encontro, quando sentimos que ganhamos um parceiro, amigo e filho postiço a quem mostrei um caminho. E hoje você me devolve o brilho e o respeito pela Nutrição, traduzida na Gastronomia Funcional.

De coração,
Joana Mura.

CARLA SERRANO

GASTRÔNOMA, ESPECIALISTA E
PROFESSORA DE CONFEITARIA
E PANIFICAÇÃO SEM GLÚTEN
E SEM LATICÍNIOS

ALERGIAS E INTOLERÂNCIAS ALIMENTARES E DESORDENS RELACIONADAS AO GLÚTEN

ALERGIAS

São reações do sistema imunológico às proteínas dos alimentos, liberando anticorpos no organismo contra esses antígenos (proteínas). Essa reação incita outras células a liberarem substâncias químicas que causam os sintomas alérgicos, como dores abdominais, urticárias, asma, edema de glote, entre outros.

Exemplo: Alergias às proteínas do leite animal: caseína, betalactoglobulina e alfa-lactoalbumina.

INTOLERÂNCIAS

São causadas pela não produção ou diminuição da produção de uma determinada enzima digestiva, levando a desconfortos gástricos significativos.

A mais comum é a intolerância à lactose (açúcar do leite), que se dá pela ausência ou diminuição da enzima lactase.

DESORDENS RELACIONADAS AO GLÚTEN

- Doença Celíaca (DC)
- Sensibilidade ao Glúten Não Celíaca (SGNC)
- Alergia ao glúten presente no trigo, na cevada ou no centeio.

• **DOENÇA CELÍACA**

É uma condição autoimune, permanente, associada à ingestão contínua de alimentos contendo glúten, a qual afeta pessoas geneticamente predispostas. O glúten é uma proteína presente nos seguintes alimentos: trigo, centeio, cevada e aveia (por contaminação). Essa doença pode se manifestar em qualquer idade. O número de celíacos, com diagnóstico comprovado, é de cerca de 1% da população mundial. A DC é uma doença sistêmica, podendo apresentar até 300 sintomas, sendo muitos deles não gástricos. Mas no intestino delgado, causa atrofia das vilosidades, que são as responsáveis pela absorção dos nutrientes, levando a sérios problemas nutricionais e doenças associadas. O único tratamento é uma dieta livre de glúten em sua composição ou por contaminação cruzada por toda a vida.

- **SENSIBILIDADE AO GLÚTEN NÃO CELÍACA**

É uma doença, relativamente, nova, na qual não ocorre a atrofia das vilosidades intestinais. Os pacientes apresentam sintomas gástricos semelhantes à DC. A restrição aos alimentos com glúten tem que ser rigorosa como na DC.

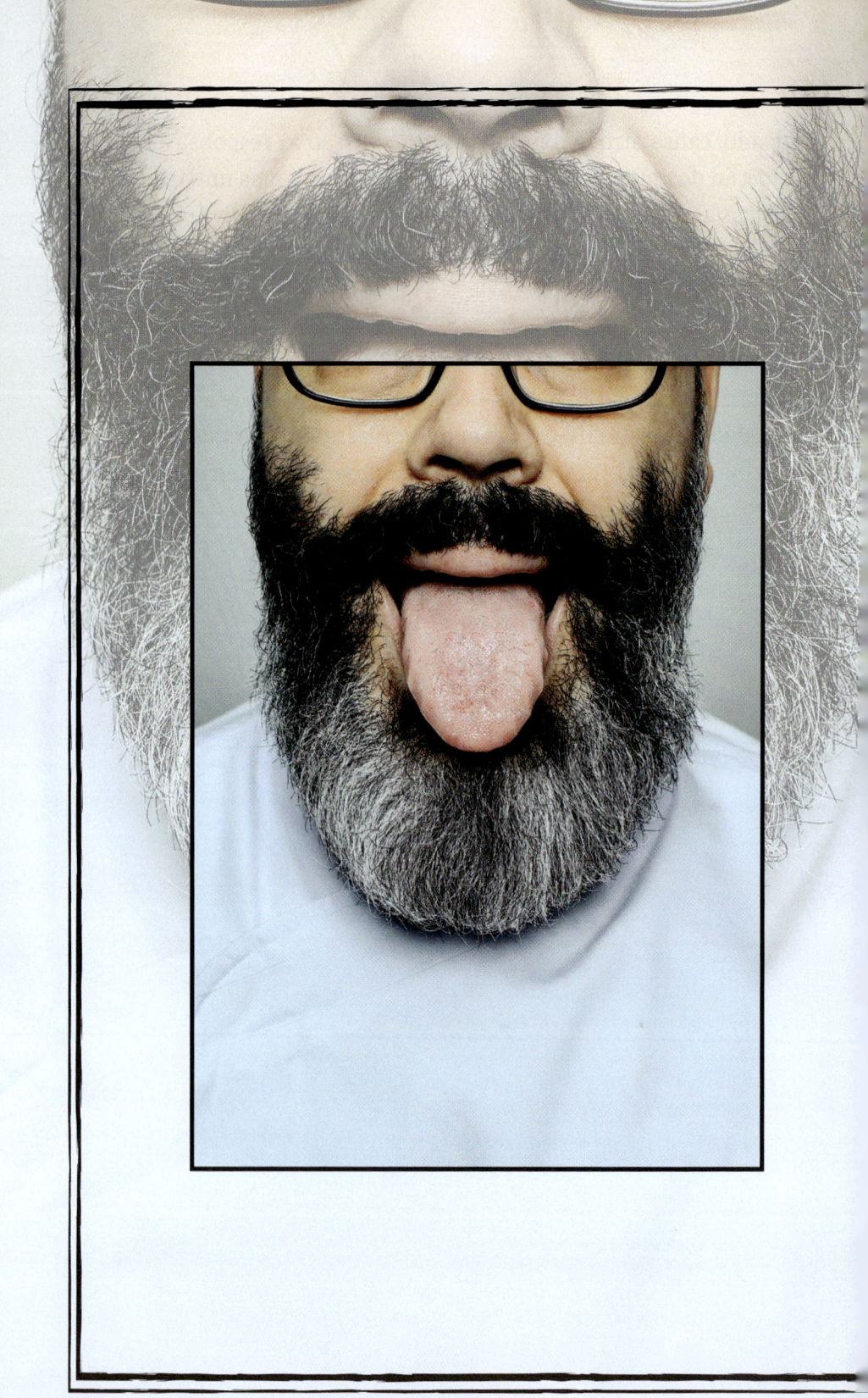

GASTRONOMIA FUNCIONAL

Gastronomia Funcional = Alimentos (orgânicos, de agroecologia, de agricultura familiar) + Nutrição Funcional + Individualidade Bioquímica + Gastronomia = Ciência + Arte = Sabor + Saúde.

Eu até poderia dizer que toda essa lógica é comida de verdade, comida limpa, comida de alma, mas preferi criar um conceito e uma corrente nova: a gastronomia orgânica e funcional. Há 10 anos as pessoas estavam muito sonolentas em relação aos malefícios dos industrializados, agrotóxicos, glúten e descobriam doenças e sensibilidades novas. As causas dessas doenças apareciam, e muitos alimentos foram apontados com péssimas funções para nossa boa qualidade de vida. Eu resolvi, então, construir uma gastronomia que ajudasse essas pessoas que saíam dos consultórios bem perdidas e desmotivadas, perguntando "E agora o que vou comer?".

Algumas pessoas alegam que todo alimento funciona para alguma coisa, mas, afinal de contas, se tudo é alimento, podemos cometer banalizações quando pensamos que tudo funciona para alguma coisa. Há alimentos que podem fazer mal para algumas pessoas, há comida que é conhecida inadequadamente como alimento e que também pode causar doenças. O mundo mudou, novas doenças apareceram, e devemos pensar, sim, nas funções, interações e performances nutricionais e funcionais.

O conceito de gastronomia funcional criado pela Dra. Joana D'arc P. Mura e por mim, para o capítulo "Gastronomia Funcional Aplicada aos Esportes", no Tratado de Nutrição Esportiva Funcional de Valéria Paschoal e Andréia Naves, mostra que gastronomia funcional pode ser conceituada como a união da produção alimentar observando tendências multiculturais com a utilização do conhecimento científico, bioquímico, fisiológico e genético, viabilizada pela técnica dietética, para preservação dos aspectos nutricionais dos alimentos. Evidencia o papel dos fitoquímicos agregados às rotas químicas e bioquímicas, para contemplar a expressão da suscetibilidade genética por meio de cardápios modulados com foco na individualidade bioquímica e genética.

MANIFESTO DE GASTRONOMIA

Funcional

- ✯ Valorize a utilização de princípios bioativos e fitoquímicos, buscando a preservação e máxima interação entre os alimentos para melhorar a biodisponibilidade de nutrientes.

- ✯ Priorize os alimentos in natura, preferencialmente orgânicos ou da sazonalidade, ricos em fibras solúves, prebióticas e fontes de ômega 3.

- ✯ Elimine todo alimento transgênico e que recebe irradiação, aditivos químicos, conservantes e drogas veterinárias.

- ✯ Use ingredientes provenientes do comércio justo, que ajudem no desenvolvimento da hospitalidade brasileira e incremento de comunidades.

- ✯ Reduza a utilização de proteínas animais, amplie seu repertório vegano, bem como técnicas crudivoristas, evitando as proteínas vegetais de difícil digestão.

- ✯ Condene o uso de gordura refinada, transgênica e hidrogenada.

- ✯ Explore alimentos com propriedades anti-inflamatórias, antioxidantes, destoxificantes, alcalinizantes e que melhorem a carga glicêmica.

- ✯ Use com parcimônia sal e açúcar de qualidade e procedência comprovadas.

- ✯ Elimine panelas, materiais, utensílios e formas de armazenamento que contaminem a comida.

- ✯ Equilibre o sabor, a cor e o aroma para resultar em uma comida saborosa e repleta de saúde.

Chef Renato Caleffi

OS PRIMEIROS SINAIS DO QUE ESTAVA POR VIR: DESCOBERTAS E RECEITAS DE UM MENINO NA COZINHA.

A calma toma conta do espaço. São pouco mais de dez e quinze, uma manhã de sábado. Estamos ainda nos familiarizando com o que deve se suceder nas próximas horas. Os passos dados frouxamente, quase erráticos, pelo caminho revelam isso. A roda do corpo se move silenciosa e devagar, enquanto ambos, por dentro, estamos certamente articulando o início dessa que será uma longa conversa.

A Fundação Maria Luisa e Oscar Americano ou, mais precisamente, a casa onde viveram seus antigos proprietários, ergue-se então diante de nós entre as árvores. Ainda vou perguntar ao chef por que escolheu aquele lugar. A casa, projetada em 1953 por Oswaldo Bratke, é um legado modernista com suas formas racionalistas e funcionalistas. Olho para o casarão e teço conjecturas de como deverá ser uma cozinha modernista. Nada está ali por mera ornamentação. Como não estamos a passeio. O único elemento de adorno é a própria natureza, com a qual a obra do arquiteto dialoga o tempo todo.

Renato aprecia isso. E me conta sobre as vezes em que veio até o local, acompanhado da família ou de amigos, situações em que orgulhosamente assumia o papel de guia para os novos visitantes. Primeiros sinais de um futuro líder na cozinha? Nada posso afirmar ainda. Curiosamente, a casa foi transformada em fundação no ano de 1974, ano em que o chef nasceu. Ele não sabia disso. Desde então a fundação passou a ser administrada pelos cinco filhos de Maria Luisa e Oscar. Volto os olhos para a imensidão do verde ao redor e penso nos filhos enquanto crianças brincando. Estamos próximos do salão de chá, mas decidimos permanecer andando em torno da casa pelo jardim. Dou uma rápida passada de olhos em meu bloco de anotações e então pergunto se podemos começar.

Quais as primeiras imagens da infância que vêm à sua mente, associadas à comida ou ao ato de comer?
Lembro-me das entradinhas e dos petiscos que minha mãe fazia para receber meu pai do trabalho, com queijinhos, azeitonas, pastinhas e *petit fours*. Meus irmãos e eu ficávamos escondidos assistindo e mendigando as comidinhas, e isso me emociona só de lembrar. (Pausa para enxugar as lágrimas.)

Seus irmãos também ajudavam nesses preparos ou você já era o "chefinho" oficial da família?
Não me recordo de vê-los cozinhando, com exceção da minha irmã, Silvia, mais tarde, já adolescente preparando doces. Na verdade, fui o primeiro chefinho de casa mesmo.

Além do seu pai, como era a sua relação na cozinha com as mulheres da família?
Outra imagem é a de minha avó pedindo ajuda para sovar seus pães caseiros e ajudá-la no preparo de rosquinhas de natas. Mas muitas outras imagens fazem parte de minha memória, como as de minhas

tias ralando milho para fazer pamonha no fogão à lenha, ou mesmo da minha tia Diva e Neusa confeccionado queijo fresco e doce de leite com leite fresco vindo da fazenda. Tudo muito simples e natural.

E como essas imagens foram evoluindo ao longo de sua passagem pela infância?

Depois de algum tempo meu pai sofisticou minha memória com as comidas mais elaboradas como a do extinto restaurante *Padock*, onde o sorvete vinha com gelo seco derramando fumaça pelo salão ou do peixe ao molho Veronique de uvas e vinho branco, assim como as *paellas* do Don Curro. Outra coisa de que me lembro são os equipamentos e utensílios que minha mãe vivia comprando na UD, feira de utensílios domésticos. Eu ficava enlouquecido e admirava todos eles; provavelmente, se naquela época tivéssemos thermomix, por ela já teria comprado e eu me apaixonado por ele há muito tempo.

Ah, ainda vamos falar sobre o seu fascínio por eletrodomésticos, além, é claro, de sua paixão por thermomix, mas antes disso qual a sua comida predileta quando criança? E hoje, como adulto, isso mudou muito?

Minha especialidade era fazer e comer omeletes e ovos mexidos. Até hoje faço de forma especial e com extremo cuidado, assim como me considero bem exigente e, talvez, um dia crie um concurso de a melhor omelete, pois de fato percebo que o preparo delas é uma arte! Recordo-me de que minha tia Diva amava minha omelete e vivia pedindo para eu fazer. Eu não poderia acreditar que de fato fazia uma omelete deliciosa e sempre achei que os elogios eram porque ela estava com preguiça de cozinhar; hoje me lamento por não ter preparado tantas omeletes para ela como gostaria. Tenho certeza de que ela falava sério, mas ela não está mais conosco. Vou confessar que sonho de vez em quando que estou preparando omeletes para ela. Vou até colocar uma receita de omelete neste livro em homenagem a minha tia.

Espero poder provar...
Sim.

Mas a vida não era só feita de omeletes, vamos combinar...
(Risos) Bem, eu adorava todas as gordices que hoje tenho a consciência de que não fazem bem para a saúde, como bolachas recheadas, danoninhos, salgadinhos e frituras. Claro que paguei o preço de ser uma criança gorda e cheia de complexos, e já na adolescência passei por um endócrino para emagrecer. E vale lembrar o fato de que, mesmo que um gordo se torne magro, o DNA da obesidade vai acompanhá-lo pelo resto de sua vida; isso me motiva a não me enganar nas escolhas atuais e nos exageros por comida errada.

Mas voltando às omeletes e aos ovos...
Eles continuam sendo minhas predileções, assim como sopas, risotos, ceviches, bem como os sabores e perfumes vindo do alecrim, cardamomo, ervas e especiarias em geral. Outro prato que adoro e que está relacionado à minha infância é a galinhada. Sempre provo as galinhadas de restaurantes, pois me lembra a fazenda, o arroz de suã e galinhadas que minha mãe, avó e tias preparavam enquanto eu brincava com meus primos: pescávamos tilápias no açude ou caminhávamos a cavalo, na fazenda Água da Estiva em Pirajú, interior de São Paulo.

Ainda vamos falar mais à frente sobre a sua produção literária para o público infantil, mas, aproveitando o gancho, isso tudo se conecta? Suas lembranças de criança e a personagem que criou para as crianças?

Nunca pensei nisso, mas agora de fato faz sentido. Achaz, o herói de minha série infantil, se parece muito comigo, não apenas fisicamente, mas com minha história, ou seja, uma criança curiosa e louca por cozinhar, muito ligada à sua avó, ao sítio, à natureza e às primeiras aventuras na cozinha. E ainda descobriremos que, assim como eu, adora viajar (risos).

Como começou sua relação com a gastronomia?

Com certeza ainda na fase infantil. Eu adorava comer bem e de tudo; bom, para ter uma ideia eu era uma criança acima do peso e muito tímida, e enquanto meus primos brincavam, corriam e faziam esportes, eu gostava muito de observar as pessoas cozinhando. Cresci numa família boêmia que adorava celebrar a vida em restaurantes e em festas com muita comilança. Fui levado a muitos restaurantes e de diferentes cozinhas e estilos, como húngaras, alemãs, italiana, nordestina, francesa... e sempre provava de tudo, observando cada detalhe.

Houve algum estímulo da família?

Ainda quando criança, cheguei a ganhar de meu pai muitas revistas de receitas culinárias infantis e também participei de workshops de receitas na escola. E, que fique claro, sem intenção nenhuma de pensar nisso tudo com profissão.

Qual era o "menu" do menino Renato?

Adorava preparar saladas, patés e até drinks.

E onde se davam esses "grandes banquetes"?

Toda minha infância foi no interior de SP, como Piraju e Tatuí, onde tínhamos sítio e chácara. Observava minha avó e tias cozinhando:

comida simples, despretensiosa e saborosa. Então passei a ajudá-las a fazer pães, rosquinhas, mexer as panelas e com isso me tornei alvo de piadinhas.

Piadinhas, como assim?
Tais piadinhas vindas de meus primos e tios me fizeram reprimir meus desejos culinários. Passei a crescer com o objetivo de me tornar advogado e juiz de Direito. Isso significa que interrompi tudo relacionado à gastronomia durante muitos anos, trancando tudo isso dentro de mim como se fosse algo errado, como se um homem não pudesse fazer comida, arrumar cama, limpar casa, lavar louça. Sim, outros tempos, mas, de fato, uma criação muito machista e que, ainda bem, foi embora!

Mas, antes disso, quando criança você já se imaginava como um cozinheiro profissional?
Eu não tinha consciência disso, sabia apenas que adorava cozinhar e provar sabores novos. Nem sequer poderia imaginar que existia uma profissão como essa, muito ao contrário das crianças de hoje em dia, não é? Lembro que meu pai dizia muito que um dia eu teria um restaurante, mas ele também dizia que eu seria salsicha, então eu não levava isso muito a sério (risos).

Você já inventava receitas?
Quando criança testava algumas receitas como vitaminas, patés, mas foi por volta dos meus vinte anos que me dei conta de que poderia ser cozinheiro profissional, embora não imaginasse que seria capaz de me tornar um, até porque desde cedo fui influenciado a seguir a carreira do Direito.

Você tem alguma lembrança interessante de criança que se relacione hoje com o que você se tornou?
Eu me lembro de que observava muito a minha avó na cozinha e minha irmã, que adorava fazer bolos e caldas. A ganache, por exemplo,

foi uma inspiração de minha irmã, foi ela quem me ensinou ainda criança como era feita uma ganache, evidentemente clássica. Eu adorava folhear os livros de receitas de minha avó, mãe e irmã, lia e relia e admirava as ilustrações. Recordo-me de que não entendia como o livro de receitas de minha mãe continha receita de espetinhos de salsicha enrolada em bacon, ovo frito e coisas tão simples, mas descobri que ela, quando se casou, não sabia nem mesmo quebrar um ovo (risos), ela era publicitária e, de repente, passou a ser dona de casa e mãe. Também me recordo de que adorava brincar de fazer comidinha com folhas e galhos, brincar de escolinha, aliás, eu tinha que ser sempre o professor e era uma briga só para isso acontecer. E, por incrível que pareça, também adorava escrever historinhas e poemas.

E sua mãe, como participou de tudo isso?

Minha mãe sempre me incentivou a cozinhar e escrever. Foi ela quem me ensinou a preparar a primeira omelete e ovo mexido. Na verdade, ela sempre cozinhou por necessidade e não pela grande paixão pelo ato de cozinhar, e isso eu percebia no sabor da comida. Mas ela era uma excelente mãe e também me incentivava a criar meus livrinhos de historinhas e poemas. Na realidade, de uma forma geral, vejo que minha infância me influenciou muito e, hoje, só posso ser muito grato ao destino e à vida, pois hoje sou cozinheiro, professor e escritor. Pensando nisso tudo, precisamos estar atentos aos gostos e afinidades de nossos filhos, pois podemos encorajá-los e motivá-los a serem pessoas melhores e mais felizes.

Você teve uma grande fonte de inspiração?

Com certeza as mulheres de minha vida como minha avó, minha irmã, minha mãe e tias.

Como Almodóvar no cinema...

Sim (risos). Mas também me recordo da Tia Anastácia do Sítio do Pica-Pau Amarelo; lembro-me de sua cozinha com as panelas penduradas e os armários cheio de gavetas com possibilidades de guardar todos os temperos, também assisti por outro lado, ao lado de minha avó, a programas como o da Ofélia enquanto ela preparava o almoço, e claro que eu prestava muita atenção e tentava ajudá-la depois na cozinha. Minha irmã sempre foi doceira e boleira desde adolescente, e eu observava sua montagem de bolos, docinhos e ganaches. Já a minha mãe, como tinha uma queda por preparar aperitivos, petiscos e entradas, também me inspirou muito e tudo isso foi totalmente absorvido por mim! Por outro lado, como falei, meus pais me carregavam para diversos restaurantes e eu não perdia uma oportunidade para observar tudo, do garçom ao cozinheiro e chef. Em relação às minhas tias do interior de São Paulo, por exemplo, donas de casa dedicadas, eu as observava fazendo as comidas mais simples e deliciosas, na cidade ou na fazenda.

E eis que de repente o bacharel em direito, de aluno de gastronomia, vira chef de restaurante?
Sim, mas não foi tão fácil assim, aliás, foi seguido de muita dúvida, insegurança e preconceito dos amigos e da família. Eu diria que foi uma insistência que gerou tantos frutos que ninguém imaginaria isso para minha vida.

Você cursou Direito, mas voltou para o universo da gastronomia. Como e quando isso aconteceu?
Mesmo cursando Direito eu ainda pensava em cozinhar, claro que isso aflorou no último ano quando percebi que a rotina de um advogado não era o que buscava, sobretudo as injustiças dentro do ramo; mas são histórias que prefiro guardar comigo (risos).

Sim, a justiça nem sempre parece justa...
Talvez fosse um gatilho de fuga, mas o fato é que passei a fazer cursos de culinária, preparar jantares em casa e investir em livros

de receitas. E tinha uma vontade louca por comida exótica, tanto que cheguei a comprar uma enguia e levar na casa de uma amiga para ela preparar. E vale lembrar que, na casa dessa amiga, a matriarca era alemã e o pai, peruano, imagine o cardápio dessa família? Com isso pude conhecer sabores novos, internacionais e clássicos, além de perceber o óbvio, que de fato eu não sabia cozinhar nada. Certa vez, pedi para ela preparar um bolo de cenoura, o meu predileto, e ela não tinha farinha de trigo, mas preparou o bolo com muito carinho com farinha de mandioca. E sabe que ficou gostoso e me influenciou a criar receitas novas e sem glúten depois de muitos anos? Vale também relembrar que foi com essa família que experimentei a primeira vez o ceviche, algo totalmente novo, na época, aqui no Brasil. Hoje, o ceviche é minha comida predileta.

E como você lidava com essa "dupla identidade" na carreira?

Bem, ainda na faculdade de Direito, passei a fazer cursos e módulos de cozinhas na Escola de Cozinha Wilma Kovesi, e foi no curso de comida tailandesa que conheci a chef Ina de Abreu do restaurante Mestiço, em São Paulo. Nesse dia ela confessou que tinha uma grande dificuldade de encontrar mão de obra qualificada e ficou encantada por saber que eu estava finalizando o curso de Direito e iria ingressar no universo da gastronomia. Ela insistiu para que eu fosse conhecer o Mestiço, seu restaurante. Eu fui e disse que poderia ser o chef dela.

Sério que disse isso? E ela?

Ela pensou, pensou e eu insisti tanto que resolveu me contratar. E, infelizmente, descobrimos que eu não estava apto ainda para o cargo; ela ainda foi muito gentil e me ofereceu um estágio. Foi nesse estágio que aprendi como criar uma cozinha organizada e como é importante ter uma linha de produção definida e estruturada. Essa é uma das explicações do sucesso desse restaurante. Essa forma de trabalhar, da Ina de Abreu, marcou definitivamente minha vida. Saí do Mestiço para ser assistente de um chef argentino, chamado Max Murray, que me levou para um bistrô chamado Riso. Lá ele me ensinou muito de receitas clássicas ao seu estilo e me incentivou a fazer a faculdade de gastronomia.

E, então, você foi cursar definitivamente?
Fui da primeira turma da Anhembi Morumbi, graças a ele; porém, o chef Max ficou pouco tempo nesse bistrô. Fui convidado a ser estagiário, depois saladeiro, cozinheiro, e por fim, chef. Meu direcionamento passou a ser direto com a proprietária, Solange Macedo, e o período em que estive por lá foram quatro anos de muita alegria e aperfeiçoamento, onde tive a liberdade de criar e aplicar todo o meu conhecimento da faculdade de gastronomia e pude desenvolver, não só meu repertório autodidata, mas a profissão de professor, além de criar novas técnicas de liderança, afinal, eu era muito imaturo na época.

Como foi a transição do ramo do Direito para a gastronomia?
Na verdade, sofri um pouco. Fui bombardeado pelo preconceito mais uma vez na minha vida; minha família não aceitava muito bem o fato de eu abandonar uma carreira praticamente iniciada, uma vez que já estava com o futuro garantido em um escritório de advocacia. Foi difícil até para os colegas de direito e do escritório. Meu patrão ficou muito desapontado comigo e ninguém entendia muito essa mudança, aliás, ninguém enxergava muito futuro para mim, depois disso.

Ademais, ser um cozinheiro talvez não agregasse status como o título de Doutor naquela época.
Mas, como sempre, segui meu caminho e sonho; e, sem exagero, o próprio Direito me ajudou muito. A grande bagagem do Direito

me tornou mais exigente, crítico e determinado. No ramo do Direito, precisa-se estudar e ler muito a respeito de um único tema. Isso me impulsionou a ir todos os dias na biblioteca da faculdade de gastronomia, e, sim, era ainda uma época de biblioteca, onde lia muitos livros com as histórias e receitas, assim como revistas relacionadas à área. Dessa forma criei minhas próprias receitas, passei a dominar mais os termos técnicos e a desenvolver meus próprios métodos. Eu estudava muito, pois precisava correr contra o tempo, me achava velho para reiniciar uma carreira e precisava me recolocar no mercado para poder ganhar dinheiro.

Algum conselho importante surgiu nas aulas de gastronomia que fez a diferença naquele momento?
Um dia, a professora de gastronomia me disse que estava percebendo que eu adorava criar e mudar as receitas e que, ao contrário, eu deveria aproveitar o momento para fazer como estavam ensinando e de forma clássica, sem alterar nada para que, depois de adquirir conhecimento técnico, pudesse mudar e alterar tudo. Esse conselho foi de grande influência para meu futuro profissional.

Qual a ligação deste local, a Fundação Maria Luisa e Oscar Americano, com você? Alguma relação gastronômica?
Sim, na verdade esse local também me inspira. É pura natureza dentro da cidade de São Paulo. Já vim aqui, pelo menos, umas menos dez vezes. E todas foram de grande emoção. Gosto de tra-

zer pessoas queridas aqui. No início, adorava tomar o chá da tarde, mas agora, com minhas restrições alimentares, isso se tornou mais difícil. Certa vez, trouxe a minha madrinha, que não está mais entre nós, mas que por exemplo me ensinou a fazer uma carne de panela, quando ainda eu era criança. Todas as vezes que faço carne de panela ou ragout, eu me lembro dela e tento deixar a carne com aquele sabor delicioso que ela chamava de molho ferrugem.

Ferrugem me lembra o passar do tempo… Algo a dizer?
O tempo passou e tive que lidar com as memórias e as novas técnicas e experiências que aprendi. Muitas vezes é frustrante nunca mais provar o sabor que está armazenado em sua memória, outras é difícil admitir que o que muitas vezes me influenciou tive que mudar e alterar para se ajustar ao meu novo mundo ou conceito. Mas é interessante ter esse olhar para o passado e ver como as coisas evoluíram com o passar do tempo. Não se falava em orgânicos ou agrotóxicos, conservantes e aditivos químicos; sequer em agricultura familiar, comércio justo, hospitalidade. Não era preciso dizer sobre a alimentação consciente. O que aconteceu ao longo dos anos foi um processo muito importante.

IDENTIDADE

OS INGREDIENTES PARA A CRIAÇÃO DE UM CONCEITO E UMA ASSINATURA PESSOAL COMO CHEF.

As pessoas vão chegando aos poucos. Famílias jovens, algumas crianças, senhorinhas, atletas em sua melhor forma, senhores em busca de uma nova silhueta, todos imbuídos da mesma razão, e as sacolas recicláveis rapidamente denunciam o objetivo. É dia de feira orgânica no Parque da Água Branca, na região da Barra Funda, em São Paulo. São sete e vinte da manhã de sábado. Quem madruga, sabe a diferença que é fazer feira o mais cedo possível: a chance de encontrar os legumes e verduras mais frescos e bonitos. Mesmo para uma feira de orgânicos, o ritual da madrugada faz sentido. De fato, tudo parece muito bonito e saudável, pelo menos aos meus olhos. O que diria um chef do alto de sua experiência? Certamente irei perguntar e me lembro de que preciso comprar cenouras.

Interrompo a minha tentativa inicial de selecionar os legumes, dizendo ao produtor que voltarei logo após o café, pois meu convidado já chegou. Ali do lado, no Raiz Café, o chef aguarda.

Com alguns quitutes orgânicos sobre a mesa e um café americano entre as mãos — assemelha-se ao "carioca", café coado diluído em mais água —, o chef parece entretido, examinando o que as pessoas estão comendo, bebendo, dizendo e comprando. Talvez como se estivesse a investigar hábitos e impressões de um público que já reconhece a importância do orgânico, em busca de uma novidade em potencial para explorar mais tarde em sua própria cozinha.

Observo de longe e então me aproximo. Cumprimento-o e peço em seguida um café. Ligo o gravador no celular e começamos.

Qual é o ingrediente básico da sua gastronomia?
Amor. Preciso ter em mim esse sentimento e geralmente quem eu amo tende a me inspirar. Tenho também uma pessoa que trabalha comigo e consegue muito me inspirar, que é minha subchef Maria Auta de Albuquerque, chamada de Sonia...

Que privilégio o da Sonia...
Ela já conhece meu estilo e meus sabores, e me ajuda muito a pensar no novo. Sonia e eu passamos muitas experiências juntos e sabemos o que agrada às pessoas e ela sabe o que me agrada. Com isso, basta eu chegar com uma ideia que ela me ajuda a desenvolvê-la.

Como chef de cozinha, onde você se inspira para criar seus pratos?
Nas minhas experiências de vida, em minhas viagens, na natureza, na conversa com minha equipe, na atenção ao que meus clientes gostam de comer. Com isso tudo somado ao meu estilo, expertise e novas descobertas, nascem os pratos novos.

Falando de sua trajetória, como foi o processo de aluno a chef de cozinha?
Primeiro é preciso dizer que o caminho é e foi longo, embora eu tenha conseguido encurtá-lo com meu diploma de Direito, que abriu

muitas portas, em uma época de rara mão de obra qualificada. O fato é que, antes de me tornar chef e liderar uma equipe, estagiei muito e passei por etapas fundamentais de uma cozinha.

Etapas de que natureza?

Um líder precisa ter sido liderado, ter engolido alguns sapos e sofrido um pouquinho. Em relação à época da faculdade de gastronomia, é preciso lembrar que ingressei sem técnica nem conhecimento algum, e lá, tudo mudou. Obtive os bons conhecimentos dos professores e suas vivências e, somado ao conteúdo teórico e prático, pude adquirir conhecimento fundamental para eu conseguir inovar, criar um estilo e pratos autorais. Hoje me sinto privilegiado por ter estudado na melhor universidade de gastronomia do país, a Anhembi Morumbi.

O universo de uma cozinha é bem diferente do que se pensa a respeito e se aprende na faculdade de gastronomia?

Sim, lá não aprendemos a ser líderes, apenas aprendemos técnicas e receitas, além de conceitos. A realidade é outra e muito cruel.

Então, podemos dizer que você andou colecionando algumas "crueldades" desde quando era ainda um aluno de Direito...

(Risos). Várias... ainda como estudante de Direito, morei em São Francisco e fiz alguns estágios em cozinhas *fusion* locais. Fiz também meu primeiro curso de culinária no Havaí, sobre lagostas. Durante o curso de gastronomia, no Brasil, fui estagiário do chef Erick Jacquin...

Um dos chefs do Masterchef exibido pela Rede Bandeirantes...

Sim, ele mesmo... cheguei no restaurante em que ele comandava, o Café Antique, e, com meu currículo no braço, pedi estágio. Ele me olhou com sua cara de homem bravo e com seu coração mole, e perguntou: "Quando pode começar?". E daí estagiei no bar do hotel

Boulevard, na Avenida São Luís, em São Paulo, entre outros locais. Antes mesmo de começar os estudos na Anhembi, consegui o emprego de assistente da Ina de Abreu, no restaurante Mestiço.

Que prato do Mestiço você mais aprecia?

Gosto de tudo e o cardápio continua o mesmo e sempre fazendo sucesso desde aquela época. Bem, tenho predileção por uma entrada que eu coloquei no meu menu, em homenagem não só ao Mestiço, mas à Ina de Abreu e ao meu passado, que é a entrada krathong-thong, cestinhas de massa crocante, recheadas com frango, milho e especiarias. No Le Manjue eu mudei um pouco a cestinha e o recheio, mas é bem parecido. Outro prato que me motiva a voltar sempre é a sopa Sukhotai, preparada com leite de coco, caldo de frango, capim-limão, gengibre, mascavo, pasta de tamarindo e especiarias, pimenta, shiimeji e frango.

E daí no Mestiço...

No Mestiço, conheci o chef Max Murray, e ele me levou como assistente para outros projetos até chegar no restaurante Riso, de Solange Macedo, onde me tornei de verdade um chef. Antes de me formar, já estava registrado como chef e após a graduação fui o primeiro brasileiro a estagiar no 3 Estrelas Martin Berasategui, em San Sebastián.

E como foi o retorno ao Brasil?

Ao voltar ao Brasil, assumi a cozinha de um restaurante italiano contemporâneo, o primeiro de São Paulo a ter contagem calórica; um dos sócios era uma grande nutricionista, Dra. Joana D'arc Pereira Mura. Ela continua sendo uma grande nutricionista e com ela passei a dar aulas de gastronomia para nutricionistas, aliando os conhecimentos de orgânicos aos funcionais.

Algo importante ocorreu nesse momento...
Sim, juntos inauguramos o termo **"GASTRONOMIA FUNCIONAL"**.

Primeiro sinal de uma trajetória de pioneirismo?
Provavelmente, pois fui o pioneiro em aplicar a biomassa de banana verde na alta gastronomia e divulgar seus benefícios funcionais e culinários. Autodidata, aperfeiçoei meus conhecimentos em artigos científicos, grupos de estudos com nutricionistas, e muitas obras de nutrição, química, física, biologia; estudei fora do país e a partir de então assumi o comando de algumas cozinhas, como a do extinto restaurante contemporâneo chamado Casuale.

No Casuale você já incorporou esse novo conceito?
Na verdade, não consegui apoio para materializar meu conceito de gastronomia funcional, provavelmente pelo medo dos empresários e gestores. Lembro-me como se fosse hoje de meu patrão desabafando sobre o medo de o restaurante ser conhecido e chamado de banana verde e ter que enfrentar preconceito.

E o que fazia?
Cheguei a colocar a biomassa de banana verde escondido sem chamar a atenção. Fui seguindo minha jornada até chegar, em 2006, num empório café orgânico chamado de Empório Siriúba, pioneiro em venda de alimentos orgânicos em São Paulo.

... que acabou fechando...
Mas daí abri o meu restaurante com a bandeira orgânica e funcional. E foi no meu próprio restaurante que, pela primeira vez, iniciei um projeto desde o começo.

Quais os desafios de ser um chef?
O caminho do estudante até chegar ao status de chef de cozinha requer desapegos e muita disciplina, além de alta capacidade de ad-

ministrar tensões físicas, mentais e de todas as formas psicológicas, afinal, lidamos com o cliente interno do restaurante, ou seja, os colegas de trabalho e os clientes externos, que são os consumidores finais.

Significa que tudo pode acontecer?

Pois é, lidamos com muitas pessoas de culturas, personalidades e índoles distintas e todos fazem parte de uma engrenagem. O mau funcionamento sempre é culpa do chef e dos líderes. Bem, um chef trabalha muitas horas por dia e precisa abdicar de uma vida social normal, pois é cobrado diariamente pela excelência de padrão e serviço, além de ser cobrado pela criatividade, estilo e originalidade.

E o ônus de ser novato?

Se você ainda é novato, isto é, um chef sem nenhum renome e experiência, não tem muita credibilidade para ousar e seguir um estilo próprio, portanto na maior parte dos casos acaba sendo tolhido; foi exatamente o que aconteceu comigo. Novatos também possuem problemas com liderança e respeito da equipe, sobretudo se for mais velha. Para se ter uma ideia, cheguei a pintar o cabelo com fios brancos para ter mais respeito como líder e professor.

Então, como o chef conquista credibilidade?

Um chef conquista credibilidade com o tempo, após ver os restaurantes em que trabalha serem fechados, após queimar muita cebola e, também, se queimar e cortar, após ter suas receitas publicadas, após provar experiências e lideranças de equipe, bem como desenvolver um estilo próprio, embora esse último não seja pré-requisito para alguns projetos.

E como foi o seu processo no alcance da credibilidade como chef?

Certa vez, criei um prato para um concurso da Fispal onde precisava desenvolver algo com um peixe chamado Budião Azul. Servi esse peixe cozido ao vapor com um molho de esferas de tapioca cozida em um caldo de tartaruga. Na época, podíamos comprar tartaruga e carnes de caça e exótica com selo e permissão do IBAMA. Enfim, os jurados todos franceses colocavam o dedo para saber o que era. Lembremos que não havia gastronomia de vanguarda nem "molecular" na época. É claro que não ganhei, até porque estava concorrendo com pesos pesados e chefs de hotéis, enquanto eu era chef de um pequeno bistrô desconhecido.

Sim, mas seu estilo inovador estava aflorando...
Concordo, daí outro prato apresentado foi um porco selvagem, chamado de queixada, desossado e assado ao molho de graviola com um leve bolinho de mandioquinha que chamei de puff. Pois bem, o que quero lembrar é que na época ninguém nunca tinha feito nada com tapioca cozida em caldos salgados. E, a partir de então, todos começaram a fazer, e até hoje vemos isso. Mas eu não era famoso e não tinha credibilidade, ou seja, não recebi muita atenção com essa invencionice.

Você tem mais exemplos?
Em outros restaurantes cheguei a preparar as tais tapiocas em um caldo de moqueca e o dono do restaurante achou estranho. Um ano depois a mulher dele chegou e me contou que tinha comido esferas de tapioca no restaurante do Alex Atala. Entendeu? Algumas inovações enfrentam preconceitos se não forem executadas pela pessoa certa e no momento certo. Mas, em resumo, minha credibilidade e estilo foram conquistados com o tempo, mostrando sabores equilibrados, contemporâneos, despojados e despretensiosos.

Você não se sentiu tentado a mergulhar na vanguarda "molecular?
Juro que até tentei fazer algo vanguarda "molecular" (e olha que eu fui o primeiro brasileiro a estagiar no restaurante Martin Berasategui, categoria 3 estrelas Michelin), mas, quando vi essa gastronomia,

tive certeza do que eu poderia esperar de mim: comida de verdade, consistência real, comida que nutre e gera saúde, sem intervenção de outros fatores químicos ou físicos muito elaborados.

Então gastronomia molecular não é comida de verdade?
Para mim, comida de verdade é a comida sem interferência, é a comida que respeita as texturas naturais, sem destruir o alimento e depois reinventar uma nova estrutura para ele. Para mim, não faz muito sentido fazer isso com um alimento orgânico, ou seja, adicionar algum alimento que vai mudar seu sabor e sua textura, duas características fundamentais e excepcionais dos alimentos orgânicos. Veja, é preciso deixar claro que não sou inimigo desse estilo, que já teve seu ápice, porém, respeito algumas técnicas e acho, inclusive, que deveriam ser aplicadas na gastronomia hospitalar para estimular algumas sensações perdidas por alguns pacientes, em virtude de doenças e tratamentos.

Quais foram as dificuldades em conquistar a credibilidade como chef especialista em funcional e orgânico?
Sempre existe preconceito ao desconhecido. Remei solitariamente em águas desconhecidas durante muito tempo, estabelecendo os princípios e pressupostos de um conceito novo. Todos associavam o conceito de comida funcional ao de comida sem graça, de hospital, de pouca quantidade, com termos light, diet e vegetariano; sendo que a gastronomia funcional é mais ampla e complexa do que esses termos reducionistas.

Desistir era uma possibilidade?
Para você ter ideia, cheguei a pensar em desistir, pois estava muito afastado da gastronomia normal e praticada por todos, e, por outro lado, até conquistar os próprios nutricionistas, também foi um duro caminho. O mercado não estava aberto às minhas ideias

até que despertou e passei a dar muitas aulas e palestras sobre os temas que ainda hoje são ditos e explorados.

E o que os nutricionistas tinham a dizer sobre a sua comida?
Em certa palestra, onde eu abordava o conceito *antiaging*, com técnicas de cocção aliadas às técnicas dietéticas com proposta de uma nova forma gastronômica, muitos nutricionistas se levantaram e foram embora de minha palestra, alegando que eu não tinha legalidade para falar sobre o assunto. E o assunto era tão sério que ainda é discutido até hoje. Tirando o fato de que aquilo foi uma grande vergonha e me constrangeu muito, após esse incidente, passei a estudar muito mais e a me especializar a cada dia.

Qual era o assunto que você tratava nessa sua palestra o qual gerou tal constrangimento?
Eu mostrava as técnicas e métodos de cocção que envolvem algumas receitas clássicas. Por exemplo, aprendemos na escola de gastronomia que a forma de preparar um molho de carne escuro é tostando os ossos e os legumes, em seguida, carameliza-se tudo com molho à base de tomates e cozinha-se tudo numa grande panela com água, por horas, em fogo baixo, até a extração de muito sabor e cor. Depois de coar, prepara-se uma mistura no fogo, de manteiga com farinha de trigo, até adquirir uma coloração escura para depois levar ao caldo pronto para engrossamento. Eu queria dizer que esse processo não gerava saúde, pelo contrário, resultava em reações bioquímicas com substâncias indesejáveis geradoras de envelhecimento e câncer; eu estava propondo uma nova técnica. Fui o primeiro a falar disso, porém não tive ouvidos para esse conceito por falta de credibilidade. Ao longo do tempo, continuei falando sobre o assunto e mostrando novos protocolos para a gastronomia funcional, aliás quem foi a primeira turma

da pós-graduação de nutrição funcional do curso VP com certeza aprendeu isso comigo.

Por que criar um próprio conceito é tão importante?
Todo chef de cozinha tem o sonho de ser conhecido e renomado. O meu foi além, foi ser o pioneiro em estabelecer um novo conceito e estilo. E o meu restaurante nasceu único em conceito e missão, inclusive. Trocando em miúdos, quero dizer que fui pioneiro na abertura de um restaurante saudável com ingredientes orgânicos, acrescido de técnicas baseadas na nutrição funcional, para atender ao crescente número de restrições alimentares. O desafio foi provar que esse tipo de comida também era saboroso, sem os ranços pejorativos que a comida saudável enfrentava na época. Estamos falando de quase 10 anos atrás.

Hoje, você é considerado referência nacional em gastronomia orgânica e funcional, mas como ocorreu na prática dos primeiros anos?
Tive uma experiência de alguns meses no restaurante espanhol Martín Berasategui, com categoria 3 estrelas Michelin, e lá aprendi muito na prática sobre alimentos orgânicos.

Nesse restaurante basco, fiquei alojado nas próprias dependências do restaurante e o trabalho era bem pesado, mas a experiência adquirida foi maravilhosa. Trabalhei com insumos extremamente frescos e orgânicos, as apresentações eram lindíssimas, o cuidado e a atenção com todos os detalhes me ensinaram muito, embora também tenha aprendido com as coisas erradas. E, antes que você me pergunte, posso resumir que tais erros eram sobretudo em manipulação, segurança alimentar e perfis de liderança equivocados.

Ao retornar ao Brasil consegui emprego em um restaurante comandado por duas nutricionistas que me ensinaram muito, os nomes delas são Joana D'arc Pereira Mura e Gabriela Esteves.

A Joana me colocou para ser professor de nutricionistas no primeiro curso de pós-graduação do curso VP, chamado de Gastronomia Nutritiva para nutricionistas, e esse curso estava gerando muitos conflitos entre chefs e as nutricionistas, que não conseguiam falar a mesma língua. Consegui reestabelecer a harmonia do curso e passei a estudar nutrição para ensinar o clássico e as possibilidades mais saudáveis; estávamos consolidando os conceitos da gastronomia funcional. Foi nesse curso que a minha mente se abriu. Digo que é um caminho sem volta e que quase fui estudar nutrição, mas resolvi me dedicar à gastronomia com esse enfoque. Em pouco tempo, passei a dar aulas e palestras com mais frequência, estabelecendo protocolos únicos e extremamente autorais. Tempos depois assumi uma cozinha 100% orgânica, no Empório Siriuba. Nesse momento passei a ser o único chef a defender e aplicar todo esse conceito.

Você é referência em trabalhar com gastronomia orgânica. Conte um pouco como como foi esse caminho.
Adquiri muita experiência fora do país especificamente trabalhando com alimentos certificados orgânicos. No Brasil, tive a oportunidade de me envolver com os empresários do Empório Siriuba, Cenia Salles e Silvia Stickel; e consequentemente com os fornecedores, agricultores orgânicos e de agricultura familiar. Nessa época, conheci uma nutricionista especialista no assunto orgânico, a Dra. Elaine de Azevedo, que tinha acabado de lançar seu livro, que aliás indico para todos, chamado *Alimentos Orgânicos*. A partir daí, o envolvimento foi ficando mais sério e profundo como uma causa e um manifesto a defender. Passei a ser o chef consultor do site Universo Orgânico com artigos sobre o tema orgânicos e gastronomia orgânica. Mais uma vez eu digo que é um caminho sem volta e cada dia me envolvia e me envolvo nessa grande causa.

O que o motivou para se tornar especialista em orgânico e funcional?
Quando voltei ao Brasil e conheci a nutricionista Dra. Joana D'Arc Pereira Mura, tudo mudou. Ela era sócia do restaurante onde assumi a cozinha após meu retorno da Espanha. Nessa cozinha tive a liberdade de criar e renovar a cozinha italiana, adicionando pitadas contemporâneas, judaicas e árabes.

Em termos práticos...
Coloquei leveza, ervas, especiarias e grãos no cardápio. A apresentação desses pratos era muito bonita, pois tinha trazido a experiência do estágio na Espanha, e ela me apresentou para as nutricionistas, que me motivaram a ler e me aprofundar na nutrição para conseguir ter um olhar gastronômico diferenciado.

Durante muitos anos foi Joana quem me motivou a estudar temas específicos e me instigava a entender mais os processos de bioquímica, nutrição e técnicas dietéticas. Certa vez, ela me ligou e disse que eu daria uma aula com ela sobre destoxificação. Anotei correndo esse nome, pois sabia que teria que ler muito a respeito disso. Fui o primeiro chef a dar aula com esse tema e foi então que criei novos protocolos e pressupostos para a gastronomia funcional. Eu também acompanhava a Joana em todos os lugares e assistia a todas as suas palestras; eu literalmente babava o ovo, estendia o tapete vermelho para ela e todas as nutricionistas que admirava muito, como Ana Vládia Bandeira, Carmem Calado, Sandra Chemin, entre outas, e aprendi com ela e com elas...

Com Joana especificamente...
Aprendi alguns métodos didáticos e pontualidade em começar e terminar no tempo correto uma apresentação. Joana também me mostrou um novo olhar e um novo raciocínio para a gastronomia. A partir daí, passei a estudar com profundidade até que a convidei para escrever um livro. Debrucei-me noites e dias para esse livro que seria um tratado de gastronomia funcional. O livro realmente determinou meu conhecimento atual, mas infelizmente, não saiu do papel. Muitas coisas que eu escrevi poderiam assustar qualquer leitor, mas tudo que continha nele aconteceu, o bom e o ruim. Para mim foi como uma profecia e a vida seguiu e utilizei muitas partes desse livro para criar aulas, palestras, artigos e criar meu próprio protocolo.

Como você descobriu o estilo de cozinha a que você deveria se dedicar?
Não foi por acaso, pois desde o início eu pretendia provar que não tinha largado o Direito apenas para fazer comida bonita, gostosa e flambar comida com a cena clássica da comida pegando fogo e que encanta a todos. Foi uma grande promessa para mim. Eu sempre acreditei em um campo magnético e vibracional, e que no mínimo eu poderia fazer uma comida com tanto amor que isso pudesse ser propagado, além de acreditar que comida também seria capaz de nutrir. Em Direito eu estudei muito e pensava em me especializar

em Direito Ambiental e na gastronomia, sabia que poderia fazer de forma mais sustentável a fim de proteger o meio ambiente.

Uma interessante conexão...

Ao longo do tempo fui me especializando no tema relacionado à nutrição e ao universo orgânico, sempre muito autodidata e fazendo cursos bem específicos direcionados mais aos nutricionistas. E quando deparei com o preconceito das pessoas para com esse estilo de cozinha, me dediquei mais ainda.

Na prática, como você demonstra esse estilo?

Escolhi uma cozinha saudável e saborosa, com enfoque funcional, orgânico e brasilidade que possam desenvolver a hospitalidade brasileira. São pratos que contemplam uma certa simplicidade, ingenuidade e despretenciosidade, porém que foram resultado de certo estudo para alcançarem finalidades específicas com potencial preventivo. Ao longo de minha jornada profissional, coletei informações sobre a performance e os impactos de cada técnica e método de cocção, sua interação com os alimentos e entre si, seus nutrientes e suas estabilidades perante as diferentes técnicas.

O que você leva em consideração na construção de um prato?

Antes de tudo, seus valores nutricionais, seu potencial em agregar benefícios ambientais, sociais, assim como valores funcionais importantes, que variam desde como melhorar a carga glicêmica, seus potenciais alcalinizantes, antioxidantes, destoxificantes, anti-inflamatórios, termogênicos, prebióticos etc. Como cada alimento possui um ou mais desses potenciais, ajusto tudo isso para alcançar um prato com cores, texturas, sabores e aromas. Nossa, são tantos os fatores e ainda me preocupo se podem melhorar o desenvolvimento de comunidades e a hospitalidade brasileira.

E isso fica aparente para os seus clientes?
Quem come pode não perceber tudo isso, mas, além de sentir prazer com o sabor, estará contribuindo para um planeta melhor e para sua saúde. Geralmente ele sabe disso tudo, pois quem vai ao Le Manjue já sabe o que esperar.

Você utiliza a rede social para divulgar seu trabalho? As redes sociais lhe trazem algum benefício?
Sim, as redes sociais são muito importantes hoje em dia! Eu utilizo as redes sociais como ferramenta de divulgação, marketing e propagação de meu conceito, meus pratos, meus livros e minhas reflexões. E, não podemos negar, foram as redes sociais que propagaram a gastronomia saudável, com bloqueiros e pessoas que mostram seu estilo de vida saudável. Foi um processo importante e penso que, se há anos, quando comecei meu trabalho, já existissem as redes sociais e essas ferramentas, talvez meu percurso tivesse sido mais fácil.

Por quê?
Na prática e durante muitos anos, tive que desmistificar muito, provar que comida saudável era saborosa, divulgar meu trabalho sem redes sociais; meu conhecimento era divulgado apenas em aulas e palestras. Isso mudou e hoje costumo instigar mais as pessoas para uma alimentação consciente. Tento promover um estilo de vida saudável, propagar a gastronomia orgânica e funcional, desmistificar conceitos, alertar sobre alimentos nocivos e novas condutas. Mas também divulgo o que acho bonito, paisagens e um pouco de minha vida pessoal, por onde ando, viajo, minhas experiências gastronômicas e tudo que eu vejo de comida que valha a pena ser mostrado para inspirar as pessoas.

Sua comida possui alma?
Isso me faz lembrar Marcel Proust em sua coleção "Em busca do tempo perdido", quando faz uma relação da comida — as deli-

ciosas madeleines — com sua mãe. Quando li, me lembrei de que minha mãe sempre comprava sonho em padarias para mim. Ela me acostumou a comer sonhos e certo dia, ainda quando estagiava em Direito, fui para o Fórum de Indaiatuba. Parei em uma padaria e comi um sonho inesquecível, perfeito para mim, que me lembrou toda minha infância e minha relação com minha mãe. Isso me ajudou a entender a relação da comida com nossa alma. Hoje quando olho para um sonho me recordo disso tudo com ternura e alegria — Isso tudo é comida de alma, certo? — embora tenha desistido de buscar o sonho perfeito, até porque não faz mais sentido para mim, comer um doce à base de fritura, leite, farinha de trigo e manteiga. Na verdade, hoje utilizam margarina, infelizmente. Talvez eu possa provar um dia, ocasionalmente (risos), afinal eu não me considero radical nas escolhas, prefiro dizer que na maior parte dos dias eu exerço a alimentação consciente. Isso também me faz lembrar Nina Horta; pois ela disse que sempre chega um dia em que estamos carentes e precisamos de um purê, ou seja, precisamos de algo que só nossa infância e necessidade de afeto pode explicar.

Seja mais específico...
O que quero dizer é que sim, a comida em si pode resgatar uma história e um sentimento. Quando preparo uma omelete, não consigo evitar e me lembro da minha tia Diva e quando, todos os domingos, vou trabalhar e sei que geralmente é dia de frango com macarrão ao sugo, subo para comer com meus funcionários e me lembrar da minha avó, que não podia passar um domingo sem frango com macarrão ao molho sugo. Claro que não consigo provar algo tão saboroso como o que ela preparava, mas o sentimento de proximidade com a alma dela é delicioso. E, quando penso se minha comida tem alma, sim ela tem e carrega todo o meu passado e minhas memórias que se misturam a todo processo de conhecimento e aprendizado que adquiri.

Mas hoje imagino que a sua comida precisa ter referências não só da sua infância...

Certamente. Simplicidade, mas com notas brasileiras e todo conceito relacionado à saudabilidade do nosso corpo e planeta. Preparo e crio minhas receitas com muito amor e com ingredientes repletos de energias e conceitos. Não é só comida, mas uma comida que deve estar associada ao impulsionamento do comércio justo, cadeia orgânica, respeito social e ambiental, e que foi pensada para melhorar a absorção dos fitoquímicos e promover saúde. E para mim, a alma da comida também pode ser revelada por suas cores, as texturas, os aromas, complexidade ou mesmo pelo sabor, beleza e o cuidado com que foi preparado, por mais simples que possa parecer.

Criar um prato é simples?

Ao criar um prato, preciso avaliar os ingredientes e sobretudo a fonte proteica, sua textura e o equipamento que vai prepará-lo como uma chapa, grelha ou forno, além de analisar o tempo que levará para estar pronto, o cheiro que isso causará em todo o salão, a probabilidade de ele ir seco ou muito cru ou as probabilidades de erros e acertos.

Portanto, a escolha de um prato não é só pelo sabor e beleza ou funcionalidade, mas, acima de tudo, viabilidade operacional, condições de estoque, logística de entrega e recebimento. Isso, portanto, é muito relativo e depende de caso a caso. Muitas vezes desisti de ter um prato delicioso e com alta aceitação, pois ele atrapalhava muito a operação da cozinha. Por essa razão desenvolvi o serviço de comida em potinhos, que facilita a finalização. Geralmente cada parte de um prato deve ser preparado por um setor da cozinha, sem sobrecarregar ninguém.

O processo inicial da criação muitas vezes é de fato a viabilidade, mas imbuída de associações relacionadas à minha memória de infância, nas referências de minhas viagens, nos ingredientes brasileiros e do oriente, nas técnicas da gastronomia clássica e contemporânea, na nutrição funcional e nos protocolos que desenvolvi; além do equilíbrio da vida e da natureza, e por fim, no amor, que embora possa parecer piegas, é com ele que consigo criar o meu melhor.

O que você jamais usaria em sua cozinha?

Temperos prontos industrializados, margarina, soja, peito de peru, presunto e embutidos em geral, com a exceção de uma linguiça artesanal, da qual eu consiga rastrear o recheio e a forma de preparo. Estou migrando para a maior parte de receitas sem glúten e sem lácteos.

A comida preparada pelo chef Renato Caleffi tem sabor de...?

O sabor é variado, porém destaco um estilo singular resultado de uma cozinha preparada com ingredientes orgânicos mais saborosos e autênticos. O tomate é mais adocicado, a rúcula e o rabanete são mais picantes, o jiló, mais amargo. Minha comida é mais leve e com sabores mais refrescantes por conta das ervas e hortaliças como alecrim, manjericão, capim-limão, hortelã. Meus molhos são à base de azeite, espessados com biomassa de banana verde e meus caldos na verdade são infusões e chás. Utilizo muito especiarias aromáticas e exóticas como cardamomo, cominho, curry, cúrcuma. Isso gera uma comida com forte personalidade e sabor. Também tenho preferências por técnicas que preservem a estrutura dos alimentos como cozimentos mais leves e breves; minha comida também possui uma aparência e sabores mais rústicos. Por observar desde criança os pratos dos restaurantes, as indignações da minha mãe com o que vinha de errado, estabeleci que não poderia poupar ingredientes e sabores. Se o meu risoto é de shiitake, ele terá shiitake para matar a vontade de comer shiitake. Por outro lado, adoro sabores agridoces e minha comida geralmente possui o agridoce ou mesmo a mistura do ácido, do amargo, do picante, do doce e de texturas macias e crocantes. Isso garante uma boa experiência para quem está comendo.

A gastronomia do chef Renato Caleffi tem um papel a cumprir na vida das pessoas?

Muita pretensão de minha parte achar que sim, mas creio que posso servir de fonte de inspiração para algumas pessoas mudarem seus estilos alimentares. Eu enxergo uma necessidade de mudança nos estilos de vida e hábitos alimentares tanto de adultos como de crianças para que as pessoas sejam mais saudáveis. É um processo de conscientização, mas também de mostrar a viabilidade disso tudo, com receitas fáceis e descomplicadas. Por outro lado, tento divulgar o máximo de conhecimento que adquiri, são dicas que podem fazer a diferença na saúde das pessoas. Sou um grande propagador da biomassa de banana verde, da utilização de plantas comestíveis não convencionais (panc), de sabores novos que possam agregar sabor e densidade nutricional como cardamomo, alecrim, ervas. Aliás, por tal razão costumo dizer que sou viciado e fã desses ingredientes.

Olhando o fluxo de pessoas que estão aqui fazendo feira nesta manhã no Parque da Água Branca, você acredita que estamos evoluindo nas escolhas alimentares?

Sim, esse público é consciente e fiel. Eles sabem que estão investindo em saúde, em sabor e qualidade de vida.

O que você me recomendaria comprar hoje?

Tudo! (Risos) Na verdade, o que for da estação, você encontrará aqui. Sugiro que você prove o tomate, a cenoura, o rabanete, algum folhoso verde amargo. Você precisa prová-los crus e perceber os sabores deles, com certeza se você nunca provou orgânicos ainda não conseguirá perceber a diferença pois seu paladar ainda está anestesiado ou adormecido. Com o tempo de consumo de orgânicos, poderá perceber a diferença assim como perceberá o sabor e cheiro do veneno em alimentos convencionais.

Você é um defensor de várias causas associadas à alimentação...

Sim, sou grande defensor do consumo de alimentos orgânicos, do comércio justo, do envolvimento do consumidor final com o agricultor e pescador, enfim, de uma forma geral, busco mudar a vida das pessoas para que elas vivam e comam com mais qualidade. Infelizmente as informações ainda são deturpadas pela mídia nociva, e, na outra ponta, quem investe nos alimentos saudáveis também não sabe muito como prepará-los. Alguns exemplos como a biomassa de banana verde, linhaça e chia, pois as pessoas não sabem a melhor forma de aplicá-la e tampouco sabem seus benefícios, sabem apenas que são saudáveis.

Minha vida é ensinar e divulgar para o máximos de pessoas possíveis como otimizar esses alimentos, por exemplo no caso da linhaça, que a melhor forma de sua utilização é deixá-la de molho em água e bater no liquidificador até formar um gel e usar em sucos, receitas de bolos, pães e risotos; as pessoas precisam saber que não adianta muito salpicar a linhaça por cima da comida ou de frutas mas que a melhor forma é aplicar calor úmido para ativar seus fitoquímicos e seus princípios ativos funcionais.

Quando dou aula de risotos, ensino, por exemplo, que devemos adicionar a linhaça na metade para o final de seu preparo para que o calor úmido ative e garanta a absorção de suas propriedades nutricionais além de garantir brilho no risoto. O mesmo faço com outros ingredientes.

Por exemplo?

No caso da receita de iogurte de macadâmia da **página 231**, eu mostro as possibilidades de execução da receita, mostrando as performances culinárias e funcionais. Com isso lanço reflexões sobre diversos assuntos. No livro "Escolhas e Impactos", eu quero inspirar as pessoas a mudarem sua alimentação, conto como isso aconteceu comigo, como emagreci e como enfrentei as dificuldades de uma mudança. Na série infantil Achaz quero inspirar os pais a enxergarem a alimentação infantil de outra forma e quero inspirar as crianças a comerem de forma saudável, crescerem com novos paladares e sofrerem menos quando se tornarem adultas. Neste livro, quem sabe posso inspirar estudantes, nutricionistas e cozinheiros de plantão a profissionais.

CAPÍTULO 3

FLOW FOOD

NEM FAST, NEM SLOW: POR UMA GASTRONOMIA MAIS FLUIDA E EM SINTONIA COM A BIOQUÍMICA DE CADA INDIVÍDUO.

O pouco espaço que temos ao andar pelo corredor mal nos permite conversar. Inúmeras pessoas, algumas apressadas, outras nem tanto, fazem o mesmo que nós. Observam, admiram-se, degustam o que de melhor (ou pior) que o Mercadão de São Paulo pode oferecer.

— Vamos de pastel de bacalhau ou sanduíche de mortadela? —, pergunto ao chef, que me retribui com um olhar que nada responde, apenas um sorriso breve.

Prosseguimos nos espremendo entre as pessoas.

No mezanino, filas intermináveis de visitantes aguardam sua vez para saborear as famosas iguarias do mercado municipal. Outras tantas famílias disputam uma mesa. Gente aos montes comendo de pé, sem a menor cerimônia. Um ritual coletivo sem o menor rito. Não dá tempo. Outro precisa sentar-se.

Há quem diga que em um só dia circulem mais de vinte e cinco mil pessoas por ali e seiscentas toneladas de alimentos sejam negociadas. É muita comida, praticamente vinte e quatro quilos por visitante. Nossa contribuição para a estatística é ridícula: Renato carrega apenas cinquenta gramas de cardamomo (sua especiaria favorita) comprado em um dos quiosques e eu, um vidro de azeite extravirgem.

Renato então revela a escolha do local.

– Imagine que tudo está aqui, ou quase tudo. A questão é que muitos dentre nós não saberão como extrair o que há de melhor nessa imensa oferta de alimentos.

E daí eu me pergunto, como fazer tudo isso funcionar...

Na arquitetura e no design moderno do século XX, havia a máxima "a forma segue a função". Podemos dizer o mesmo da sua gastronomia?

Sim, a nutrição e a gastronomia que eu defendo seguem o mesmo fluxo. Não basta apenas comermos, mas nos alimentarmos com alimentos que possuem determinadas funções, e vou mais além, como diz Dra Gisela Savioli, somos o que absorvermos...

Então é preciso ingerir alimentos com poderes e funções específicas...

Não só isso, também precisamos estar aptos e com o organismo pronto para recebê-los e absorvê-los, e, nesse caso, também precisamos pensar na interação correta de métodos de cocção e na mistura certa com outros alimentos.

Você fala de uma gastronomia funcional. O que é na verdade?

O termo gastronomia funcional é muito amplo, mas, como fui um pioneiro desse conceito, eu o trato de forma muito singular e direcionada. A gastronomia funcional é uma tendência de aliar técnicas culinárias e conceitos da nutrição funcional como técnicas dietéticas, biodisponibilidade dos nutrientes, entre outros, a fim de gerar uma comida que promova saúde com potencial preventivo.

Compreende, por exemplo, as dietas sem glúten ou sem lactose?
Não somente isso, ao contrário do que se pensa, vai muito mais além do que simplesmente restringir alguns alimentos como glúten e leite, engloba eliminar os alimentos que fazem mal e respeitar a individualidade bioquímica de cada indivíduo. Sim, ela abrange a nutrição, mas também um novo estilo de vida.

Pode explicar melhor a biodisponibilidade de nutrientes?
A biodisponibilidade de nutrientes significa a interação entre alimentos com a finalidade de melhorar e ou garantir absorção de nutrientes. Por exemplo, podemos citar o caso clássico da cúrcuma rica no fitoquímico curcumina. Ela é um excelente antioxidante com poderes preventivos, mas precisa do fitoquímico piperina, encontrado em pimentas, para ser absorvida. Outro exemplo é a do licopeno do tomate, que precisa de calor para ser ativado e gordura para ser absorvido, outro exemplo é a vitamina C que melhora absorção do ferro ou da gordura, que melhora a absorção dos betacarotenoides presentes na cenoura e abóbora.

Por isso, você costuma dizer que "todo ingrediente possui uma razão de existência no prato".
Exatamente! Imagine uma simples salada de couve-manteiga. Agora imagine que ela seja chamada de "salada raw de couve detox. Significa que ela não recebeu calor e tem o poder de ajudar na eliminação de toxinas, mas os fitoquímicos e seus princípios ativos responsáveis por essa função são instáveis ao calor, portanto, uma couve refogada perde parte de seu poder detox. Por tal razão ela é utilizada crua em sucos ou saladas detox. O termo "raw" significa "cru", uma técnica de não aplicar calor ou de aplicar no máximo 42 graus de calor. A melhor forma de servir uma couve é crua, mas podemos "refogá-la" com os dedos, friccionando as folhas fatiadas com gotas de limão, fios de azeite e temperos. Apenas gotinhas de

limão, pois o excesso de ácido pode também prejudicar a absorção deste pode detox. E mesmo tais gotinhas de limão, por conterem vitamina C, também irão melhorar a absorção do ferro contido na couve. Agora, imagine que o sal utilizado nessa saladinha seja um sal especial, preparado com ervas, grãos de coentro, cominho, e, portanto, repleto de antioxidantes e anti-inflamatórios naturais. Imagine que eu salpique por cima dessa salada, algumas castanhas. Tais castanhas irão melhorar a absorção do cálcio contido na couve. Por fim, ainda posso melhorar mais ainda essa salada, adicionando fibras e pitadas de Ômega 3, ou melhor, salpicando sementes de chia ou linhaça. Entendeu?

Complexo demais talvez (risos) ...
Será? Todos os ingredientes possuem um valor e uma razão e finalidade para existirem nesse prato. Essa forma de olhar para o alimento é importante para exercitar uma alimentação mais consciente.

Você mencionou "fitoquímicos". O que são?
São princípios ativos presentes em vegetais, fabricados como uma defesa contra os seus predadores e que são preventivos para os seres humanos. São princípios antioxidantes. Seus nomes variam como os licopenos, curcumina, gengirol, alfacaroteno, betacriptoxantina, betacaroteno, luteína, zeaxantina, licopeno, catequinas, quercetina, antocianinas, entre outros.

Podemos dizer que, quanto mais orgânico o alimento, mais ricos serão em teores fitoquímicos?
Sim, pois o alimento orgânico precisa fabricar maiores teores de fitoquímicos para se preoteger dos predadores, enquanto os convencionais tornam-se preguiçosos, pois são sempre protegidos pelos agrotóxicos. E se pensarmos em nossa época de culto ao corpo com o número grande de pessoas que treinam em academias, pratican-

tes de esportes e CrossFit, podemos pensar de forma focada nos poderes dos fitoquímicos e antioxidantes. Vamos lá, podemos citar o fitoquímico licopeno, encontrado em tomates e goiabas com sua ação específica na proteção de câncer de próstata, mas podemos focar no universo fit, e citar os flavonoides encontrados na uva, cebola, tomate, chá verde, cacau, alecrim, sálvia, majericão, orégano, tomilho, segurela, açaí, que possuem a capacidade de preservar e evitar a perda de massa muscular do atleta.

Outro exemplo?

Os ácidos fenólicos presentes no alho, cebola, chá verde, gengibre, cacau, as brássicas/crucíferas, alecrim, sálvia, majericão, orégano, tomilho, segurela, uva, pimenta, alcachofra, aipo, cebolinha, alcaparras, própolis, alho-poró, salsa, hortelã, camomila, mirtilo, tomate, maçã, frutas vermelhas, rabanete. Todos eles possuem o benefício de queima calórica extra, proteção cardiovascular, benefício hepatoprotetor que propicia um fígado mais saudável. Além disso, todos eles melhoram a liberação de fatores de crescimento e inibem os fatores que levam à atrofia muscular.

Continuando com o enfoque fit, podemos citar o fitoquímico curcumina da cúrcuma, o fitoquímico gengirol do gengibre e os flavonoides do alecrim que possuem o benefício antidepressivo e que podem motivar as pessoas a praticar esforço físico ou a sair de sua zona de conforto.

A classe dos enxofrados, ácidos fenólicos e flavonoides encontrados na maçã, cebola, tomate, frutas cítricas, frutas vermelhas, açaí, uva, chá verde, cacau, azeite de oliva extravirgem, brássicas/crucíferas como couve, couve-flor, couve de bruxelas, rabanete, nabo, repolho, agrião, mostarda possuem poderes imunomoduladores, atividade antisséptica e antimicrobiana; e ainda podem melhorar as vias pulmonares e respiratórias, evitando que as pessoas e os atletas fiquem doentes. Como você pode notar, a comida certa pode ajudar muito no universo fitness e para qualquer tipo de enfoque específico.

A gastronomia funcional é um conceito aplicável, ou seja, viável no dia a dia?
Isso é perfeitamente possível e vai variar conforme suas restrições alimentares e engajamento pessoal. Algumas pessoas podem sofrer mais com a adaptação, por isso é importante aliar o sabor à saúde. Um fator primordial é a disciplina. Devemos ter disciplina na maioria dos dias do ano, para que as exceções possam existir sem causarem danos maiores.

Na verdade, me parece um pouco complexo aliar técnicas culinárias e conceitos da nutrição funcional ao mesmo tempo...
Vamos lá, imagine a técnica de grelhar uma carne. Tradicionalmente em restaurantes você aplica gordura, geralmente óleo (e infelizmente óleo de soja) e sal, sal refinado e sem nutriente algum. Na minha cozinha, e espero que isso agora passe a acontecer na sua casa, nas dos leitores e nas outras cozinhas em geral, tempera-se com azeite de alecrim e sal preparado com grãos de sal grosso ou sal rosa do Himalaia (ou de sua preferência) com grãos de coentro, pimenta e ervas. Na verdade bato tudo e passo na peneira. As especiarias e as ervas, por serem ricas em antioxidantes, melhorarão os impactos na ingestão de compostos indesejáveis gerados pela fumaça e pela reação química formada pelo cozimento da carne. Se pensarmos que precisamos sempre melhorar a carga glicêmica, precisaremos servir comidas que possuam ingredientes ricos em fibras como a própria biomassa de banana verde ou temperos hipoglicemiantes como canela. Na verdade, quando pensarmos em fitoquímicos, para sua potencialização ou mesmo garantia de sua absorção, alguns alimentos precisarão de calor e outros não, e alguns precisarão se unir às gorduras. Aliás, quando pensarmos agora em fitoquímicos dos alimentos, precisaremos pensar se se-

rão sensíveis e estáveis ou não ao calor, e, portanto, pensarmos quais as melhores técnicas a aplicar, que variam desde técnicas raw, de cozimento de vapor ou branqueamento rápido, calor brando ou prolongado.

Puxa, é preciso muito conhecimento para melhorar e garantir uma maior saudabilidade...

Pois é, podemos usar nossos instintos e agora, mais do que nunca, conhecimento técnico. Quando você pensa em comida, você pensa apenas no que te faz feliz e te conforta, e geralmente está associado à comida de infância. O problema é que na maioria das vezes aprendemos a comer gulodices que não fazem tão bem para a saúde.

Quando faço comida saudável, tomo cuidado para que ela fique bem saborosa e pareça de fato uma gulodice ou uma "gordice". Isso garante o prazer que é fundamental no ato de alimentar-se. Na prática eu penso muito em alguns fatores como a carga glicêmica, ou seja, tento desacelerar o processo que faz com que o açúcar chegue na corrente sanguínea, evitando acúmulo de gordura e muitos desequilíbrios.

Também me preocupo em colocar ingredientes com poderes específicos como os ricos em fitoquímicos antioxidantes, ricos em fibras solúveis e prebióticas, alcalinizantes, anti-inflamatórias, destoxificantes, termogênicos, hepatoprotetores, cardioprotetores, entre outras funções. A questão é que estamos falando de poderes funcionais com estabilidades distintas para cada tipo de técnica e método de cocção. Alguns desses princípios ativos precisam ser ativados e misturados com outros para garantirem sua absorção, isso se chama teoria da biodisponibilidade de nutrientes. Se eu quero melhorar a carga glicêmica, eu penso em arroz integral, quinoa, painço, biomassa de banana verde, chia, linhaça. Se eu penso em poderes antioxidantes, penso em ervas, especiarias, frutas. Se quero colocar fibras prebióticas, posso usar a biomassa de banana verde, alho, batata yacon, aspargos, chicória e cebola. Dessa forma, você pode criar uma lista ou seu próprio protocolo para ajudar nas compras e na cozinha.

Por que a gastronomia funcional sempre defende o potencial preventivo em vez de garantir a prevenção de doenças?

Comer uma comida funcional não garante 100% de prevenção por uma questão individual. É preciso avaliar o que se come ao longo de uma semana, um ano, e uma vida toda, inclusive. Há ainda os traços genéticos. Portanto, afirmar que a comida funcional é preventiva pode ser um grande perigo e risco legal.

Pode falar um pouco sobre a individualidade bioquímica de cada indivíduo?

A ciência descobriu que cada um possui um metabolismo e uma resposta às diferentes tentativas de melhora por meio de alimentação, medicamento ou técnicas medicinais. Na prática, algumas pessoas podem comer alimentos que outras não podem, as reações são distintas e individuais. Dessa forma, os tratamentos terapêuticos também.

Há muito ainda que se descobrir, não?

Cada dia descobrimos um alimento, uma técnica ou uma utilização nova. Por outro lado, também descobrimos o que pode nos fazer mal. É infinito o quanto ainda podemos fazer, criar e aperfeiçoar.

Deve requerer muita pesquisa e estudo...

Quando imaginaríamos falar sobre panc, que são as plantas alimentícias não convencionais, comida crua ou que fôssemos discutir o consumo moderado de frutas ou mesmo pensar na carga glicêmica? Na realidade, muitos alimentos naturais são remédios e não sabemos, pois não é do interesse de grandes laboratórios e patentes. Penso que temos que aprender muito com os índios, com nossos antepassados e pessoas mais simples, que vivem no campo e na floresta. Somos muito limitados e imediatistas. Portanto, nosso futuro ainda é incerto, embora seja certo que precisaremos tomar medidas drásticas em relação a nossas escolhas alimentares.

Tudo isso me parece uma grande alquimia, por vezes até medicamentosa... imagino a aplicação em hospitais...
Sim, por exemplo, na gastronomia hospitalar podemos pensar em dietas específicas e especiais para certas doenças sem perder de vista o sabor. Podemos focar em dietas com pouco sódio, pouco carboidrato, para pessoas que possuem pressão alta, para quem quer diminuir a fabricação de cortisol, para quem tem pouco apetite por conta de tratamentos específicos e até para melhorar o sistema imunológico do paciente. Aliás, a gastronomia hospitalar foca justamente em casos específicos e, é claro, depende muito de cada hospital. Ao longo dos últimos anos, a imagem de comida hospitalar ruim e sem gosto mudou muito, além disso, os nutricionistas e médicos acordaram para esse fato, e sabem que podem melhorar a qualidade de vida dos internados e doentes em geral. Tenho palestrado muito sobre esse assunto e em pós-graduação com esse tema, inclusive, para mostrar as diversas variedades e aplicações do conceito de gastronomia funcional no setor hospitalar.

E os alimentos *antiaging* tão comentados na atualidade?
Em síntese, são também parte da gastronomia funcional, afinal estão direcionados à manutenção da vida, promoção de saúde e prevenção de doenças. Se pensarmos que tudo isso pode melhorar nossa qualidade de vida e nos manter mais longevos e mais jovens, isso também é *antiaging*.

Pensamos em *antiaging* como algo que nos mantenha vivos, belos, com aspecto da jovialidade...
E cada alimento possui um princípio ativo que pode atuar nesse sentido e cada receita possui uma técnica de cocção que pode

melhorar ou prejudicar esses fatores. As técnicas *antiaging* visam, portanto, tornar o ser humano mais saudável e nessa linha seguem as recomendações da comida viva, vegana, crudivorista, técnicas de vapor e branqueamento com o menor calor possível, com utilização de alimentos orgânicos ricos em fitoquímicos.

A gastronomia funcional pode garantir a melhor potencialização e absorção desse fitoquímico. A utilização de utensílios e equipamentos adequados para aplicar essas receitas é de extrema importância, seja em casa ou em um hospital, devemos evitar as panelas de alumínio, as embalagens tóxicas e optar por equipamentos modernos, compactos e que possam ajudar no controle da temperatura, velocidade da cocção e possibilidades de cocção úmida e vapor. Estou falando por exemplo do equipamento chamado thermomix e de outros como o forno desidratador e aparelho para germinação de alimentos.

Além de alimentos, temos que nos preocupar com as embalagens, certo?

Sim, e muito! A ingestão de contaminantes por embalagens tóxicas é chamada de poluentes ambientais e pode gerar muitos distúrbios e doenças metabólicas, desde obesidade até problemas hormonais. Não apenas precisamos escolher alimentos mais puros, menos industrializados e mais orgânicos como temos que escolher a melhor panela e a melhor embalagem, que sejam menos tóxicas ou totalmente atóxicas.

O difícil é se ver na prática...

Grandes redes de supermercados e empórios orgânicos utilizam plásticos e muitas cozinhas industriais, panelas de alumínio. Hoje no WholeFoods você encontra uma grande variedade de comida em plástico e filme plástico, o que certamente contaminou o alimento orgânico. Por outro lado, somos carentes de embalagens atóxicas e com preços acessíveis. Em casa, minha dica é armazenar em potes de vidro, embalar em papel-manteiga e depois no papel filme em vez de colocar o alimento diretamente no papel-alumínio ou filme plástico. Podemos também usar potes de plásticos menos tóxicos. Isso tudo é mais caro, mas vale a pena. Precisamos exercer um consumo consciente e ecológico e podemos começar exigindo água em garrafas de vidro em vez de plásticos. E, por falar em água, também precisamos nos preocupar com ela.

E quanto ao glúten e ao leite? Fazem tanto mal assim?

Sou favorável à saudabilidade e defensor de decisões alimentares. Sou flexível e sensível à evolução do conhecimento e descobertas. Mais ou menos como a história do ovo e do abacate que um dia foram inimigos e hoje sabemos de seus benefícios. Muitas pessoas estão descobrindo que possuem dificuldade em digerir o açúcar do leite, que é a lactose, e a proteína do leite, que é a caseína. O glúten também é uma proteína de difícil digestão e, além de causar distensão abdominal, também gera uma inflamação crônica. De uma forma geral, hoje sabemos que o glúten e os lácteos podem causar essa inflamação e prejudicar todo nosso metabolismo.

E, embora eu respeite a opinião contrária ou daqueles que desconhecem os danos causados e digam que comer glúten de vez em quando não causa problema, eu optei por não consumir, ademais, descobri que tenho uma sensibilidade tanto ao glúten quanto à caseína e a todo instante tento modificar minhas receitas clássicas para tornarem-se sem glúten e com zero ou baixo teor de lácteos.

Existe também um dado novo sobre a sensibilidade ao glúten. Muitas sensibilidades podem estar associadas a farinhas contaminadas com detritos de insetos e ao enriquecimento de ferro. Parece estranho, mas as farinhas brasileiras são enriquecidas com ferro e aqui a porcentagem de detritos de insetos como barata e aranha é bem alta. Isso pode gerar muitas sensibilidades assim como a sensibilidade à farinha de trigo.

Muitas pessoas consomem o leite, pois pensam que o consumo de leite está associado à absorção de cálcio...

Na verdade, o leite até contém bastante cálcio, mas possui pouco magnésio, por exemplo, portanto, todo esse cálcio não é muito absorvível. Alguns vegetais possuem menos cálcio, mas, por conterem magnésio, acabamos absorvendo mais cálcio, como o caso do gergelim.

Como assim?

Aliás, certo dia no consultório da Dra. Gisela Savioli, perguntei sobre a ingestão ocasional do glúten. Ela explicou de forma bem didática que se eu ingiro glúten todos os dias eu estou promovendo uma guerra dentro do meu metabolismo, em que a morte dos inimigos e o excesso de soldados geram um lixo danoso ao nosso corpo: a inflamação crônica. Se eu ficar um bom tempo sem a ingestão do glúten, essa guerra vai um dia terminar e os soldados amigos irão embora e a paz se instaurará. Imagine, porém, que um dia eu resolva comer glúten. Nesse dia os inimigos reaparecerão bem como os meus soldados para combatê-los na guerra. E por mais que eu não consuma mais glúten, a partir desse dia, esses soldados ficarão em alerta, continuarão instalados e preparados para a guerra. E só a presença deles em excesso já é capaz de gerar uma inflamação ou consequências negativas. Portanto, fica claro que não me convém ingerir nunca o glúten. Ademais, o glúten dos dias modernos não é como o do passado, seus cromossomos já mudaram cerca de 400% e estão piores de uma forma geral. Atualmente estudos indicam que tanto o glúten como a caseína do leite são proteínas de difícil digestão e podem causar inúmeros males como a inflamação crônica e diferentes tipos de doenças. A Dra. Gisela Savioli em seu livro "Tudo posso, mas nem tudo me convém" conta que os sintomas e sinais do glúten dependem da individualidade e do gatilho genético de cada pessoa, mas os sintomas mais comuns são distensão abdominal, gases, dores articulares e musculares, dores nos ossos, edema, inchaço, dores nas pernas, formigamento, entre outros. Eu, por exemplo, costumo sentir distensão, cólicas, irritabilidade, gases, constipação e entendi que o glúten funciona como uma cola, lembra mesmo o *"glue"* de cola, por essa razão, nosso intestino pode travar e não funcionar em sua normalidade. No caso do leite, além da lactose, temos a ingestão da proteína chamada caseína, que pode desencadear sintomas como euforia, depressão e mais, pode gerar a dependência para a pessoa se sentir melhor. Comer ou não derivados de leite e alimentos com glúten passa a ser, em muitos casos, uma escolha pessoal. Por fim, é preciso dizer que também defendo o conceito de que a comida funcional é muito mais complexa do que simplesmente cortar alimentos, conter ou não conter glúten ou lácteos; minha defesa é fazer comida para todos, todas as tribos e todas as escolhas. E, como o processo de mudança é individual, respeito o tempo de cada pessoa.

Existe algum queijo melhor para o consumo?

O queijo de origem orgânica por conter menos contaminantes e o queijo de cabra e o de ovelha são famosos pela melhor digestibilidade e impacto. O leite de vaca anda muito contaminado com hormônios, agrotóxicos e antibióticos, além de misturas desconhecidas. É bem diferente de um leite de vaca ou de cabra ou mesmo ovelha orgânicas. Há em alguns pontos do mundo, por exemplo, pessoas longevas que ingerem o leite de ovelha. São leites mais puros e limpos.

Nem mesmo o queijo feta? Sei da sua paixão pela Grécia...

Pois é, o queijo feta na Grécia é bem diferente do que temos no Brasil, na verdade ele é produzido com o leite da ovelha e possui sabor, textura, quantidade de sal e forma de preparo distintos. Por incrível que pareça, quando estou por lá, costumo comer queijo feta todos os dias e não tenho problema algum. Penso que o leite de ovelha possa me cair melhor que o de cabra. E vou contar um detalhe, o glúten muda de país para país, o da Itália, por exemplo, pode cair melhor que o brasileiro.

Afinal, quais os alimentos que podem fazer mal à nossa saúde?

Independentemente da individualidade bioquímica de cada um, sabemos que alguns alimentos são perigosos, como as proteínas de difícil digestão como soja, glúten e lácteos, alimentos com alta densidade calórica e baixa qualidade nutricional, os alimentos processados e industrializados, embutidos, a margarina e o excesso de óleos vegetais refinados, alimentos pobres em fibras, os alimentos com agrotóxicos, transgênicos, alimentos com excesso de açúcares e frutose, as proteínas animais ricas em antibióticos e substâncias estranhas, os corantes industrializados, excesso de álcool, excesso de carnes vermelhas.

A alta exposição a toxinas ambientais como água de garrafas de plástico, os alimentos cultivados com agrotóxicos, pesticidas, herbicidas, aditivos e conservantes, além de material de limpeza tóxico, peixes contaminados com metais pesados, comida preparada em panelas e utensílios de alumínio estão associadas a doenças e obesidade. Essas toxinas chamadas também de toxinas externas e ambientais causam resistência ao emagrecimento, aumento de apetite e bloqueio nos sinais de saciedade.

Nossa, a lista é grande...

Viver está cada dia mais difícil e concordo que o consumo consciente pode gerar um certo tipo de agonia, estresse e frustração. Mas não podemos ficar com nossos olhos vendados para tudo isso, fingindo que isso não existe.

Difícil viver e lidar com tudo isso...
Concordo que viver pode ser um grande fardo se tivermos que avaliar tudo isso, mas, infelizmente, precisamos saber de tudo para readequarmos nossas vidas. A ingestão de alimentos orgânicos e ricos em antioxidantes é fundamental, sobretudo a ingestão de biomassa de banana verde, alimentos como brócolis, couve-flor, ervas e especiarias como alecrim, gengibre, cúrcuma, cascas de frutas cítricas, chá verde, alcachofra, repolho, cebola são grandes amigos para melhorar esse impacto. São atitudes importantes, hábitos mais saudáveis e ingestão de comida de verdade. Concordo que podem sair mais cara aos nossos bolsos, mas proporcionarão mais saúde hoje e no futuro. Portanto, devem ser vistos como um grande investimento.

E os tais suplementos, o que diz deles?
Embora se discuta a eficácia da absorção do suplemento isolado, é indiscutível que a quantidade que ingerimos de nutrientes em nossas refeições é muito baixa. Alguns especialistas alegam que a pessoa precisaria comer muito de um alimento para realmente obter os poderes preventivos contidos nele. Prefiro ser otimista e pensar que, ao longo de um ano todo, podemos ter aportes interessantes se mantivermos uma disciplina e rotatividade de alimentos.

Entendi, qual sua opinião sobre a utilização de soja na alimentação?
Sou totalmente contra! Primeiro por se tratar de uma cultura que subordina milhões de agricultores às empresas detentoras de patentes de sementes; em segundo lugar, sua produção está associada à monocultura, à utilização em larga escala de agrotóxicos e a processos de transgenia. Tudo isso destrói o meio ambiente e atrapalha o comércio justo. Além disso, é uma proteína de difícil digestão e extremamente alergênica. De acordo com a Dra. Elaine de Azevedo, a soja também é um alimento acidificante do nosso

meio interno e, embora seja rica em cálcio, é um alimento contraindicado para crianças em fase de crescimento e pessoas com osteoporose. Segundo o Dr. Victor Sorrentino, uma bebida de soja é sempre modificada para se adequar às necessidades nutricionais, além disso possui tratamentos e misturas prejudiciais para torná-la saborosa, sem falar que é rica em substâncias que podem inibir a reprodução e podem desequilibrar os níveis hormonais negativamente. Como diz a Dra. Gisela Savioli, em seu livro "Tudo Posso, mas nem tudo me convém", a soja não fermentada nem coagulada gera problemas digestivos, e também é comum estar associada a alergias tardias, sintomas como dermatite, eczemas, gases, diarreia, dor de cabeça, inchaço, problemas de tireoide e até mesmo obesidade. Muitas mães, por alguma razão, substituem o leite materno por soja e alguns dias depois as crianças manifestam sintomas alérgicos.

No caso da proteína de soja texturizada, muitos veganos deveriam repensar sobre seu consumo, pois ela não é natural, ao contrário, um produto totalmente industrializado. Ela é um resíduo da indústria de óleo de soja e sua produção está associada a processos químicos que podem causar câncer.

E quanto ao sódio, atualmente considerado um dos maiores vilões contemporâneos?

Gosto de lembrar do nome do capítulo sobre o sal do livro do Dr. Victor Sorrentino, "Segredos para uma vida longa", cujo capítulo se chama: "Quem disse que o sal faz mal a saúde?". Embora o sal possa provocar aumento da pressão arterial em certos indivíduos sensíveis, ele também destaca que o grande vilão é a frutose para o aumento da pressão e que a restrição do sal aumentou o risco de morte em pessoas com insuficiência cardíaca. Outro fator que está associado à pressão alta é o estresse, o sedentarismo, falta de qualidade no sono, frustração da vida moderna, os gatilhos de fuga, muito mais do que simplesmente o sódio. Na realidade, percebo clientes em meu restaurante pedindo zero sal na comida e fico preocupado com essas pessoas, pois podem estar tirando o verdadeiro sabor da vida. O sabor com saúde e o prazer associado ao ato de comer também são muito importantes para a saudabilidade. Penso que podemos focar em alternativas interessantes como a troca de sais industrializados e refinados por sais de qualidade e com nutrientes como o sal marinho, rosa do himalaia, sal de guerand, sal negro do Chipre e sais misturados com especiarias, ervas e sementes. Eu costumo fazer meus sais fitoterápicos em minha Thermomix, triturando sal grosso e pedras de sal rosa do himalaia com ervas, cúrcuma, zimbro, pimentas, grãos de coentro e gergelim.

Isso torna mais divertido e prazeroso o ato de cozinhar e comer.
Se a proporção desses ingredientes for inteligente, a pessoa colocará menos sal, mais sabor e mais fitoquímicos em seu prato.

Você citou mais de uma vez o perigo da frutose, por outro lado sabemos que podemos extrair das frutas vários nutrientes e antioxidantes. Como dosar esse consumo?
Podemos pensar em associar frutas com outros elementos que melhorem esse impacto. Podemos até pensar em sucos e molhos à base de frutas e com outros ingredientes funcionais como a biomassa de banana verde, ingredientes termogênicos, anti-inflamatórios e alcalinizantes.

Vou citar a goiaba, pois coloco neste livro uma receita de molho funcional de goiaba: sua casca é rica em vitaminas, minerais e fibras; ajuda a manter os olhos saudáveis, além de prevenir as cataratas e outros problemas oculares; melhora as funções cognitivas, deixando o cérebro mais ativo e eficiente; possui licopeno, antioxidante que previne o câncer de próstata. Seus antioxidantes em conjunto atuam também protegendo a pele do processo de envelhecimento precoce, inibindo as rugas e os radicais livres, portanto, também pode ser considerado *antiaging*. Podemos consumir a goiaba in natura, como toda fruta, e com moderação, mas também podemos utilizá-las em saladas, sucos, refogadas e incorporadas em risotos, misturando gengibre, anis estrelado, sementes de zimbro, biomassa de banana verde, ou seja, enriquecendo a receita para ela se tornar melhor.

O que você tem a dizer sobre carne, peixes e frutos do mar?

Carne de forma geral causa impacto negativo ao nosso organismo e ao meio ambiente, além de estar relacionada ao abate desumano. Nossos peixes de mar estão contaminados e muitas vezes a caça é predatória. Os peixes de cativeiro nem sempre recebem a melhor ração. Acho que devemos estabelecer vínculo com nossos pescadores e nossos agricultores para obter um alimento mais puro e sustentável. Existem empresas que tentam recriar o habitat natural em grandes tanques dentro de mares e rios e com alimentação natural. Por outro lado, alguns criadores desumanos de camarão os deixam 2 dias sem alimentos para que eles defequem e não contenham mais sujeiras em seu intestino. Me questiono se seria isso natural. Na outra ponta, existe uma tendência de importar peixes selvagens na busca por algo menos contaminado, porém não se sabe qual o impacto ambiental disso tudo. Tudo tão complexo e o fundamental, então, é pesquisar muito ainda sobre todo o assunto, pois envolve muitos fatores como sustentabilidade, comércio justo e nutrição, inclusive. Talvez todos cheguem a uma só solução: o veganismo!

E como fica o consumo de salmão nessa história?

Temos que lembrar que existem muitas trutas que recebem ração com corantes para que se pareçam com salmão. Isso não pode fazer bem para saúde já que está associado a corantes químicos. A maior parte dos salmões vendidos no Brasil é do Chile; e não podemos nos iludir, a maioria também é de cativeiro. Poucos salmões selvagens e ou do Alasca chegam ao Brasil e todos chegam com valores bem mais altos.

O problema do salmão é que ele possui alto teor de Ômega 6 e precisamos lembrar que população está com excesso de Ômega 6 precisando de um aporte maior de Ômega 3. Esse desequilíbrio gera um processo inflamatório em nosso metabolismo. Para quem conta calorias, precisa lembrar também que se trata de um peixe com alto teor de gordura.

Mais dados que só aumentam nossa insegurança, não?
Por tal razão eu consumo uma vez por semana, pois, como a maioria dos brasileiros, também aprecio o sabor, por outro lado, temos outras opções brasileiras de peixes de água doce como trutas normais, pirarucu, tambaqui e outras opções de mar, embora também precisemos tomar cuidado com esses peixes, pois também estão contaminados com metais pesados. Um peixe popular que está muito contaminado com mercúrio é o cação. Portanto, para mim, esse assunto é complexo e muito controverso.

Que tipo de males a carne vermelha pode causar?
O excesso de consumo de carne pode sobrecarregar os rins e acidificar todo nosso sistema, enquanto que os rins precisam de um meio alcalino para trabalhar em boas condições. De acordo com Dra. Elaine de Azevedo, uma dieta hiperproteica pode alterar o balanço ácido-básico do nosso organismo. Portanto, precisamos reduzir o consumo e colocar mais alimentos alcalinos e menos industrializados. Outro problema é a forma de preparo: métodos de cocção que estão associados ao preparo das carnes em geral, como alta temperatura, fumaça e formação de crosta. Tais preparos estão associados à formação de câncer. Deveríamos adicionar ao preparo muitas fibras, ervas, especiarias e alimentos da família das couves para melhorar tais impactos. Na prática, biomassa de banana verde, alecrim, tomilho, gengibre, curry, cúrcuma, brócolis, couve-flor...

E o frango?

O frango convencional está relacionado ao abate cruel e as aves são confinadas em pequenos espaços para engordarem, além de receberem luz artificial o tempo todo para que fabriquem um hormônio natural de crescimento e engordem.

As aves ficam estressadas e muitas se mutilam e se matam. Outro fator negativo é que às suas rações são adicionados corantes e substâncias artificiais para que as cascas dos ovos fiquem mais resistentes e suas gemas mais amareladas.

Se a carne vermelha faz tanto mal, devemos bani-la de nossa alimentação?

Sem dúvida, bani-la de nosso plano alimentar seria o melhor que poderíamos fazer, mas é difícil convencer algumas pessoas disso. Muitos comem pelo simples prazer e não por consciência e prazer associados. Mas minha gastronomia funcional trabalha com o conceito de minimizar os impactos dela e dos demais alimentos que possam gerar danos.

Sempre é possível reduzir o consumo de um alimento e associá-lo a métodos que possam minimizar danos. Já sabemos que carne pode gerar malefícios graves ao nosso organismo. Sei que é difícil romper uma tradição, então proponho diminuirmos o consumo e associá-lo a ervas, especiarias e outros alimentos ricos em antioxidantes e que possam minimizar tais impactos negativos.

Aos molhos de acompanhamento podemos colocar biomassa de banana verde, que vai melhorar o impacto de um alimento que gera acidez ao nosso organismo, e também muitas ervas e ingredientes alcalinizantes, assim como alimentos que melhorem a disgestibilidade, como abacaxi e mamão.

Infelizmente carne com crosta e com técnicas de cocção que envolvem fumaça são mais apetitosas, mas potencializam seus efeitos negativos, então podemos pensar em vegetais como o chuchu, brócolis, couve-flor, ricos em propriedades antioxidantes e destoxificantes, também pouco calóricos, diuréticos e que ajudam no bom funcionamento dos rins.

Olha que simples no caso do chuchu: você descasca, corta e cozinha em água fervente ou vapor até ficar suculento e ainda pode melhorar o sabor do chuchu (porque muitas pessoas alegam que chuchu não tem sabor) e sua performance funcional, misturando com fios de azeite, zimbro, ervas como alecrim, alho-poró, tomatinhos e sal de ervas. O chuchu e todos esses outros elementos amenizarão os efeitos negativos da carne. Por outro lado, podemos pensar em métodos mais brandos de calor úmido como os escalfados que não estarão associados à fumaça e crosta. Então fica a dica para quem consome e para quem prepara, pois sem muito radicalismo podemos amenizar alguns impactos negativos.

E o hambúrguer? O churrasco? O que podemos fazer para melhorar o impacto?

Quanto ao hambúrguer que tal servi-lo no pão sem glúten, macio e saboroso? E com maionese de banana verde e ervas, como as famosas bioneses? O raciocínio é o mesmo para qualquer tipo de carne, associar a ervas, biomassa de banana verde e temperos antioxidantes. Podemos colocar biomassa dentro do hambúrguer como na receita da **página 303** com acompanhamentos mais corretos e que gerem menos danos.

Para o churrasco, podemos criar farofas funcionais, vinagrete mais poderosos e aromáticos, podemos focar em acompanhamentos como o da família das couves tais como brócolis, couve-flor, couve de Bruxelas, que são alcalinizantes e destoxificantes. No vinagrete de um churrasco podemos adicionar muitas ervas, suco de fruta da época, rico em antioxidantes como elemento ácido.

Poderia explicar um ou dois pratos que na prática exemplifiquem a gastronomia funcional?

Vou citar dois pratos, o "Arroz Amazônico" e o "Filé de frango FIT". O "Arroz Amazônico" é composto por cubos de pirarucu grelhado envolvido em arroz, pequi, espinafre, tomatinhos e castanha de caju. O arroz é integral para melhorar a carga glicêmica, o pirarucu é um peixe de água doce; e os peixes de água doce ainda são menos contaminados que os peixes do mar, e com teores maiores de Ômega 3 inclusive. Já sabemos que os peixes do mar geralmente estão contaminados pela poluição e por metais pesados. O tomatinho recebe calor para potencializar o fitoquímico licopeno e a gordura do pequi e do peixe melhoram sua absorção. O pequi também é rico em antioxidante e ótima fonte de gordura. O espinafre, rico em cálcio, recebe calor para inativar uma substância que inibe geralmente a absorção do cálcio, e as castanhas de caju irão justamente ajudar nessa absorção do cálcio. No contexto geral, o prato, além de ser funcional, é muito saboroso, aromático e belo, além de conter brasilidade com os ingredientes pirarucu, castanha de caju e pequi.

Já o "Frango Fit"...

Este prato contempla um pouco da gastronomia funcional direcionada para academia e performance. Ele é composto por cerca de 250g de filé de frango, quinoa em grãos à moda marroquina com ervilha, cenoura, milho, alho, especiarias; acompanha 3 unidades de batata-doce e um molho de cebola confit agridoce. Evidentemente que cada tipo de treino e objetivo requer uma alimentação bem direcionada, mas esse prato nasceu com o objetivo de conter alta carga proteica e nesse caso ela vem do filé de frango orgânico e da quinoa, uma ótima fonte vegetal proteica e de excelente carga glicêmica e digestibilidade. Repleto de antioxidantes encontrados nos legumes e temperos além da batata-doce, ótimo carboidrato, ele é um prato direcionado para quem treina pesado.

Embora as pessoas, hoje em dia, pesquisem mais sobre a alimentação, imagino que ainda desconheçam sobre os vilões alimentares e o que poderiam fazer para melhorar a qualidade de suas vidas...

Um grande conselho é que todos deveriam procurar um nutricionista funcional para entender melhor sua individualidade bioquímica e o que mudar em seus hábitos, e, dessa forma, deveriam fazer exames com mais frequência.

Como chef funcional posso arriscar a alertar sobre alguns aspectos, como ficarem mais atentos aos modismos, que podem ser grandes perigos.

Uma dieta da moda pode ser uma grande cilada, assim como o excesso de algum alimento também?

Na prática, quando se diminui o consumo de algum alimento, temos a tendência de aumentar em outro; pensamos em eliminar o pão com glúten, mas exageramos no consumo de pães sem glúten, muitas vezes repletos de insumos industrializados, tais como a lecitina de soja, goma xantana e outros estabilizantes, quando o correto seria ingerir muito menos produtos industrializados, menos carboidratos em geral, bem como uma diminuição no consumo de carnes, leites e glúten.

Hoje muitas pessoas estão consumindo muitos derivados de oleaginosas, como substitutos de leite de vaca, creme de leite e manteiga, quando deveríamos consumir de forma variada e rotacional. Eu me preocupo com o consumo exagerado dessas castanhas que podem originar futuras sensibilidades. Na verdade, muitas pessoas estão descobrindo sensibilidade à goma xantana e também à mandioca, pelo excesso de consumo de tapiocas.

Outra dica seria as pessoas colocarem mais fibra nas refeições como a biomassa de banana verde e sementes. Eu também diria para reverem o consumo exagerado de frutose. Em relação aos açucares, podemos tomar menos cafezinhos sem açúcar e, para isso, sugiro uma técnica que aprendi com a Dra. Gisela Savioli, que é a de ficar 12 dias tomando cafezinho sem açúcar e sem adoçante. Afinal, imagine quanto de açúcar e adoçante consumimos em nossos cafezinhos? É certo que depois disso nunca mais você irá tomar café adoçado. Por último, embora deva ter esquecido muitas outras dicas, minha sugestão é colocar mais especiarias e ervas na comida.

Ainda não falamos do álcool.... É possível criar drinks funcionais?

Se pensarmos em drinks alcoólicos acho difícil imaginar algo que seja apenas benéfico, mas é possível, assim como na preparação de carnes, adicionar ingredientes com compensadores nutricionais ou antídotos naturais, como alimentos antioxidantes, alcalinizantes e anti-inflamatórios naturais. Desde frutas, ervas, especiarias e biomassa de banana verde, inclusive.

Biomassa de banana verde e álcool? Como assim...

A biomassa de banana verde é um ingrediente sem sabor e espessante. Podemos criar coquetéis mais densos com ela, imagine bater um suco de fruta como Cajá, Siriguela ou mesmo Cambuci, mais biomassa de banana verde, tomilho limão, cardamomo e melaço. Coa-se e mistura-se com alguma aguardente orgânica e pedacinhos de batata yacon. Precisamos lembrar que essa batata possui sabor de pera ou mesmo de melão. Pronto, preparamos um drink antioxidante, anti-inflamatório, alcalinizante, prebiótico e com sabor exótico, regional, orgânico e que ainda estimula o comércio justo e o desenvolvimento de agricultura familiar.

Então, além de pratos, você cria drinks...

Gosto muito de criar drinks autorais como o MOMA, com morango, maracujá, cardamomo e manjericão, o LIZ de lichia com zimbro, o Blue Velvet com hipnotiq, suco de abacaxi, espumante e suco de limão siciliano. Gosto muito de um drink que criei, ainda sem nome, com vodka (e hoje encontramos vodka orgânica), infusão de gengibre, mirtilo, maçã verde e cranberry. Criar drinks é minha outra paixão, mas uso mais como hobby.

E sobre vinhos, é verdade que fazem bem?
Sim, as cascas de uvas tintas são ricas no antioxidantes resveratrol. Isso é prevenção de saúde. Hoje estou estudando muito sobre o universo de vinhos naturais. Criei a adega do chef onde há rótulos escolhidos a dedo por mim e com ajuda de meu sócio Rodrigo Rivellino. É um tema que nos interessa muito.

Explique melhor sobre o que se trata vinhos naturais.
Estou desbravando terras novas. Novas experiências da interpretação do gosto. Precisaremos desconstruir tudo que aprendemos. Gosto de dizer que é pura poesia orgânica e natural, com pouquíssimo sulfito. Na verdade, apenas o sulfito natural contido na casca da uva, com mínima intervenção do homem. Sulfito é o conservante do vinho, mas algumas empresas adicionam muito sulfito aos vinhos, o que pode desencadear dores de cabeça e reações alérgicas em algumas pessoas. Na verdade, os vinhos naturais são formados à base de sucos de uvas orgânicas e biodinâmicas, com leveduras nativas, naturais e indígenas, uvas de solos mais ricos em nutrientes. Na minha opinião é essencial essa experiência na vida das pessoas. Digo mais, tenho certeza de que irá aproximá-las do cosmo.

Na minha carta optei por vinhos mais naturais, sucos de uvas vinificados com excelentes *terroirs* e sem intervenção química, um vinho artesanal. E o importante é saber que não existe mais o bom ou ruim, existe a partir de agora uma experiência, e a forma de apreciar não é mais rodando o vinho e colocando-o sobre à luz. Defino esses vinhos escolhidos como uma questão de confiança e novas experiências do gosto.

Certo, agora de verdade, qual é a dieta do chef?

Durante um tempo da minha vida, ela podia ser contada em calorias. Desde criança, escuto a palavra dieta e até meus dezoito anos utilizei adoçantes e me recordo do sabor residual desagradável deles nos sucos. E aliás, fui criado tomando suco de laranja com adoçante, o que acho um absurdo um pai permitir hoje em dia. Em relação aos adoçantes, prefiro obter a doçura por outros meios naturais. Como já mencionei, graças ao teste que fiz de doze dias tomando café e chás ou qualquer tipo de sucos sem nada, eliminei tanto os adoçantes como os açúcares de minha vida. De qualquer forma minha alimentação é contada pela sua potencialidade em promover saúde ao meu corpo. Durante anos lutei contra o meu biotipo e pensei sempre na magreza como forma de sucesso. E consegui ser magro durante um bom tempo, porém, sem saúde, sem massa muscular e sem vitalidade. Durante um período, engordei muito e conto essa história no livro "Escolhas e Impactos – Gastronomia Funcional". Depois que emagreci com qualidade sob a supervisão da nutricionista Dra. Gisela Savioli, fui respeitando meu biotipo e não lutando contra a natureza. Descobri como ouvir e respeitar meu organismo, o que seria certo ingerir e colocar em meu prato.

A discussão sobre saudabilidade, magreza e gordura é muito relativa. Sabemos que contagem calórica não é tudo. E mesmo assim, pensando em um projeto maior, há um ano eu fiz uma dieta em que novamente emagreci bastante para perder gordura e em seguida começar um novo plano alimentar e um treino específico na academia. Emagreci com uma dieta de 500 kcal por dia, por vinte dias e depois mais vinte de adaptação, mas tudo com supervisão de nutricionista e com aporte de vitaminas. Em seguida passei para um protocolo novo da dieta da moda chamada de dieta paleo. A dieta paleo low carb basicamente é a ingestão de proteínas animais com carboidratos de baixa caloria sem ingestão de açúcares, grãos e leguminosas ou que tenham nascido dentro da terra. E vale dizer, embora seja contra essas dietas, a vantagem de eu conhecê-las na prática é o que posso fazer para meus clientes que querem comer em meu restaurante sem perder o direcionamento de seu nutricionista. Não que eu concorde com essas dietas, mas dou credibilidade para quem as faz com um propósito único de emagrecer rápido e depois mudar seu plano alimentar e estilo de vida. Essas dietas possuem seus pontos negativos e positivos, geralmente ocasionam alguns danos e rebotes. E por tal razão acredito que cada um use de seu livre-arbítrio para saber se deve ou não fazê-la. Por outro lado, também percebi que a disciplina é tão grande que nem todos conseguem terminá-las. Hoje em dia, minha dieta é basicamente proteica com ingestão de carboidratos de boa carga glicêmica como batata-doce, mandioca, mandioquinha, quinoa, arroz integral, associando-os com muitas especiarias e ervas. Tenho um baixíssimo consumo de açúcar e álcool, não consumo glúten, lácteos, soja, embutidos e industrializados; consumo frutas moderadamente com atenção para seus níveis de frutose e seu índice glicêmico. Apenas ingiro carnes vermelhas a cada quinze dias e o salmão apenas uma vez por semana, dando prioridade para ovos, peixes e aves. Tento me alimentar com o máximo de produtos de origem orgânicos, não fumo e pratico exercícios na academia quatro vezes por semana. Como meu objetivo é o ganho de massa corpórea, continuo com ajuda nutricional especializada em nutrição esportiva funcional. Quero envelhecer com muita saúde, massa muscular e longevidade.

Se você não ingere nada com glúten, como você faz com a ingestão de pães em seu desjejum?
Há muito tempo que não ingiro pães convencionais. Sei que para muitas pessoas isso é muito difícil, mas tenho uma facilidade para não me apegar às tradições gastronômicas que nos foram trans-

mitidas desde criança. Aprendi a apreciar a tapioca, mandioca ou inhame cozido com fios de azeite e sementes de chia, gergelim, semente de girassol e abóbora e comer mais proteínas, como ovos em detrimento aos queijos e embutidos. Neste livro, fiz questão de colocar alguns sucos funcionais, molhos que servem para tapiocas e receitas de pães sem glúten e de fácil preparo.

E quando bate a fome antes de dormir, o que o Chef Renato faz?
Esse é um momento de alerta, muitas pessoas boicotam suas dietas nesse horário, pois ingerem pouca caloria no jantar e costumam dormir tarde. Por essa razão escolhi para este livro receitas de sopas e grãos que gerem saciedade e coloquei opções de receitas com abacate e pastas para serem consumidas nesses momentos. São alternativas saudáveis, e eu costumo ter em minha geladeira uma pasta de homus ou de castanhas para comer uma colherada ou rechear uma folha de couve-manteiga ou acelga. Chamo isso de wrap funcional. Às vezes preparo uma pasta de abacate ou mesmo a mousse de abacate. E você encontrará algumas dessas receitas neste e nos meus outros livros.

E como fica a dieta nos finais de semana?
Na verdade, defendo a disciplina aos finais de semana, inclusive, sem saídas da dieta, com exceção apenas para os raros momentos quando não conseguimos resistir a uma determinada vontade ou não temos outra alternativa. Não podemos deixar que as datas comemorativas nos boicotem, pois elas acontecem com muita frequência, portanto, com um plano alimentar saudável todos os dias do ano, nosso organismo possui a capacidade de expulsar e eliminar as toxinas ingeridas nessas ocasiões de força maior.

Se eu fosse jantar em sua casa, o que você faria?
Com certeza eu ligaria para perguntar se você possui alguma restrição alimentar. Geralmente nunca fazem isso comigo (risos), então, quando sou convidado, eu ligo para avisar que não como nada com glúten; já cheguei a levar tapioca em uma noitada de pizza, e, acredite, todos ficaram com vontade de comer. Peguei minha cota de pizza, tirei o recheio e coloquei dentro de minha tapioca. Mas, voltando ao jantar, geralmente eu mimo meus convidados com o melhor da disponibilidade da safra, sabores novos e ingredientes exóticos. Gosto de informar sobre a funcionalidade, origem do ingrediente e possivelmente de qual viagem eu adquiri ou de quem eu ganhei, pois recebo muitos presentes de amigos e clientes.

Uma pessoa será comprovadamente saudável comendo apenas sua comida?
Isso é muito relativo e precisamos lembrar que ser saudável não significa ser magro nem gordo, existem fatores relacionados à genética e é preciso analisar todo o plano alimentar dessa pessoa. Muitos ainda desconhecem o que é alimentação consciente e saudável. O que um pão de forma integral, peito de peru, kani kama, cottage, barrinhas de cerais podem carregar de ingredientes nocivos? As pessoas ainda desconhecem as artimanhas da indústria alimentícia e acham que estão se alimentando bem. Acredito que não adiante uma refeição ser saudável apenas de vez em quando. Dessa forma, minha comida poderá oferecer o potencial preventivo ou instigar a hábitos melhores.

A cozinha saudável ainda tem estigma de não ser apetitosa?
Isso diminuiu muito, era maior quando comecei, mas de qualquer forma ainda deparo com pessoas preconceituosas, que acham que comida saudável é ruim e sem gosto. Falar que uma comida não contém glúten, leite e que seja orgânica ainda pode parecer estranho e sem gosto. Mas algumas pessoas não são culpadas, também vejo casos de tentativas de comida saudável mal-sucedidas, afinal,

o equilíbrio entre o sabor e saúde é tênue e delicado. A própria utilização errada da biomassa de banana verde pode ser trágica, os molhos ou mesmo uma simples pastinha, se usados na quantidade errada, podem deixar a comida feia e sem gosto. É preciso dosar o equilíbrio entre o sabor com saúde.

O que você pensa sobre o movimento Slow Food?

É uma tendência com total coerência com meu discurso e manifesto, pois garante proteção ao regional, respeito social e ambiental. O Slow Food foi fundado por Carlo Petrini em 1986 e se tornou uma associação internacional sem fins lucrativos em 1989. Ele difunde o prazer da alimentação com consumo consciente, utilizando produtos artesanais de qualidade, baseado no respeito ao comércio justo e à sustentabilidade, bem como um maior vínculo entre o consumidor e o produtor. Esse conceito está relacionado ao meu trabalho e execução, meu discurso é similar e buscamos toda coerência possível. São infinitas as possibilidades de melhoria e cada pessoa precisa saber suas responsabilidades relacionadas às escolhas de sua compra e consumo.

Podemos esperar no futuro um produto que minimize os impactos da má alimentação?

A única forma é a alimentação consciente. Mas com certeza a biomassa de banana verde pode aliviar muitos impactos, pois ela ajuda na eliminação de toxinas, no alcance da melhor carga glicêmica da comida, na proliferação de bactérias boas no nosso organismo e na melhor absorção de muitos outros nutrientes. Quero dizer com isso que mais produtos novos devam conter a biomassa de banana verde.

Se o ato de comer a sua comida tivesse um compasso, um ritmo, qual seria?

Um ritmo mais fluido, em que possamos unir o slow food à comida funcional, orgânica, sustentável e que melhore a vidas das pessoas como um todo, para quem faz, produz e quem come, assim como para o planeta.

Precisamos conhecer os conceitos para que não nos enganemos, afinal uma comida regional, típica, de alma e de *comfort food* também pode ser uma escolha ruim, pode conter alimentos que façam mal ao nosso corpo.

Então o que devemos conhecer em termos de conceito para uma melhor fluidez?

O alimento vivo, saudável, sustentável, ecológico, funcional, orgânico, biodinâmico, de comércio justo, hospitalar, *antiaging* e que incremente a hospitalidade. Eu acredito que isso tudo pode ser aplicado e, melhor, estar conectado com as comidas típicas, regionais, contemporâneas e receitas de nossas infâncias. Quem escolhe esse ritmo e esse fluxo somos nós, consumidores urbanos, inteligentes, conscientes e exigentes. Deveríamos comer o que faz funcionar bem nossas mentes, corpos e almas – um ritmo mais harmonioso. Isso é o que eu chamo de "flow food".

E SE LHE DISSÉSSEMOS QUE HÁ UM INGREDIENTE INCRÍVEL E NATURAL, QUE ATUA COMO UM COADJUVANTE PERFEITO EM UMA REFEIÇÃO: REGULA O NÍVEL DE AÇÚCAR NO SANGUE, POSSUI VITAMINAS A, C NÃO ENGORDA E AJUDA A PREVENIR DOENÇAS. SÓ QUE ENQUANTO FAZ TÃO BEM, PASSA COMPLETAMENTE DESPERCEBIDO AO PALADAR. EXPERIMENTE! ESTAMOS FALANDO DA BIOMASSA DE BANANA VERDE

CAPÍTULO 4

BIOMASSA

DO FURTO AO FRUTO: A ORIGEM DO SUPERALIMENTO E SUA INSERÇÃO NA ALTA GASTRONOMIA BRASILEIRA.

Como ocorreu o seu contato inicial com a biomassa de banana verde?

Eu precisava fazer um evento, o coffee break do primeiro congresso de nutrição funcional e esportiva da VP. Recebi a orientação da Dra. Joana D'arc para entrar em contato com uma senhora que sabia tudo sobre a biomassa de banana verde. Vou ser sincero, não sabia absolutamente nada a respeito e quando fui pesquisar lembrei de ter visto esta senhora, a Dona Heloisa de Freitas Vale, no programa Fantástico da TV Globo. A conversa foi por telefone e produtiva, ela me convidou para aprender mais e participar um pouco da sua vida. Foi o começo de tudo, ela me apresentou todos que estavam com projetos de utilização da biomassa e passamos a nos unir cada dia mais.

Qual o primeiro prato que considerou e aplicou o uso da biomassa?

Foi no preparo de um brigadeiro, que até hoje mantenho no cardápio do Le Manjue.

Houve alguma aplicação malsucedida da biomassa nessas experiências iniciais?

Sim, certa vez reproduzi uma receita de bolo comum e adicionei muita biomassa de banana verde. Depois de assado, o bolo estava encharcado de gordura. Compreendi que o bolo estava fazendo o mesmo que acontece em nosso organismo quando ingerimos biomassa, ele expulsa gordura consumida em excesso. Com isso aprendi que as receitas com biomassa não precisam de tanta gordura, e isso é ótimo pois torna a receita mais saudável.

Você recomenda o uso diário de biomassa?

Sim, a recomendação é para todos os dias.

Em que proporção? A dosagem difere para adultos e crianças?

Uma média de 2 a 4 colheres de sopa por dia.

Biomassa engorda?

Não, pois a biomassa de banana verde não é digerida e é eliminada pelas fezes com todas as toxinas, gorduras em excesso que ingerimos. Quando pensamos em análise calórica, não devemos contar a caloria da banana.

Acabei me empolgando com o nosso assunto, mas afinal o que é a biomassa de banana verde?

Na verdade, a biomassa é o resultado do cozimento de qualquer tipo de banana verde, que saiu direto do pé, ou seja, não passou por estufa e processo de aclimatização. Foi para a panela com água até as cascas se separarem de sua polpa. A polpa processada é transformada em uma massa chamada de biomassa de banana verde.

Porque é chamada de biomassa?

"Bio", pois ela é prebiótica. Ou seja, serve de alimento, no intestino, para bactérias boas se multiplicarem e melhorarem o meio para que outras bactérias boas possam nascer.

Como a biomassa de banana verde se comporta na culinária?

Ela tem sabor neutro com coloração pálida, dependendo do tipo de banana e da forma de cozimento, levemente amarelada, levemente cinza ou levemente rosada. Ela serve como espessante e ligante de receitas. Quando fria ela endurece, então pode alterar beneficamente as receitas.

E quais os benefícios da biomassa de banana verde?

Como eu já disse, ela é prebiótica, ou seja, melhora o funcionamento do intestino, mas também está relacionada à absorção de nutrientes como o cálcio, antioxidantes, reduz o colesterol, fortalece a imunidade, é rica em vitaminas A, B1, B2, melhora a performance gastronômica, não contém glúten, nem lactose ou caseína. Como podemos ver, é uma grande causa e defesa a favor da saudabilidade. O maior responsável pelo sucesso dos efeitos da banana verde na saúde é o amido resistente. Ele está presente na polpa e na casca da banana verde, não é digerido, mas é absorvido no intestino delgado, podendo ser fermentado no intestino grosso, produzindo substâncias que servem como fonte de energia para produção das bactérias benéficas do intestino. O amido resistente mantém a integridade da mucosa do intestino, responsável pela boa absorção dos nutrientes como cálcio. Novos estudos indicam que o processo de cozimento pode destruir até 80% do amido resistente. No entanto, seus benefícios continuam sendo inigualáveis e funcionais, e seu uso ainda deve ser recomendado.

Como a biomassa de banana verde foi descoberta?

Podemos encontrar a banana verde em pratos regionais da Chapada Diamantina como o godó e na região caiçara como em Paraty, no prato chamado de "azul marinho". Provavelmente sem saber seus benefícios funcionais, no godó a banana verde é cozida junto com carne seca ou peixe, num caldo com legumes, e no "azul marinho" a banana verde é cozida com o peixe típico da região em panela de ferro, em que a reação do ferro com o tanino da banana verde torna o caldo azul. Mas foi em 1992 que Dona Eloisa de Freitas Vale levou o projeto de estudo para universidades e para o Senac. Descobriu-se seus poderes benéficos, sua versatilidade culinária e a partir de então os estudos e descobertas de seus benefícios só aumentam. Novos estudos indicam que o processo de cozimento pode destruir até 80% do amido resistente. No entanto, seus benefícios continuam sendo inigualáveis e funcionais, e seu uso ainda deve ser recomendado.

Por que Dona Heloisa de Freitas Vale se interessou por um projeto com banana verde?
Heloisa de Freitas Vale era uma fazendeira do Vale do Ribeira. Para chegar na fazenda era preciso pegar um barco e certa vez, ao chegar na fazenda, deparou-se com um incidente bem desagradável: ladrões haviam saqueado a casa e não tinham deixado nenhum mantimento. Como não dava mais tempo de retornar à cidade, ela decidiu fazer uma sopa de banana verde com água e temperos da horta. No dia seguinte percebeu que estava sem fome e com energia. Intrigada, foi pesquisar mais sobre o assunto e resolveu levar o assunto para um colega pesquisador. Em resumo, a biomassa foi estudada e depois o Senac comprou o projeto e criou em 2002 o livro "Yes, nós temos banana", um livro sobre dados da banana verde e receitas.

Ao que me parece, não consigo imaginar a sua gastronomia e a biomassa dissociadas. Faz sentido?
Isso é verdade. Não existe defensor maior da biomassa do que eu. Minha assinatura são pratos preparados com biomassa de banana verde. Minhas receitas ficam melhores com esse ingrediente, mais saudáveis e mais gostosas. E fica a dica, prove sempre algo com biomassa quando for ao meu restaurante ou nas cozinhas onde assino o menu. E você terá a certeza do que sempre falo sobre esse ingrediente abençoado. Assim como não faz sentido vir ao "mercadão" e não comer o bolinho de bacalhau ou o sanduíche de mortadela. A diferença é o fator "saudabilidade".

CAPÍTULO 5
LE MANJUE

LABUTA E MAESTRIA: DA RECEPÇÃO INICIAL AO CALOR INTENSO DE UMA COZINHA QUE NÃO PARA DE SURPREENDER

É noite de segunda-feira. Pouco mais de oito horas. A recomendação era que eu chegasse cedo, "pois depois não garanto a você que tenhamos uma mesa", alertou-me o chef. Dito e feito. O restaurante ainda aparenta estar calmo, mas observo a movimentação de carros chegando e manobristas recebendo educadamente uma clientela à altura do bairro onde fica, a Vila Nova Conceição.

Opto por uma das mesas na área interna do restaurante. Naturalmente, antes de chegar no Le Manjue, já havia feito a "lição de casa". Uma amiga me disse para não deixar de ir ao toalete que tem uma bicicleta como bancada de pia. Lendo as avaliações no Trip Advisor (onde, até a data desta edição, o Le Manjue se posicionava em 68º lugar na classificação), descobri o que esperar, o que comer, o que beber, enfim, que tipo de experiência me aguardaria nas próximas horas.

Do meu lugar contra a parede, vejo escrito na porta "Chame o chef". Não foi preciso. De boné, óculos de grau e um dólmã escuro, Renato vem ao meu encontro. Sério e austero num primeiro instante, o chef faz as perguntas de praxe para esquentar a conversa, se foi fácil encontrar, se gostei do design do lugar, diálogo afável e sem risco. A essa altura, o restaurante já está lotado. De novo, é uma segunda-feira.

Pergunto a ele o que me sugere para começar, sem imaginar o longo banquete que me aguarda.

— Essa noite você apreciará uma seleção de pratos, em porções menores, é claro. Quero que você conheça a essência da minha gastronomia. — Agradeço a enorme gentileza, afinal é como viajar de primeira classe, tendo acesso imediato à cabine do comandante.

Examino o cardápio, não mais a título de escolher meu prato, mas de decidir pela primeira pergunta...

O que significa Le Manjue?
Significa "o alimento". Muitos buscam significado em francês, mas na realidade é uma palavra derivada de um francês em desuso. Quando pesquisei sobre nomes diversos, primeiro encontrei uma variação indígena "manjua" e depois em francês. O nome do restaurante como "o alimento" foi escolhido para demonstrar nosso cuidado e extremo valor aos ingredientes e ao ato de alimentar-se.

O Le Manjue nasceu em um bairro totalmente diferente do atual?
O primeiro ano foi no bairro da Vila Madalena, um bairro muito agitado e com trânsito muito cheio. Uma loucura que não agradava, nem combinava muito com o estilo dos nossos clientes. Então, decidimos procurar outros imóveis e em locais mais tranquilos. Quando meu sócio, Bruno Fattori, achou a casa perfeita, e era uma casa de moradia, ele insistiu tanto que conseguiu convencer os moradores a vendê-la. Fechamos o restaurante e nos dedicamos às obras e reformas para a casa nova. Resolvemos fechar a unidade da Vila Madalena e assim ficamos aproximadamente um ano, nos dedicando à reforma da Vila Nova Conceição. Agora estamos finalizando o projeto para abertura de mais uma unidade, a do Jardins, aqui em São Paulo.

Imagino que tenha sido desafiador, mas uma grande conquista...
Sem dúvida, foi. Abrir meu restaurante, com um conceito novo criado por mim mesmo, de gastronomia orgânica e funcional. Ao longo desses anos todos, gerou todos os sentimentos possíveis, da alegria ao desespero, da felicidade à frustração. Isso porque não foi fácil e continua sendo um desafio manter uma empresa e lidar com tantas pessoas diferentes.

Quando aconteceu? Como foi chegar lá?
Isso aconteceu em 2007, quando abri a casa. Foi bem difícil, pois lidei com todos os tipos de preconceito conceitual e desconhecimento das pessoas em relação ao universo orgânico e funcional. A comida orgânica ainda era confundida com vegetariana, excesso de soja, e comida saudável era sinônimo de comida de dieta, light, regime e comida sem graça. Para não inibirmos a entrada de clientes, chegamos a retirar a bandeira funcional e, depois de alguns meses, a bandeira orgânica, mesmo sendo um restaurante certificado orgânico pelo IBD. A ideia era atrair o cliente, deixar que ele comesse, e depois informá-lo do conceito. Chegamos a mudar de bairro e mudar a identidade visual do restaurante. Levamos um tempo para conseguirmos lotar a casa todos os dias. Fazia frio e não aparecia clientes, pois ainda achavam que só servíamos salada. Homens vinham arrastados pelas suas mulheres e chegavam emburrados.

Você demonstra ter lidado com muitas dificuldades ao abrir um restaurante com uma proposta totalmente orgânica...
Muito! Imagine a nossa tristeza em ter que retirar a bandeira funcional e, em seguida, a orgânica. Nossa bandeira não estava atraindo clientes. As pessoas entravam na casa com um pouco de medo do que esperar da comida saudável, inseguras em relação ao preço. E, mesmo com nossa certificação orgânica, nada mudava o cenário. Muitas vezes pensamos em desistir e refletíamos se estávamos no caminho certo.

Ainda bem que não desistiu...
Sim, o trabalho de convencimento foi de formiguinha até que chegou o dia em que percebemos que já era momento de assumirmos nosso manifesto. Resolvemos assumir de vez a bandeira orgânica e funcional. As pessoas estavam mais favoráveis, já tínhamos provado e desmistificado muito sobre o conceito.

Podemos dizer que foi o início da era dourada Le Manjue?
Sim, foi o começo de uma consagração pela qual batalhamos, um grande empenho e sonho que se tornou realidade. Sou considerado o chef pioneiro e referência nacional em gastronomia orgânica e funcional, além de pioneiro na aplicação da biomassa de banana verde. E o Le Manjue Organique também adquiriu o status de restaurante que serve comida gostosa e saudável.

Imagino a emoção ao olhar para isso tudo hoje...
Eu me sinto grato por alcançar meus objetivos. O caminho foi muito duro. Aprender tudo sozinho foi um longo caminho de pedras. Sentir a rejeição da clientela e o reflexo no bolso foi problemático no início. Mas hoje o passado é passado, digo ao meu sócio, Bruno Fattori, que passou tudo isso ao meu lado: comemos um capim bem verdinho e ninguém se lembra mais disso, apenas nós. Tento lembrar tudo isso por meio de posts nas redes sociais com as hashtags #legadoRC e #HistoriasCaleffi, pois muitas pessoas não acompanharam essa nossa história e acho importante que todos saibam.

Quando começou a idealizar o Le Manjue, o que observou de deficiências no mercado gastronômico em relação à alimentação saudável?
Aprendi muito enquanto trabalhei no Empório Siriúba. As sócias Cenia Salles e Sylvia Stickel contrataram-me como chef e em pouco tempo passei a ser chef executivo e gerente de alimentos e bebidas. Mergulhei no universo orgânico! E passei a enxergar um problema conceitual, ou melhor, uma confusão conceitual entre orgânico, vegetariano e funcional.

As pessoas ainda comiam orgânico com preconceito e com desconhecimento...
Exatamente. Ao abrir o meu restaurante, tive os mesmos problemas e as pessoas confundiam o sabor do orgânico com o meu estilo. Tinham medo de passar fome e não imaginavam encontrar

bebidas alcoólicas e carnes de origem animal. Fui o pioneiro em fazer pratos sem glúten, sem lácteos e sem soja, aplicando o conceito de biodisponibilidade de nutrientes, de análise de carga glicêmica e de preservação de fitoquímicos.

Isso me sugere que o Le Manjue vai muito além das atribuições de um restaurante...
Sim, é muito mais do que isso, é uma marca Le Manjue, com filosofia e conceito. Ele representa um estilo de vida saudável, uma forma de pensar sobre a alimentação com consciência, com resgates importantes de hábitos alimentares, uma despretensiosidade e leveza na forma de encarar a vida, porém com seriedade e ética. Le Manjue significa uma variedade de produtos e experiências saudáveis com capacidade de promoção de saúde e prevenção de doenças, transformando a vida das pessoas pela alimentação.

Isso daria um bom lema ou slogan...
Entendo que o nosso lema ou missão é proporcionar experiências saudáveis e saborosas que estimulem novos hábitos e um estilo de vida mais fluido para as pessoas. O Le Manjue busca o encontro do sabor com a saúde sem ranço pejorativo do que seja comida saudável. Buscamos a democracia gastronômica, que todos possam confraternizar e celebrar a vida de acordo com suas exigências gustativas, necessidades e restrições alimentares. E tudo isso sem culpa. Sirvo comida com e sem glúten, com e sem lácteos, com e sem açúcar. Mas acima de tudo penso em como melhorar todos os impactos da alimentação, pois como disse não somos totalmente radicais e respeitamos o momento de cada pessoa e o nível em que se encontra na sua própria jornada da saudabilidade.

Vale a pena apostar num negócio desse tipo?
Sim, é mais do que uma tendência, mas uma necessidade da vida moderna. Esse tipo de negócio é o caminho e a aposta do presente.

Aliás, é um caminho sem volta: proteger o meio ambiente, promover sustentabilidade e respeito social, criar um meio relevante para mudar o estilo de vida das pessoas. Nossa filosofia é incluir as pessoas e não gerar a exclusão.

A busca por qualidade de vida é algo crescente...

Sim, e a alimentação consciente é o futuro. Buscamos envolvimento em vários setores para fomentar e multiplicar o conceito. Criamos experiências gastronômicas, experiências de *picnic*, associamos atividade física, palestras, aulas, criamos livros para adultos e crianças, receitas descomplicadas com maior acesso a todos; e com isso tentamos romper com a elitização para uma massificação do conceito.

O Le Manjue nasceu como bistrô e mais tarde mudou para Organique. Explique a razão dessa mudança...

O Le Manjue nasceu com características de um bistrô, porém, colocar bistrô no seu nome foi a estratégia de abrandar um conceito pouco conhecido como o orgânico e funcional. Minha experiência anterior constatou que o desconhecimento do conceito era muito grande, associava-se orgânico ao vegetariano; já o funcional, ninguém entendia ainda esse termo. Bistrô, então, daria ao restaurante um porto seguro. No primeiro momento, eu servia uma comida clássica francesa com ingredientes orgânicos aliados ao meu estilo contemporâneo.

Voltando à bandeira orgânica e funcional, ela funcionou por alguns meses, aliás na verdade não funcionou (risos). Mais do que isso, espantava a clientela. Tiramos a bandeira e deixamos apenas Le Manjue Bistrô. Quando mudamos de bairro, da Vila Madalena para Vila Nova Conceição, ainda enfrentamos desafios e preconceitos, mas, ao longo do tempo, resolvemos mudar a cara do restaurante e assumir de vez a bandeira orgânica, tornando-se Le Manjue Organique.

Hoje o Le Manjue é um restaurante muito bem frequentado, com um conceito forte de gastronomia saudável. Como foi a estreia do Le Manjue?

A primeira estreia foi na Vila Madalena, no dia do aniversário de Dona Heloisa de Freitas Vale, a inventora da biomassa de banana verde. Fiz um buffet de brunch e todos os convidados puderam provar da comida saudável e saborosa. E agora vou contar um segredinho que nunca contei para ninguém, daqueles apuros que muitos chefs já devem ter passado: nossa decoradora enfeitou tudo com folhas de bananeira e de repente eu percebi algumas baratas circulando pelo buffet. Naquele instante eu fiquei doido e tive que retirar tudo do buffet, jogar no lixo. Passei a servir um coquetel volante. Nessa inauguração, como fui eu mesmo que organizei, estava repleto de nutricionistas e amigos. Já a reinauguração, na Vila Nova Conceição, foi uma noite confusa e um pouco trágica. Convidamos muitas pessoas e não imaginávamos que todos iriam. Com isso o restaurante ficou totalmente cheio. Era verão e o ar-condicionado não dava conta de tanta gente, os garçons não conseguiam se locomover pelo salão. Na próxima inauguração tenho certeza de que tudo será perfeito, pelo menos estaremos com mais experiência e maturidade.

O retorno dos clientes demorou a chegar ao Le Manjue?

Entre três e quatro anos depois, com a mudança da Vila Madalena para a Vila Nova Conceição e após reformular a identidade visual. Em 2015, conseguimos atingir uma circulação mensal de oito mil pessoas, um perfil de pessoas preocupadas com a saúde física, mental e espiritual, que praticam esportes, procuram nutricionistas com regularidade e se preocupam com o futuro do planeta.

Até o *picnic* do Le Manjue seus clientes e amigos frequentam...

(Risos) Tudo surgiu de minha paixão por *picnic*. De fato, tenho uma fascinação por fazer *picnic* e uma frustração por nunca ter feito um em minha infância. Toda viagem que faço tenho que fazer um *picnic*. Em Paris, fiz um em Montmartre; em Buenos Aires nos parques de Palermo; em São Paulo, no templo Zu Lai de Cotia; em Nova York, no Central Park; em Copenhague, no parque próximo à estátua da pequena sereia; em Londres, no Hyde Park e Kensington Garden; enfim, eu não perco uma oportunidade. E, se está nevando, faço no quarto mesmo. Fizemos uma edição de *picnic* Le Manjue em 2015 e em 2016, onde associamos comida orgânica e funcional com atividade física, leitura, contação de história, bate-papo sobre gastronomia orgânica e funcional. Em 2015, fizemos um bate-papo meu com a Dra. Gisela Savioli e a apresentadora Carol Minhoto e, em 2016, uma atividade física com os *personal trainers* Cau Saad e Chico Salgado. A ideia é proporcionar uma experiência que celebre a vida ao ar livre com alimentação consciente, sabor e saúde. E agora em 2017 faremos mais uma edição com treino funcional e muitas gostosuras saudáveis.

É UM ATO AGRÍCOLA, ECOLÓGICO, ALÉM DE TUDO PO
O QUE COMEMOS DETERMINA EM GRANDE PARTE O QUE FAZEMOS DO NOSSO MUNDO E O QUE VAI ACONTECER COM ELE. (W.B)

ORGANIC · SUSTENTABILIDADE · DENSIDADE NUTRITIVA DA HORTA · COMIDA LOCAL · O CICLO DA VIDA · PRA MESA · COMÉRCIO JUSTO · COMER E CELEBRAR A VIDA · SABOR & SAÚDE · SUPERALIMENTOS

Você tem na parede do restaurante uma frase bem interessante...

Essa frase é a minha predileta, de autoria de Michael Pollan. A frase da parede é "Comer é um ato agrícola, ecológico, além de um ato político. O que e como comemos determinam, em grande parte, o que fazemos do nosso mundo e o que vai acontecer com ele". Mas sou fã das frases de mesma autoria: "Ter de comer mantendo a consciência de tudo o que está em jogo pode parecer carregar um fardo, mas na prática poucas coisas na vida podem nos proporcionar tanta satisfação". Outra excelente é: "Não coma nada que sua avó não reconheceria como comida".

Essa é muito boa... O que mais surpreende os clientes do Le Manjue nos pratos que prepara?

São muitos os fatores. O sabor com saúde, o tempero que uso com a máxima simplicidade em minhas criações, tudo bem definido e marcante, os traços de brasilidade e o enfoque orgânico e funcional despretensioso e sem radicalismo. O cardápio contempla a democracia gastronômica: pratos sem glúten, sem lactose e sem soja, pratos com glúten e com lácteos. Sobremesas sem açúcar, preparações com biomassa de banana verde, sucos funcionais. No inverno, por exemplo, você encontra a temporada de fondue, com biomassa de banana verde, com carga glicêmica regulada e com opção sem queijo como a de castanha de caju com tapioca e ervas, servida com pão sem glúten. Isso é raro em SP, aliado ao ambiente agradável e moderno, com boa música. Tento proporcionar uma experiência que não fuja da realidade do dia a dia, em que a pessoa possa se inspirar e repetir em casa, tanto que muitas receitas estão no meu livro, "Escolhas e impactos".

As pessoas estão buscando alimentação mais saudável dentro e fora de casa...

Sem dúvida, é crescente o número de clientes que recebo e novos, inclusive, sempre na busca pela saudabilidade. Por outro lado, é também expressivo o número de pessoas que levam os produtos da linha própria do Le Manjue para suas casas, assim como os pedidos delivery que recebemos todos os dias.

E como negócio, essa busca está crescendo?

Sim, muitos negócios estão nascendo com a missão de serem saudáveis, e a cada dia recebo mais interessados em meus cursos de gastronomia funcional.

Seu carro chef no Le Manjue é a jambalaya...

A jambalaya é um prato de origem Creole, com influências francesas e Cajun, com influências espanholas e, em seguida, somaram-se influências de italianos, negros refugiados do Haiti e imigrantes alemães. O fato é que, muito antes de abrir o Le Manjue, eu já tinha criado jambalaya de frango com curry, de perdiz e camarão, em versões soltinhas e picantes. Aliás, o próprio Le Manjue, um dia se chamou Jambalaya, mas às vésperas mudamos para Le Manjue. Durante quase três anos, o cardápio era recheado de jambalayas, porém, com receio de limitar as experiências, alteramos alguns nomes deixando apenas a jambalaya de camarão e sua versão com frango. Os outros pratos foram nomeados como arroz português, arroz amazônico, risoto integral de shiitake ou de caju à moda Potiguar. O termo jambalaya ficou durante um bom tempo sendo minha assinatura assim como a utilização de biomassa de banana verde.

E como foram as primeiras avaliações e críticas ao restaurante Le Manjue?

Primeiro associaram a minha gastronomia funcional à flatulência e, depois que mudamos de bairro, disseram que minha gastronomia orgânica e funcional era utópica. Alguns amigos e familiares atribuíam a falta de clientes aos meus sabores de cardamomo, anis estrelado e algumas técnicas funcionais como usar azeite de alecrim nas carnes, temperar a comida com sal termogênico e de ervas, ou mesmo utilizar chás nas receitas. Quando mudamos a decoração, mantive o mesmo cardápio e passamos a ter filas de esperas todas os dias, almoço e jantar. E nunca mais tive que ouvir essas coisas, que me deixavam inseguro, fraco e desmotivado. Pelas mesmas razões, hoje sou referência e todos fazemos questão de divulgar meus métodos e técnicas. Há pouco tempo, quando decidi espalhar nas redes sociais que sou louco por cardamomo e alecrim, muitas pessoas me apoiaram. Acredite, hoje estamos pensando em desenvolver produtos com aroma e sabor de cardamomo.

A comida do LM engorda?

Tudo pode engordar, uma folha de alface ou um copo de água, depende do metabolismo de uma pessoa. Eu não conto caloria, mas penso nos benefícios funcionais do alimento e nos bons impactos que ele pode gerar. Existem os pratos com mais ou menos carboidratos, os pratos mais gordinhos e os mais levinhos, para todos os gostos e direcionamentos nutricionais.

Um celíaco pode comer a comida do Le Manjue?

Divulgo sempre que minha comida pode conter traços de glúten, pois na minha cozinha também o manipulo, porém, muitas pessoas celíacas comem por lá e nunca tiveram problemas. Por outro lado, tomamos o máximo de cuidado na hora da manipulação. Para evitar problemas, tento treinar com frequência minha equipe sobre os cuidados de contaminação cruzada.

Tudo é orgânico no LM?

A maioria! Trabalhamos com poucos alimentos que não são orgânicos, pela dificuldade de se encontrar, mas por outro lado são considerados funcionais, como o caso do grão de bico. O resto como especiarias, azeites, manteigas, ovos, aves, carne bovina, farinhas de todos os tipos, grãos, cereais, sucos, vinhos, cachaças, chocolates, cacau e hortifruti variado são possivelmente encontrados. Os peixes e frutos do mar não possuem certificação e busco fornecedores mais sustentáveis e com rastreabilidade na alimentação desses animais.

De onde provêm os alimentos orgânicos que o restaurante adquire?
Com o passar do tempo, cerca de oito anos de Le Manjue, conquistamos uma carta variada de fornecedores e, a cada dia, surge um novo. Os alimentos orgânicos costumam vir do nosso entorno para minimizar os impactos ambientais. São parceiros que estão conosco há muitos anos. Posso citar as marcas Raízs, Korin, Native, Fazenda Santa Adelaide, Sítio Terra Alta, Blessing, Fazenda Tamanduá, Instituto Chão, Produtores de CSAs como o de Parelheiros e Botucatu, Volkmann, entre outras. Acabei de fechar parceria com uma empresa que coloca a foto da família que produz e colhe o produto, isso é bom para estabelecer maior vínculo entre o produtor e o consumidor urbano. E outros que são novos e estão sempre em testes para avaliação de nossas exigências, necessidades e critérios.

Imagino as dificuldades encontradas no trato com os fornecedores...
Ainda enfrentamos os problemas de logística de entrega e a dificuldade com a safra de hortifruti, sensível às mudanças climáticas. Temos que sempre ter um plano B e C. Para conseguir qualidade com custo-benefício, também lutamos por preços bons e isso é uma luta diária. Temos o hábito de conhecer o fornecedor, o local, criar vínculo com ele. Muitas vezes os motivamos a plantar o que queremos comprar e mostramos nossas necessidades e quantidades. Também escutamos suas dificuldades e tentamos ajudar. Já tive que deixar de trabalhar com ótimos produtores, pois alguns continuam muito artesanais com problemas de rotulação, data de validade, logística de entrega e embalagens deficientes. Quando

esgotamos as possibilidades de ajustes, quando não conseguimos mais ajudar dentro do conceito da via de mão dupla, substituímos. É um trabalho diário de compreensão e ajustes.

Recentemente, o Le Manjue desenvolveu uma horta própria. Não deixa de ser uma contrarresposta às dificuldades de fornecimento. Ela é orgânica?
Sim, temos uma horta orgânica desde 2014 que abastece somente o restaurante Le Manjue Organique. Está bem próximo a São Paulo, em Vinhedo.

Seu tamanho é o de um campo de futebol. Na verdade, foi um espaço concedido pelo famoso ex-jogador de futebol Roberto Rivellino; esse espaço era o seu campo de futebol inclusive.

Um campo de futebol virando uma horta orgânica... Vitória para a sustentabilidade. (risos)
É fato... Um campo de futebol só vira uma horta quando um sonho tem a possibilidade de tornar-se realidade: o sonho de todos os envolvidos, inclusive do jogador de futebol que abriu mão de seu

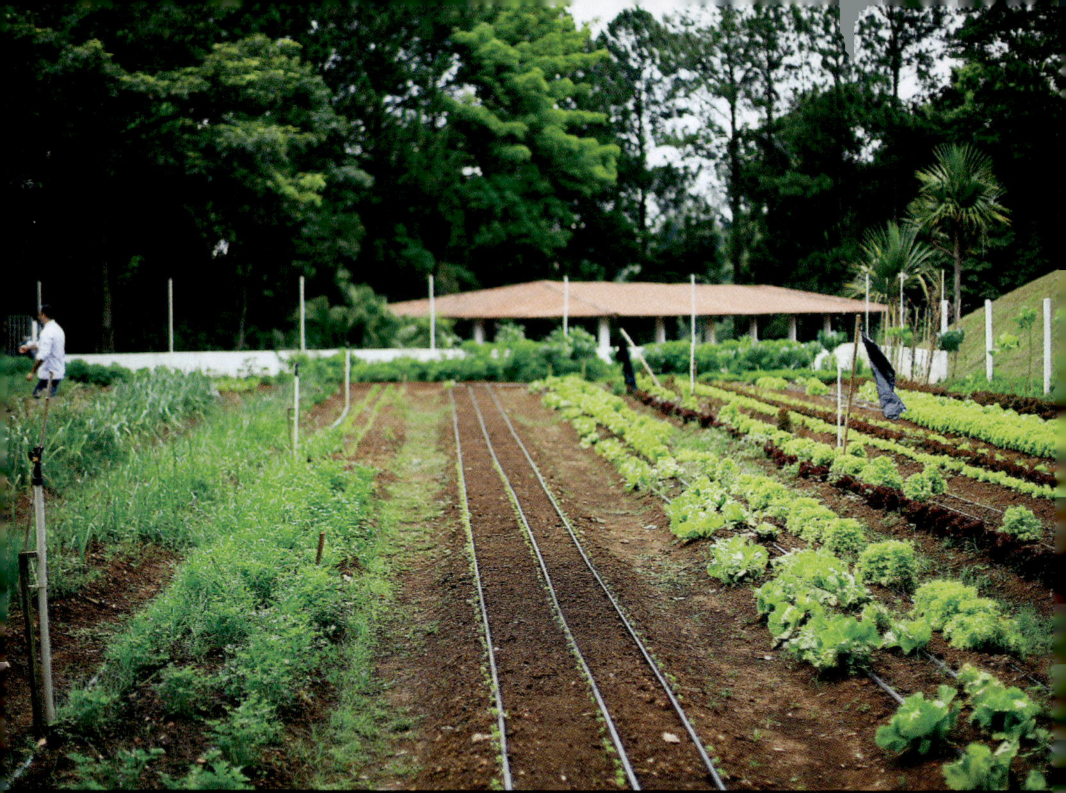

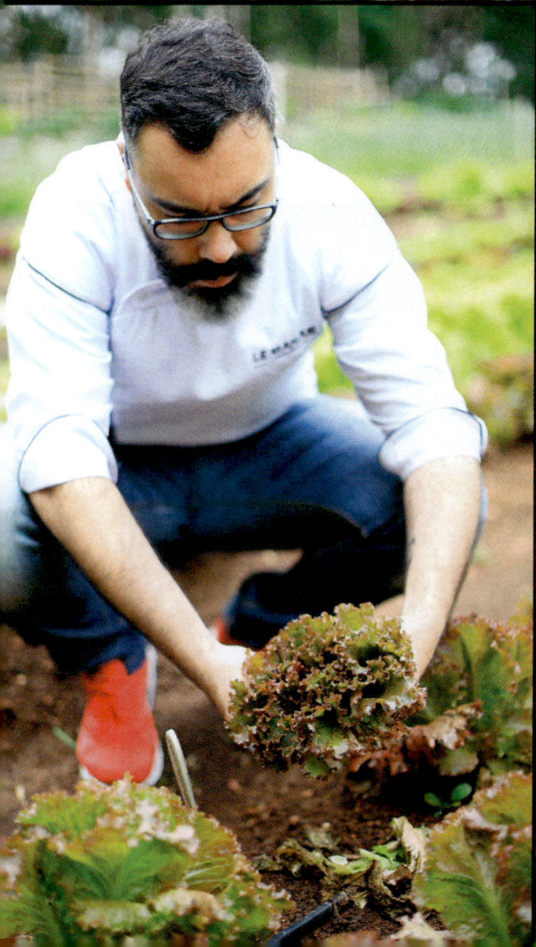

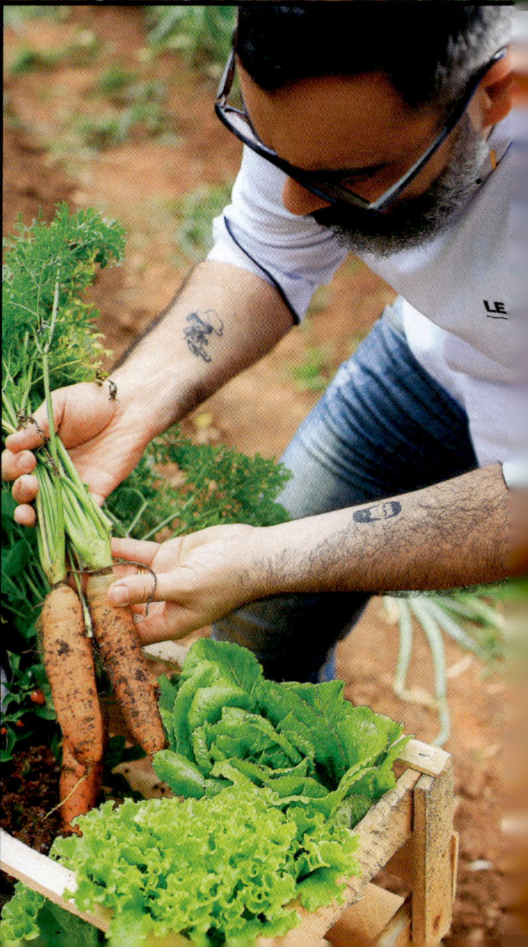

espaço e território. Em seguida, tivemos que estudar o solo, corrigi-lo, pesquisar sobre as possibilidades climáticas e contratar um agrônomo especialista em cultivo orgânico.

É você quem decide o que deve ser plantado?

Hoje temos um agrônomo consultor especialista em orgânicos, uma pessoa que fica na horta todos os dias e uma pessoa para entregar no restaurante. É a necessidade do restaurante que motiva as quantidades e os tipos de cultura. O restaurante Le Manjue sempre sofreu com deficiência de logística de entrega de produto orgânico, por isso decidimos plantar nosso próprio hortifruti.

Sua horta abastece 100% o restaurante?

Não, pois algumas culturas não são cultivadas por restrições climáticas e físicas. Cultivamos ervas, folhosos como alfaces, couve-manteiga, legumes como brócolis, couve-flor, berinjela, pimenta-de-dedo, tomatinhos, banana e PANC, plantas alimentícias não-convencionais.

Plantas alimentícias não convencionais, isso é novo para mim...

Muitas PANC — como chamamos abreviadamente — parecem urtigas, porém não são urtigantes. Na realidade, um "matinho" pode ter sabor de carambola, de coentro, pimenta, pepino e pode ser bastante funcional. A planta caruru, por exemplo, pode ser servida com carnes grelhadas, pois sendo rica em antioxidantes vai melhorar os impactos da carne em nosso organismo.

O mastruz, também conhecido como erva de santa maria, cresce espontaneamente em terrenos baldios, pomares e hortas, podendo ser utilizado no suco verde e no preparo de purês e cremes. Já a planta crista-de-galo-plumosa pode ser usada refogada, branqueada ou crua.

Isso é PANC: espécies de plantas desconhecidas pela maioria das pessoas, consideradas "mato", mas com ótimas possibilidades de uso culinário. Possuem algumas características distintas, pois são perenes, exóticas, muito saborosas e com propriedades nutricionais e funcionais. O maior especialista de PANC no Brasil é Valdely Ferreira Kinupp, que escreveu um livro junto com Harri Lorenzi. Em seu livro, você pode explorar e conhecer mais sobre PANC, com fotos, nomes populares e sugestões de receitas. Recordo-me de uma palestra dada pelo Kinupp em Botucatu, quando o conheci pessoalmente e fomos a um terreno baldio desbravar matos comestíveis. Descobri que o mato pode esconder diversas espécies comestíveis e saborosas, com propriedades funcionais.

Quer dizer que podemos ter PANC em nossos quintais e ignorarmos o fato?
Isso mesmo.

E onde podemos comprar PANC?
Muitas pessoas colhem e ficam com vergonha de cobrar, pois tratam essas plantas como matos. Alguns feirantes vendem, mas não anunciam. Precisamos solicitar ao feirante, perguntar os nomes mais comuns e depois pesquisar sua utilização. Talvez seja importante provar crua para daí criar alguma preparação como refogado, ou usar como se fosse uma erva fresca ou hortaliça.

Deixando as PANC de lado, cuidar de uma horta é "punk"?
(Risos) Muitas vezes é... Falando sério, o solo requer uma análise e uma correção para o início de tudo. A nossa foi estabelecida com base no esterco orgânico e misturas certificadas pelo IBD, utilizados pela Korin e agricultura natural. Não utilizamos esterco de granja, somente de vaca orgânica. Temos irrigação por gotejamento, que minimiza a utilização de água. Utilizamos uma gestão de escalonamento de plantio, uma rotação de cultura com estágios diferentes de plantio para podermos colher sempre e também misturamos culturas para combate de pragas. Tais misturas atrapalham naturalmente o olfato das pragas.

É desafiador...
Pois é, encontramos dificuldades na compra de mudas e sementes em quantidades pequenas, e estamos ainda colhendo as espécies ainda menores, pois não encontramos o melhor equilíbrio entre o combate de pragas com o manejo ecológico. Enfrentamos alguns excedentes de produção e estamos em constante aprendizado e melhoria.

E o que vem depois de uma horta orgânica?
Transformá-la em horta biodinâmica. Isso significa mais do que ser orgânica, pois está associada a técnicas específicas de energização do solo com bases em energias quânticas, espirituais, lunares e vitais. Esse processo não é impossível, requer a utilização de um produto pronto certificado que é mais caro e requer mão de obra mais qualificada. Estamos aguardando um período de mais aprendizado.

Ainda bem que você não está sozinho nessa jornada... quem são seus sócios?
O Le Manjue nasceu comigo e com o administrador de empresas Bruno Fattori. Ao longo do tempo, para somar expertises e gerar crescimento da marca, entraram o publicitário Rodrigo Rivellino, o ator Bruno Gagliasso e o empresário Rafael Miranda.

O Bruno Fattori supervisiona tudo como administrador, sobretudo a parte financeira, mas também ajuda a desenvolver a marca com estratégias de marketing. Assim como eu, é um faz-tudo na operação e ajuda até na divulgação e nas degustações de nossos produtos por todo o país. O Bruno Fattori entrou na sociedade quando eu estava prestes a abrir o restaurante, mas não tinha mais recursos e precisava de uma pessoa para me ajudar na operação e administração. Uma amiga nos apresentou e fiz um almoço para ele e sua mãe. Os dois aprovaram meu tempero e ele provou pela primeira vez a ganache Le Manjue. No dia seguinte fiz um jantar para seu pai e ele, começamos as negociações e pronto, nos tornamos sócios. Bruno chegou a ficar como manobrista de carros, maître, garçom e caixa, enquanto eu ficava na cozinha preparando a comida. Nossa vida era alucinada e juntos construímos a marca de sucesso Le Manjue. Os outros sócios são muito importantes hoje em dia, mas reconheço que fizemos um bom trabalho, caso contrário, ninguém seria nosso sócio.

O Bruno Gagliasso conheceu o Bruno Fattori em Fernando de Noronha e se apaixonou pelo conceito da casa. Hoje ele defende a causa e utiliza sua imagem para fortalecer a marca; o Rafael Miranda atua como um gestor e diretor executivo e o Rodrigo Rivellino, publicitário, responde pelas plataformas de marketing e propaganda da marca, bem como o desenvolvimento de embalagens e estratégias de fortalecimento e direcionamento. Rodrigo se preocupa muito com a minha imagem e a da marca Le Manjue e, graças a ele, existe nossa horta orgânica, que fica em seu sítio.

Na verdade, todos protegem minha imagem, aperfeiçoam, incrementam e compartilham um conceito que criei, executo e propago. Cuido da operação da cozinha, desenvolvimento de produtos, manutenção da qualidade e padrões relacionados a alimentos e bebidas. Somos o chef e os 3 mosqueteiros, na verdade 4 mosqueteiros, ávidos por defender a saudabilidade. Mas hoje também temos mais dois sócios na fábrica de ganache e produtos Le Manjue.

E como se dá a criação e execução de seus pratos?
Isso eu faço sozinho e os outros apenas degustam. Costumo me inspirar em diferentes momentos e circunstâncias. Quando isso acontece, vou imediatamente para a cozinha atrás de materializar. Geralmente discuto antes com minha equipe para ouvir conselhos e ideias de aprimoramento e crio o prato ao mesmo tempo em que vou anotando as quantidades de tudo. Na maioria das vezes ele dá certo de primeira com certos ajustes, por isso anoto tudo para já descrever a ficha técnica no computador e precificar. Em seguida, se esse prato passa a entrar no cardápio, meus chefs de produção e operação aprendem a fazer, assim como a pessoa responsável pelo setor dessa receita. O líder e responsável pela finalização, em seguida, é treinado para saber como deve ser a montagem do prato e a decoração.

Com toda a sua experiência com o Le Manjue, qual o erro mais comum que um chef e empresário pode cometer?
Decair a qualidade de seus produtos, diminuir a quantidade de comida por economia, não treinar e motivar sua equipe adequadamente. Outro grande erro é trabalhar mal-humorado.

Todo chef tem uma rotina? Conte um pouco sobre o seu dia a dia...
Nos primeiros anos, cuidei da cozinha, do bar, da criação, da supervisão, do preparo e da finalização, bem como do setor de compras e treinamento da equipe de salão. Com a mudança de endereço e crescimento da casa, passei a cuidar apenas da cozinha, ou seja, criação, preparo, supervisão, liderança, finalização e supervisão dos setores de compras e RH. Nos últimos tempos, após conseguir a formação de uma equipe completa na cozinha, tenho me dedicado às mesmas funções, porém como chef executivo. E tenho uma equipe formada por mais líderes, desde a chef operacional que é

a Ana Farias, a chef de qualidade que é a Soninha, como outros líderes chamados que cuidam da finalização e ajudam no ritmo da cozinha. Cada setor é comandado por outros cozinheiros, como a praça de saladas, sobremesa, sucos, praça quente e chapa.

Significa que a criação ainda é minha, assim como a supervisão total da cozinha, porém, me divido entre as criações de novos produtos, busca de novos fornecedores e novas experiências internas e externas, como eventos, *picnics* e maior supervisão do administrativo e financeiro. Há ainda a questão da imagem da marca, meus cursos, palestras, criação de novos livros e divulgação por todo o país, da ganache, inclusive. Há pouco tempo tive que desenvolver um menu de congelados para cachorro, criar um menu para nossa futura rede de cafés funcionais, pensar em numa feira orgânica dentro do próprio restaurante. Dia desses, Bruno Fattori inventou de abrir um restaurante itinerário no campeonato de Surf internacional de Saquarema, e eu fiz acontecer. O novo desafio é criar e treinar uma nova equipe para uma cozinha central e uma nova casa Le Manjue nos Jardins. Somando aos outros projetos, como escrever este livro e mais a terceira história do Achaz, um livro de gastronomia funcional com fitoterapia e outro de gastronomia esportiva funcional. São muitas coisas ao mesmo tempo, e só consigo dar conta porque amo o que faço.

Existe uma seleção natural em que as pessoas que entram com finalidade opostas à filosofia da empresa ficam pouco tempo na casa. E ainda bem!

Na prática, tenho uma agenda flexível e dinâmica, assim posso percorrer todo o país, na divulgação de nossa marca e produtos.

E o que te agrada mais, ficar na cozinha ou no escritório?

Com certeza, na cozinha. Mas, enquanto fiquei só na cozinha, acho que perdi muita coisa importante que estava acontecendo. Ao perceber isso, tratei de formar uma equipe forte para poder também olhar para as outras partes da operação. A cozinha costuma esgotar qualquer pessoa e me tirava energia para cuidar de custos, treinar mais a equipe do salão, desenvolver outros setores. O curioso é que tem gente que acha que, por eu não estar 100% na cozinha, não estou fazendo nada. A partir do momento em que coloco meus pés no restaurante, não paro um só minuto: seja para fazer reuniões com as diferentes equipes, atender a solicitações de eventos, menus especiais, datas comemorativas, criar fichas técnicas, criar aulas, palestras... como já disse, um líder precisa ouvir sua equipe, e agora eu tenho tempo para isso também. Eu também sou bom em materializar qualquer ideia, então meu sócio Bruno Fattori sempre me aparece com alguma novidade, e, sinceramente, cuidar da operação requer que eu tenha profundidade nas ideias para me cercar de tudo e de qualquer caso fortuito. Há pouco tempo tive que desenvolver um menu de congelados para cachorro, criar um menu para nossa futura rede de cafés funcionais e ainda uma feira orgânica dentro do próprio restaurante.

Você também possui um estilo de gestão?

O líder e o proprietário precisam ser acessíveis, e isso tenho como qualidade. Para o negócio dar certo é preciso também ter uma equipe eficiente e que cada setor consiga funcionar adequadamente. Isso significa misturar várias pessoas diferentes em um mesmo espaço; esse é o grande desafio. Todos precisam se relacionar bem ou pelo menos manter o respeito e a cordialidade entre si. A maturidade da gestão se conquista com o tempo. Hoje, possuo uma sensibilidade maior para enxergar meu time, avaliar as situações adversas e restaurar um momento de caos. Mostro que o líder tem bom senso, sabe ouvir e tem humildade para reconhecer um erro. A equipe de uma cozinha e do restaurante como um todo funciona como um grande núcleo familiar, portanto, é preciso ter respeito, compreensão e compaixão. E, como todos estão dando seu sangue, é preciso saber motivá-los e encorajá-los. As formas são infinitas. Meu estilo acima de tudo sempre foi liderar com descontração, mas com certo rigor quando necessário. Tento levar todos os setores no sorriso, na piada, na palhaçada, ensinando que existem limites e seriedade para tudo.

Como tento servir uma comida simples, deixo claro que essa simplicidade também precisa ficar um pouco oculta para que as técnicas e toda nossa preocupação seja notada; e que todo ingrediente possui uma razão de existência no prato.

Você lançou uma série de histórias nas redes sociais sobre seu passado e sobretudo contando sua ligação com seus funcionários...
Penso que mostrar minha trajetória profissional pode ser muito útil, além de motivadora. Com alguns posts, consigo mostrar um lado que poucos conhecem, como as conquistas se sucederam e quais foram as dificuldades. Acima de tudo demonstro a minha gratidão com as pessoas que me acompanharam nessa trajetória; muitos funcionários estão comigo há cerca de dez anos, isso é uma vida e uma relação de muita cumplicidade. Além disso, tento mostrar que não cheguei aqui sozinho, mas com ajuda de uma equipe leal e competente. E nessas histórias eu costumo usar as hashtags #legadoRC e #HistoriasCaleffi.

Devem ser histórias curiosas...
Com a lente da rede social, minha vida pode parecer só festa e viagens, mas não é e a maior parte dela e nunca foi assim. Alguns privilégios são conquistados com o tempo e não passam de simples merecimento. A vida de um cozinheiro/chef é muito desgastante, estressada e sem glamour; perdemos a vida social, festas, casamentos, batizados e aniversários de nossos amigos e familiares. O começo da carreira é mais difícil ainda! Perdemos literalmente os amigos de tantas negativas que costumamos dar e a família provavelmente não o perdoará jamais pela sua ausência.

Por essa razão, resolvi contar mais sobre minha história.

Por exemplo...
É o caso da Soninha. Há 10 anos ela começou fazendo um "bico" para mim no Empório Siriuba: lavar a louça e higienizar as folhas. Estava tudo tão perfeito e ela tinha acabado de terminar o curso do Senac Águas de São Pedro, então perguntei se sabia fazer pesto de Manjericão. Sabiamente ela me respondeu que sim, mas que preferia fazer o que eu ensinasse a ela. Nesse momento percebi que poderia confiar a ela as minhas receitas funcionais, técnicas e que ela me ajudaria na materialização de meus protocolos.

Sem nunca ter ouvido falar da biomassa de banana verde, foi a primeira — na época — a aprender com o devido cuidado e carinho sobre como utilizá-la. Passou a ser a minha melhor cozinheira, depois subchefe. Quando chegou a hora de abrir meu próprio restaurante e com meu próprio conceito — gastronomia funcional — ela já tinha partido e estava muito bem em outra cidade e prestes a começar um curso de gastronomia, quando voltou correndo para iniciar o projeto Le Manjue comigo. No primeiro ano do Le Manjue, na Vila Madalena, com equipe menor, ficávamos de manhã até a noite na cozinha, e dormíamos muitas noites no porão do restaurante; exaustos para descansar e estarmos bem cedo na cozinha no dia seguinte. Hoje é minha chef de produção, e estamos aprendendo até hoje, um com o outro. Ela sabe como penso, como precisa ser feito, como eu faria! Pensamos juntos e ao mesmo tempo. Dizem que ela é meu cão de guarda; é uma amiga que mora no coração e que acompanhou toda a minha jornada. Vale lembrar, não foi fácil — o começo já é difícil, e quando se é pioneiro, então, mais ainda. Foi sem descanso, com dor física e mental, sem vida social e nem rede social que nós chegamos até aqui, fazendo comida com muito amor e cuidado.

É emocionante saber desses bastidores...
Você nem imagina. Outra pessoa inestimável é a Nalvinha, que conheci em 2006, quando iniciei um projeto de profissionalização de

jovens na ONG Arrastão do Campo Limpo com o apoio do Criança Esperança.

Criei a ementa do curso e dei aula com outros profissionais. Foi um baita desafio. Nalva começou a trabalhar nesse mesmo ano comigo, antes mesmo de abrir meu restaurante, no extinto Empório Siriuba. Ela chorava muito, tinha medo e eu, muita paciência; chegava a orar por mais paciência. Ela era praticamente uma criança e hoje é meu braço direito e esquerdo. Passou comigo alguns dos piores e melhores momentos de minha carreira e vida. Hoje ela é uma mulher, casou e quer ter filhos. Um dia aprendiz, hoje uma cozinheira sênior. Tenho uma equipe leal e de tradição.

Não deve ser simples montar uma equipe confiável...

Lidar com pessoas é o maior desafio. Uma cozinha tem seus momentos descontraídos e estressantes, é um ambiente perigoso e requer todo cuidado a todo tempo, sem jamais parar. Todos precisam de todos, unidos para que o cliente saia satisfeito e todos vivos.

(Risos) Alguém mais te ajuda a sair vivo da cozinha?

Todos! Mas outro caso interessante é o da Verônica. Ela começou a trabalhar comigo em 2004, quando abri um café num salão de beleza. Desde sempre nunca faltou um dia! Ensinei a fazer geleia de pimenta, pestos, saladas, tortas... E toda minha exigência quanto à segurança alimentar.

Depois de algum tempo, cada um seguiu seu caminho. Em 2012 ela ficou desempregada e lembrou-se de mim. Mas eu não tinha vaga, senão na limpeza. Ela foi humilde e aceitou. Voltou a trabalhar comigo. Em alguns meses, e por merecimento, consegui colocá-la de ajudante de cozinha, depois como inspetora da cozinha, responsável pela higienização, e hoje é cozinheira. E não é qualquer cozinheira!

Como assim?

Sabe aquela pessoa com quem eu posso contar em qualquer praça, momento e dia? Nenhum bolo fica melhor senão pelas mãos dela; mas também briga com todos para que façam como eu gosto. Além disso, é uma mãezona, avó, amiga, confidente. "Dona Vê" diz que aprendeu tudo comigo, que eu era muito, muito chato e exigente, e hoje estou mais calmo e bonzinho. Será? Vive dando conselhos para todos e na verdade é capaz de me defender até debaixo d'água.

Dando continuidade às histórias...

Também tem a Fabiana e sua importância em minha vida. Comparo-a a uma relíquia. Está comigo desde 2006. Começou também no Empório Siriuba como assistente de barista, depois virou cumim e então, garçonete. Claro que a levei para o projeto Le Manjue e me dediquei totalmente no treinamento, com aulas cênicas, preparo de pratos, coquetéis, frases prontas, português... Dia e noite de esforço, foi treinada para tudo: garçonete, barwoman, barista, ajudante de cozinha, hostess e penso que até para ser amiga, pois também dormiu no porão comigo por necessidade e ia todas as tardes na academia comigo, para me motivar e garantir que eu fizesse tudo direitinho.
Hoje ela diz que criei um monstro.

(Risos) Monstro?

Talvez seja verdade e percebo isso quando "discutimos". Fazemos isso quase todos os dias, pois um sobe a régua do outro a todo instante, e, no final, caímos na gargalhada juntos.

Poucos conhecem meu estilo, meus sabores e meus pratos melhor do que ela. Então, ela cobra 108% de mim e, como eu a treinei, cobro o mesmo dela! Ela é capaz de entrar na cozinha e preparar uma jambalaya de camarão, assim como os drinks que criei e o melhor suco de tomate. Todos ficam impecáveis, pois ela é esperta, competente e aprende rápido!

Quando fechamos na Vila Madalena e enquanto reformávamos o LM da Vila Nova Conceição, coloquei-a no melhor restaurante de Vitória, o D'bem. — não por acaso começou com minha consultoria. Após essa temporada, ela retornou ao Le Manjue, melhor do que nunca, na pura operação, o que na verdade faz tudo! E faz tudo muito bem feito, com rigor e excelência. Braço direito de muitas pessoas aqui na casa, para mim ela é tudo isso e mais; meus olhos, minhas pernas e minha voz.

Você fez uma homenagem no Dia Internacional da Mulher?
Sim, voltei a falar de mulheres fortes e contei um pouco sobre a Marly, um exemplo de mulher de garra e determinada. Está no restaurante Le Manjue há dois anos, entrou para assumir o setor de sucos e sobremesas e não tinha nenhuma experiência.

Já no segundo dia, ela despencou a chorar por uma "bronca" que eu dei, e nesse momento achei que ela não ficaria mais. Mas ela ficou e como todas as mulheres da casa, sempre "vestiu" a camisa e ajudou em outros setores quando necessário: na limpeza, lavando louça, em eventos; um dia ela chegou e falou que não queria mais ficar na cozinha, e sim na limpeza. Ela já não aguentava mais pressão e ver a desorganização do setor de limpeza; porém, me ajudaria quando precisasse dela na cozinha. É preciso dizer que ela é ótima na limpeza, superdedicada, organizada e disciplinada. E faz tudo com muito amor e felicidade estampada. Pois então ela foi promovida, hoje é a chefe do setor e o restaurante nunca esteve mais limpo.

O bom de escrever tudo isso é que analisando minhas histórias posso falar que sou um homem de sorte. É um exercício para eu mesmo lembrar de mim, lembrar os tempos difíceis, despertar o exemplo e a determinação. Sempre digo que sou muito grato por esses anos de amizade, pelo aprendizado e pela lealdade dessas pessoas.

Costuma-se dizer que salão e cozinha não se entendem. Existe harmonia entre seus funcionários?

Muita, e isso é fundamental. Já sofri muito com tentativas de retaliação e boicotes no começo de minha carreira. É comum ver competição e ciúmes nesse ramo, mas construí uma rede de relacionamentos diferente no meu negócio. Existe uma seleção natural em pessoas que entram com finalidades opostas.

Percebo uma dificuldade entre a harmonia de estudantes e formados em gastronomia e as pessoas que são formadas pela vida ou aprenderam tudo comigo, pois existe um descompasso entre humildade, simplicidade e estilo de trabalhar. Minha equipe costuma ser fiel, amorosa, brincalhona, praticamente é uma relação familiar.

O filme "Pegando Fogo" relata o lado sombrio de um chef, que pode ser competitivo, muito exigente e antissocial. O que você pode falar a respeito?

O filme mostra um chef renomado que tenta ganhar sua terceira estrela Michelin. Mostra o lado mais purista e o mais vanguardista de um chef, a tensão de uma cozinha, a vida pouco social das pessoas envolvidas nesse universo e a busca pela experiência gastronômica perfeita.

Trabalhei em um restaurante 3 estrelas Michelin e de fato é uma cozinha de grande tensão. O grande desafio do chef no filme é aprender que ele precisa confiar em sua equipe, relaxar no ambiente de trabalho para criar uma harmonia. Ao longo de minha vida aprendi que realmente um líder precisa confiar em sua equipe e que a vida é muito mais que um prêmio, uma estrela Michelin, uma competição; precisamos criar laços e vínculos com nossa equipe, atuar com sabedoria, motivá-los, liderar com felicidade, paixão, por meio do exemplo e da confiança.

Um funcionário novo, quando entra, possui expectativas em relação ao seu estilo e conceito?

Alguns sim, e isso não é bom, pois algumas pessoas chegam pensando que a experiência será como uma escola, da qual sairão especialistas em gastronomia orgânica e funcional como se fosse um processo rápido. Já percebo quando o objetivo da pessoa é apenas aprender e sair depois de um tempo, e mudei a forma de entrevistar e recrutar, inclusive. Alguns são curiosos e me perguntam muito sobre a razão de cada prato ou técnica e isso é uma delícia, mas, quando esperam de mim a atitude de contar tudo, começa a frustração.

E a decoração do Le Manjue? Tudo parece tão perfeito, conte sobre o projeto.

Que bom que você acha tudo isso, pois esse foi nosso desejo. O Projeto para reforma do restaurante Le Manjue na Vila Nova Conceição contou com várias conversas minhas, de meu sócio Bruno Fattori e nossa arquiteta Flavia Machado. Ela nos mostrou muitas referências e as ajustamos ao nosso estilo pessoal e conceitual. O objetivo foi deixar o espaço de refeição do restaurante tão agradável quanto um jantar em um jardim, deixando a natureza conquistar todo o espaço e usando materiais naturais. Era preciso criar uma sensação de aconchego, a mesma que sentimos quando experimentamos as minhas receitas com ingredientes orgânicos e funcionais. A arquiteta teve o cuidado e carinho de seguir o conceito da minha comida para nortear as escolhas no projeto, dando preferência para coisas simples, boas, naturais e criativas. No paisagismo foram usadas apenas plantas nativas brasileiras.

A tinta foi à base de terra com corantes naturais, o forro foi revestido com cortiça com selo de certificação FSC (madeira de reflorestamento), e os móveis de madeira foram feitos de madeira de reflorestamento ou madeira reutilizada (caixas de vinho e pallets).

Flávia ainda usou uma forma decoração que considero lúdica, pois buscou o reúso de objetos brincando com a inversão de sua utilidade. Em um dos banheiros, e que recebeu um prêmio, colocamos uma legítima Caloi Ceci amarela dos anos 70, a qual serve de apoio para a cuba do banheiro; o corredor ainda possui um móvel para rádio dos anos de 1960 de cor repaginada laca azul, o qual usamos como trocador para bebês, assim como utensílios de cozinha fizeram a vez de vaso. A varanda, espaço predileto nosso e dos clientes, possui uma mesa comunitária de madeira, feita com caixas de vinho. A comunicação visual da marca foi desenvolvida pela designer Coca Albers, e segue os mesmos conceitos da nova arquitetura. Criamos uma identidade azul e branca aplicada aos ladrilhos hidráulicos.

Sugiro agora que você escolha a sobremesa, mas prefiro escolher para você. Acho que você sabe o que vou lhe servir, certo?

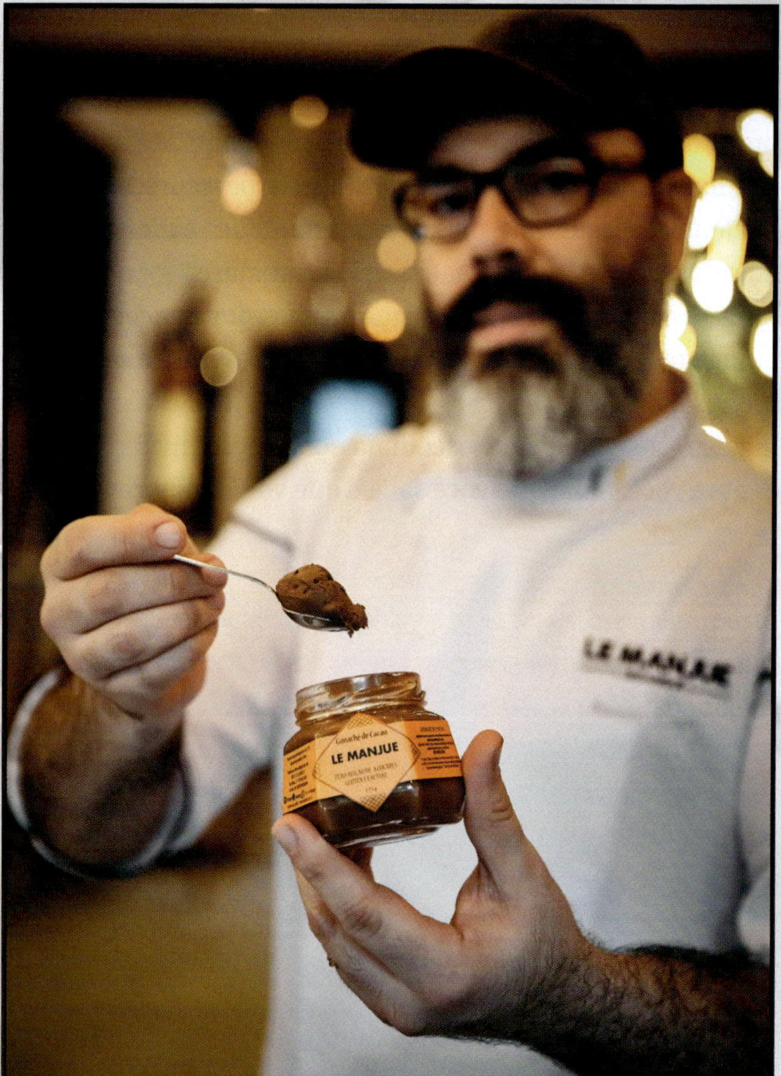
LE MANJUE

CAPÍTULO 6

GANACHE LE MANJUE

ZERO É MAIS: QUANDO O SABOR VENCE O AÇÚCAR, O GLÚTEN E A LACTOSE.

Segundo interlúdio após o "festim nada diabólico" (Hitchcock concordaria comigo), no Le Manjue.

Aos leitores de barriga vazia, peço que me perdoem, mas elenco a ordem dos pratos que degustei em pequenas porções.

De entrada, bolinho de arroz, cestinha de frango thai, brie gratinado, tigelinha de siri com farofa de cúrcuma e costelinha de tambaqui com molho de maracujá.

De principal, jambalaya de camarão e arroz amazônico.

Todos impecáveis.

E daí a sobremesa... Antes de qualquer sinal de movimentação do chef em direção aos garçons, eu me adianto.

— Chef, preciso te pedir um favor. — Renato me olha com ar de apreensão e pouco entendimento. — Sim, um favor. Podemos passar a sobremesa?

— Nunca ninguém recusou uma sobremesa minha.

Desconcertado, o chef sorri. Eu, mais ainda.

Logicamente havia espaço para uma coisa. Ou diria talvez um tesouro...

Diante de mim, um pequeno ramecã. Recheado de ganache.

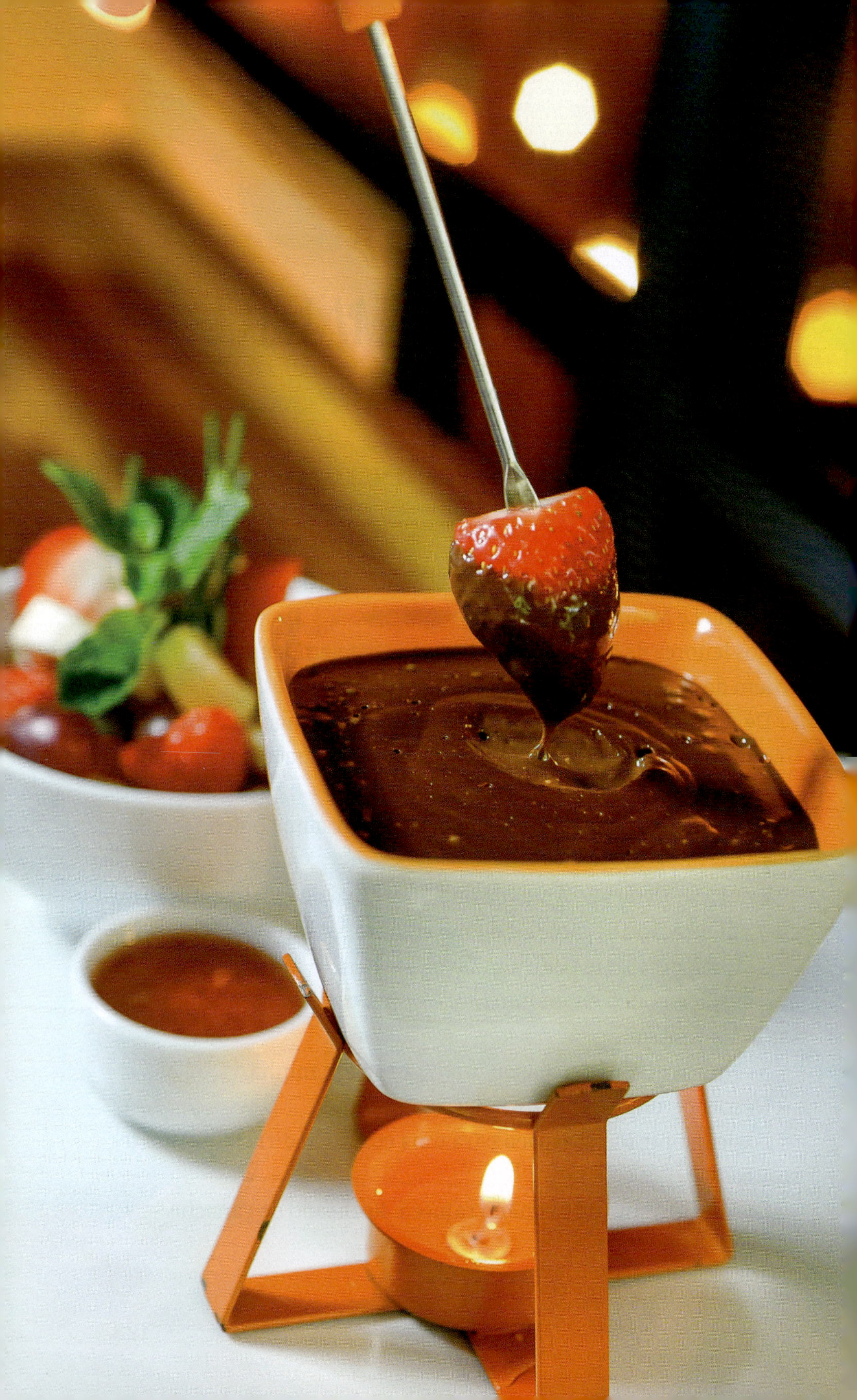

Ganache é um termo comum nos glossários de gastronomia?
Ganache é um creme da confeitaria clássica e serve para cobrir e rechear bolos, tortas, bombons e biscoitos. Tradicionalmente é feita de creme de leite e chocolate, com variações de adição de manteiga e bebidas alcoólicas. Ao contrário da minha ganache...

Ou seja...
A Ganache Le Manjue é uma variação saudável e funcional, preparada com leite de coco, biomassa de banana verde, cacau e chocolate sem glúten, sem açúcar, sem lácteo e sem soja.

Então, de repente, o creme de leite, usualmente aplicado nas receitas de ganache, foi substituído pelo leite de coco. É isso?
Sim, outros leites vegetais foram testados, mas o melhor foi com o leite de coco. E ele não decepcionou. Foi e é uma ótima fonte de gordura com inúmeros benefícios. Entretanto, para chegar na fórmula ideal sem sabor residual de coco, levei algum tempo.

Como foi a criação da Ganache Le Manjue?
Foi uma criação inspirada na minha avó que era diabética e cheia de restrições alimentares. Essa receita ficou guardada e passei a colocá-la em alguns restaurantes como sobremesa.

E quando esse "manjar dos deuses" foi servido pela primeira vez já atrelado ao conceito "Le Manjue"?
Lembro como se fosse hoje, quando preparei um almoço para o meu sócio Bruno Fattori. Na época, ele estava para decidir se viria a ser sócio do meu projeto e ele simplesmente ficou enlouquecido com o sabor, tanto que comeu tudo o que eu tinha feito de ganache. Ele também tinha restrições alimentares e há muito tempo estava sem comer doces e chocolates, e, quando provou, percebeu que a alimentação poderia ser ao mesmo tempo saudável, funcional e muito saborosa. O resultado foi ele ter se tornado o meu primeiro sócio.

Sei que não vai contar o segredo, nem a receita da Ganache Le Manjue, mas como foi o processo de pesquisa e seleção dos insumos para se pensar a ganache?

Quando criei a ganache, ela não continha a biomassa de banana verde, mas os outros ingredientes praticamente foram iguais. Ao longo do tempo, eu testei com gelatina de agar, gel de linhaça, cacau e biomassa de banana verde em diferentes proporções.

Havia alguma prerrogativa no desenvolvimento da receita?

A ganache precisava ser parecida com a tradicional, cremosa, aveludada e gostosa, ter sabor de chocolate e ser versátil o suficiente para ser aplicada em outras receitas, degustada quente, fria ou em temperatura ambiente.

Houve ingredientes que não responderam bem e foram excluídos no processo?

Até chegarmos na fórmula atual, cheguei a testar diferentes marcas de chocolate e não encontrava tanta variedade como hoje de chocolate sem açúcar, sem glúten e lácteos, o que resultava em sabores e tonalidades diferentes.

Suponho que deve haver algum benefício com as substituições que foram feitas quando comparamos à receita clássica de ganache, certo?

Gastronomicamente é saborosa e versátil. Nutricionalmente contém ótimas gorduras como a do coco e do cacau, além dos poderes antioxidantes do leite de coco, cacau e da banana verde. Possui as inúmeras contribuições funcionais da banana verde, uma vez que, sendo uma fibra solúvel e prebiótica, melhora a absorção de nutrientes, tem poder detox e não oferece os malefícios do açúcar. Por isso, é muito indicada pelos nutricionistas como pré-treino antes da academia e para dietas em geral de emagrecimento e dietas paleos. Já aconteceu de uma pessoa correr ao Le Manjue para comprar ganache para um parente que estava internado no hospital, véspera de uma cirurgia e o médico tinha indicado a ganache como único "doce".

Vejo que a ganache continua no menu do Le Manjue mesmo sendo um produto independente hoje.
Realmente a ganache foi e ainda faz parte do menu do restaurante Le Manjue e de outros, e inclusive daqueles cujos menus eu assino. E hoje ela é vendida em todo o Brasil. E vale a pena lembrar que só conseguimos vislumbrar esse caminho quando um amigo nosso, o empresário Márcio Kakumoto, que adorava o produto e o conceito do Le Manjue, mostrou com sua habilidade e visão empresarial que a ganache poderia ser um produto de grande adoração e rentabilidade. Neste momento, passamos a produzi-la no próprio restaurante e envasá-la de forma artesanal e vendê-la no nosso próprio empório. Foi tanto sucesso que abrimos uma fábrica para ela, além de futuros produtos.

Como chef e criador, como você sugere o consumo da Ganache Le Manjue?
Eu adoro a ganache geladinha e em colheradas ou retiradas com auxílio de um boleador de melão, em seguida empanadas no cacau. Vira uma trufa deliciosa e bem saudável. Também é possível rechear bolos, crepes, tapiocas, derretê-la e servi-la como fondue ou por cima de outros doces e sorvetes. Muitas pessoas misturam a ganache derretida com proteínas e comem como um lanche proteico,

como meu sócio Bruno Fattori. Também sirvo a ganache dentro de cafés e em versões como cappuccino de leite de amêndoas e canela, chamo de capunache.

Hoje é possível encontrar outros tipos de ganache tidos como "funcionais"?
É interessante que, mesmo a ganache sendo primariamente um produto clássico, nunca ninguém se interessou por vendê-la. Foi somente após o sucesso da Ganache Le Manjue que outras pessoas e chefs passaram a ensinar e a preparar algo próximo de ser chamado de ganache saudável. Entretanto, o sabor, a textura e o aroma da Ganache Le Manjue ainda são únicos e originais.

Você costuma andar pelo Brasil lançando a ganache, certo?
Sim, isso é muito importante, as pessoas adoram minha presença nesses lançamentos onde eu agrego palestras, aula e lançamento dos meus livros com autógrafos. No Rio de Janeiro, por exemplo, o lançamento foi uma grande festa, assim como em Natal.

Você tem vontade de criar mais produtos com a marca "Le Manjue"?
Sim, e já temos novos lançamentos na mira, como bolos, pães, molho de pimenta e patês.

CAPÍTULO 7

CULTURA

O COMER E A CIDADE: ESTILOS DE VIDA E COMPORTAMENTOS URBANOS À MESA; TENDÊNCIAS, MODISMOS E VIAGENS GASTRONÔMICAS.

Dias depois do jantar no Le Manjue, decidimos que recairia sobre mim a escolha do local do próximo encontro para a continuidade da entrevista. Naquele domingo, o chef estava de folga, então o meu plano poderia dar certo. Combinamos às dez e meia da manhã na Praça da Liberdade. Quando cheguei, o chef me aguardava intrigado.

— Não espere que eu coma tempurá, nem o famoso guioza dessa barraca.

— Fique tranquilo, chef. Sei que você não come glúten.

Havíamos combinado em frente à barraca da família Nakamura, cuja tradição em guiozas, bastante conhecida do público, faz com que filas sejam formadas logo cedo quando a feira abre. Até sistema de senhas tiveram de adotar.

Para quem não sabe, o guioza é um pastel cozido a vapor recheado com carne de porco, acelga e cebolinha e servido com vinagrete de shoyu e cebolinha. Aliás muito bem servido, pois a unidade vendida na barraca é incrivelmente maior comparada ao que estamos acostumados a ver em restaurantes japoneses. Se você não tem restrição ao glúten ou à soja, vale a pena provar.

— Chef, a proposta é outra.

Não custa lembra ao leitor que há menos de uma semana eu havia jantado no Le Manjue. Que retribuição mais injusta poderia parecer — sem desmerecer as saborosas iguarias da Liberdade — convidar um chef para comer em um local que nem assento teria para oferecer.

— Vamos caminhar. — Já havia arquitetado o trajeto. Uma conversa para uma extensão de pouco mais de 3km, começando na Liberdade, passando pela Catedral da Sé, o Centro Cultural do Banco do Brasil, o viaduto do Chá, o Teatro Municipal, seguindo até a estação da Luz para o nosso destino final.

Se o tema é "o comer e a cidade", nada melhor do que andar pelo centro para viver essa cultura.

Caminhemos.

Hoje a vida urbana pode contribuir mais ou menos para a saúde das pessoas?

Uma cidade pode oferecer de tudo, portanto, assim como na vida de uma forma geral, precisamos fazer escolhas certas. Não posso deixar de comentar a frase e o título do livro da Dra. Gisela Savioli, "Tudo posso, mas nem tudo me convém". Assim devemos encarar o que uma cidade nos oferece. Podemos comer e sermos desnutridos, podemos escolher as dietas modernas low carb, paleo e de emagrecimento rápido; podemos comer para ganhar massa ou perder tudo, podemos comer para prevenir doenças e mantermos nossa saúde. Muito se ouve e se vê nos meios de comunicação. O reflexo de tudo isso é nítido, por exemplo, quando se compara a população norte-americana com a nórdica. A segunda é mais ativa, menos sedentária, faz escolhas mais sustentáveis e ecológicas, tanto no mobiliário urbano, na alimentação e no transporte público, e alimenta-se de comidas mais naturais.

Como você enxerga o movimento gastronômico dentro da cultura urbana?
Cada cidade, metrópole e capital caminha conforme seu ritmo; muitas cidades acordaram e estão se preparando para essa alimentação consciente e para consumidores mais exigentes, com maiores variedades de comidas orgânicas, sem glúten e mesmo veganas e crudivoristas. Nessas cidades podemos encontrar toda a diversidade gastronômica, do mais típico a releituras regionais, com espaços que promovem não só a diversidade, mas o conhecimento de novos produtos, além de uma maior valorização do produto artesanal, de agricultura familiar, vinda do campo e com o comércio justo. Mas não é só isso, todos os movimentos gastronômicos urbanos, como as feiras abertas, barracas gourmets, food-trucks, entre outros, servem para democratizar a gastronomia e permitir que todos possam ter acesso a ela. A vida moderna clama por condições mais democráticas, despretensiosas, mais saudáveis e com preços mais acessíveis. Por onde passo, observo esse movimento.

Um termo muito utilizado para denominar esses novos consumidores interessados em comida é o "foodie". Existe já uma geração de foodies saudáveis?
Foodie é um termo que existe desde 1981 e refere-se àqueles que tem um interesse bastante forte por comida e bebida, mas não apenas por comer e beber; eles querem saber tudo que envolve isso, muito mais que o gourmet, querem aprender sobre a história, ciência, sobre o chef envolvido, querem saber como fazer.

Isso estimulou muitos livros e programas de TV...
Um foodie gosta de compartilhar suas fotos e experiências e noto que a cada dia mais pessoas anunciam em seus perfis de Instagram e Facebook tais experiências; o número de blogs também aumentou para que eles possam expressar todo esse amor pela comida. Notadamente o estilo saudável tem aumentado e seus seguidores também. Portanto, é nítido o crescimento de foodies saudáveis e antenados com o que faz ou não mal à saúde.

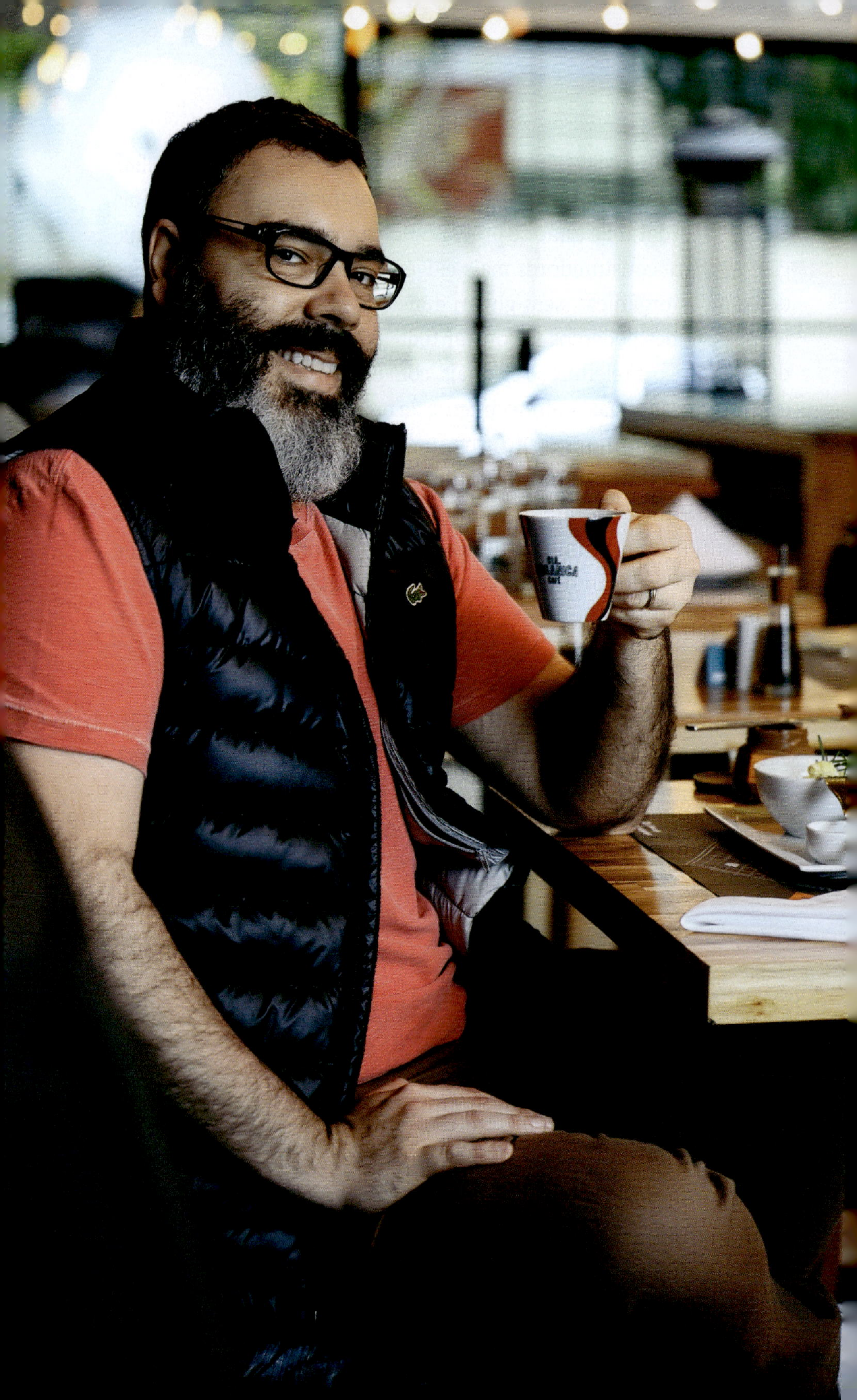

E como um chef pode contribuir para quem vive na cidade urbana?
Considero uma obrigatoriedade do chef e cozinheiro trazer elementos próximos e que perteçam à cultura da população. Exemplo de São Paulo e as frutas da Mata Atlântica, como o cambuci e a uvaia. Elas estão próximas, porém estão distante de nossa realidade, foram perdidas e beiravam a extinção. Precisamos reestabelecer os vínculos afetivos e gustativos. Acima de tudo é importante valorizar o que é sustentável, o que gera hospitalidade e incremento de comunidades. Além de promoção da saúde, afinal, essas frutas possuem alto valor antioxidante e fitoquímico. A vantagem é que a nova geração busca conhecimento e conceito. Estamos na eco-era. E para todas as ideias darem certo, eu costumo treinar bem a equipe de atendimento para informarem; assim, misturo o novo e o exótico com elementos conhecidos e muita informação. Eu coloco as características do fruto, aliando o produtor, os benefícios da sustentabilidade, do valor e benefício nutricional. Estou falando de um mercado novo, o ecomercado.

Como assim?
O ecomercado é aquele que coloca o meio ambiente e o ser humano no centro dos processos produtivos. Significa a valorização de valores perdidos. Dignificação do homem agricultor, manutenção contínua da natureza e de seu ciclo natural, destacando vínculo maior e necessário entre o consumidor final urbano e o produtor.

Como você aplica na pratica esse ecomercado?
É necessário estudar a cultura, a história, filosofia e nutrição, assim como conhecer o sabor, a cor, a textura desse alimento, conhecer seus pontos fortes e fracos. Em seguida fundir com um estilo gastronômico, gerando viabilidade, legitimidade e coerência, confiança, credibilidade e elo com o consumidor urbano.

Você aprecia comida de rua?
Sim, fico apaixonado e fascinado pela comida de rua dos lugares que conheço.

Precisa provar de tudo?
Nem que seja apenas uma garfada (risos). Muitas vezes me esqueço da segurança alimentar e até que eu não como glúten, mas a experiência de comer algo novo e que pertence a uma história local — muitas vezes relacionada à hospitalidade — me cega e me deixa extremamente excitado. Em Praga, a comida de rua é deliciosa, com seus cogumelos salteados, o nhoque com repolho e bacon, os espetinhos de frango e as salsichas. No Peru, a comida de rua também é saborosa e curiosa. No próprio nordeste, comer uma tapioca na rua tem outro sabor! E, como pode notar, sou exigente, mas flexível para as experiências gastronômicas.

Podemos dizer que o interesse e a atitude por comer bem é uma forma de cultura?
Sem sombra de dúvida. Afinal, o que é comer bem? Podemos achar que comer muito é comer bem, mas será mesmo que houve qualidade e densidade nutricional? A alta gastronomia não é sinônimo de qualidade, por isso, é preciso entender todo o processo de saudabilidade para não cairmos em ciladas comuns. Comer bem e com qualidade é uma forma de cultura, pois o conhecimento e a conscientização sobre os alimentos se originam e são modelados dentro da cultura e de nossa vida em sociedade, assim como a arte e o cinema. O próprio processo de democratização da gastronomia advém de uma evolução cultural. E, quanto maior a cultura, maior o repertório e mais a pessoa irá se aprofundar no universo da saudabilidade. Porém, também identifico um processo inverso em que a cultura massificada pode desvalorizar o regional e sua história.

"A TERRA RI ATR
        DAS

Comer bem é parte da ampliação da nossa vivência de mundo tanto quanto ir ao teatro ou ao cinema?

Sim, sobretudo quando a escolha é resultado de uma alimentação consciente. Isso passa a ser um investimento. Imagine que você pode escolher o local pelo conceito, engajamento do estabelecimento em sustentabilidade, comércio justo, escolha de alimentos orgânicos. Isso é espetacular.

Qual o perfil do novo frequentador de restaurantes?

Posso dizer pelos frequentadores de meu restaurante e por mim, que são mais exigentes e questionadores. Querem saber sobre os pratos, quais as suas funções, se possuem glúten, leite, soja, qual o tipo de açúcar. Querem saber sobre a tinta da parede, se é atóxica, sobre o que é orgânico e qual o fornecedor, se meu peixe é de cativeiro, como tratamos nossos funcionários. Na verdade, meus clientes escolhem os seus pratos antes mesmo de chegarem ao restaurante, pois já souberam deles em meus posts no Instagram, Facebook, em revistas, em meus livros ou até mesmo nos meus cursos. Isso exige maior treinamento de minha equipe e do setor de compras, pois estes também precisam adotar uma atitude mais questionadora e exigente o tempo todo, seja no trato com fornecedores ou entre si.

Em sua opinião qual a melhor comida do mundo?

A melhor comida do mundo é a que está diante dos seus olhos, agora e nesse instante. Isso é uma questão de valorização do ato de alimentar-se, pelo menos deveria ser. Quando fecho os olhos, imagino uma comida simples, colorida, com texturas verdadeiras e sabor de verdade, sem muita máscara. Eu gosto muito da comida brasileira por sua simplicidade e sabor, mas também tenho uma forte predileção pela comida mediterrânea, sobretudo a grega. Agrada-me a leveza e as cores; os peixes, frutos do mar, sobretudo os polvos e lulas, assim como a carne de cordeiro, os temperos aromáticos, com pouca cocção dos vegetais. Aprecio muito o queijo feta, as lentilhas, azeitonas, os tomates e tudo que a cultura grega oferece, pois é uma gastronomia orgânica por natureza e funcional em sua essência. Quando penso na melhor comida do mundo, também me recordo de experiências que me geraram emoção e marcaram minha vida para sempre, portanto, de fato não importa o local do mundo nem uma receita específica, mas o momento em que existiram.

As pessoas abrem suas dispensas ou geladeiras à procura de algo para beliscar, ou acionam seus smartphones à procura de um restaurante nas proximidades de casa. A forma de se alimentar muda a visão de mundo? Uma geladeira vazia ou cheia de comidas nada funcionais muda o mundo, o meu mundo?

Uma comida pode resultar em processos inflamatórios, pode contribuir para a ocorrência de distúrbios, acelerar processos alergênicos, pode engordar, aumentar colesterol ruim, desencadear problemas digestivos, do coração, entre outros. Sem contar que isso gera gastos públicos, isso pode afetar a vida toda e, portanto, a percepção do enxergar o mundo, absorver os sentimentos, o que a vida proporciona. No meu livro "Escolhas e Impactos", eu conto como minha liderança mudou após eu emagrecer e após eu retirar o glúten de meu plano alimentar. O glúten, assim como o álcool, pode deixar uma pessoa mais irritada e sem paciência e isso muda toda a visão de mundo. Uma geladeira repleta de alimentos industrializados e em embalagens não sustentáveis contribui para um mundo mais doente e poluído, e isso muda o mundo de todos.

No conto "O Lixo" de Luis Fernando Veríssimo, vizinhos de um prédio se conhecem e estabelecem vínculos a partir dos dejetos e descartes que fazem. Que tipo de vínculos estamos estabelecendo com o mundo e com os outros a partir de nossas dispensas, geladeiras e escolhas nos supermercados?

Podemos melhorar o mundo ou piorá-lo. Escolhas certas podem preservar o planeta e escolhas erradas podem gerar mais lixo, poluentes e a morte de solos, lagos, animais e florestas. Uma carne de boi pode estar associada ao desmatamento de nossa Mata Atlântica e Pantanal, o consumo de alimentos que receberam agrotóxicos pode destruir lagos, rios, lençóis freáticos, solos e a saúde pública, inclusive. A escolha de produtos importados pode impactar o meio ambiente por meio da poluição provocada pelo seu transporte, além de banalizar a cultura local; assim como o consumo de alimentos na época de seu defeso, ou seja, na época de sua procriação, pode acelerar o processo de extinção de uma espécie. Portanto, as escolhas certas começam no indivíduo, mas precisam reverberar na comunidade, em uma cidade, no país todo, isto é, um processo de conscientização e de cultura de todo um povo.

O cinema e arte te inspiram?

Alguns filmes me deixam emocionados e fascinados, desde os mais óbvios, "Como água para chocolate", "A festa de Babete", aos menos óbvios, como o italiano "Um sonho de Amor" com Tilda Swinton. No filme "100 passos para um sonho", com Helen Mirren, eu parei o filme para fazer uma omelete. Como já sabem, uma omelete está ligada à minha infância e não resisti. Fui preparar correndo para continuar a assistir ao filme.

Imagino que viajar também influencie a sua criação...

Muito, sou uma pessoa que precisa viajar com muita constância. Não consigo criar sem estar relaxado, sem provar sabores novos e ver culturas diferentes. Isso abre meu campo de criação, minha criatividade e originalidade.

Você costuma ver em suas viagens algo parecido com o seu trabalho?

Depende. Em relação ao universo orgânico e sustentável vejo muito, sobretudo estabelecimentos preocupados com alergias. Vejo muito uma gastronomia vegetariana e raw crescendo, mas pouco trabalho em relação ao enfoque funcional da forma como trabalho, por exemplo, preocupada com a carga glicêmica, fibras prebióticas e gastronomia fit de verdade.

Houve alguma viagem que o tenha marcado sobre o aspecto funcional?
Nos Estados Unidos e na Europa, você encontra algumas redes de fast food orgânicas interessantes como o Pret a Manger, porém com poucas novidades sem glúten e sem lácteos. Em Nova York, eu conheci uma rede de fast food chamada Organic Avenue muito interessante com receitas próximas ao meu livro, saborosas e realmente funcionais. Por essa razão preciso viajar e desbravar o que estão criando e fazendo. Isso me cativa, me emociona e me instiga a criar.

Você pode citar restaurantes orgânicos que você provou pelo mundo e que o marcaram?
Sobretudo na Grécia, onde tudo é orgânico e delicioso. Porém, também me recordo de uma experiência muito boa em um restaurante orgânico chamado DeKas em Amsterdã. Nesse restaurante, a comida era cultivada no próprio local, em estufas; o cardápio era variado e vegetariano. Em Londres, no bairro de Covent Garden, há uma vilazinha repleta de restaurantes orgânicos e crudivoristas como o Wild Food Café. Outro local orgânico que adoro é a Lapinha, um spa orgânico da cidade de Curitiba, que também planta, colhe e trabalha apenas com comida vegetariana. No Rio de Janeiro, há uma ótima opção chamada Pomar Orgânico. Nossa, ficaria um bom tempo pensando em todas as minhas boas experiências orgânicas pelo mundo.

E já aconteceu de numa viagem você acabar criando um prato?
Em Aracaju, eu estava provando uma linguiça artesanal com vinagrete e visualizei uma entrada que existe há anos no Le Manjue, que é a linguicinha de cordeiro grelhada com molho de azeite de hortelã e farofa de pequi. Em Estocolmo, estava provando as típicas

almôndegas quando imaginei bolinhas de tartare de salmão como ceviche preparado com leite de coco e curry. Ao chegar, criei esse prato. Em Londres, eu aprendi a comer abacate com nibs de cacau, achei delicioso e passei a usar nibs em receitas com abacate. E muitos outros casos. Quando visitei pela primeira vez o museu MOMA de Nova York, saí de lá com a inspiração do drink "Moma", preparado com morango, maracujá, cardamomo e manjericão.

Sobre a gastronomia brasileira, o que você acha?

Muito saborosa, saudável em sua essência, variada e exótica. Penso também que alguns pratos são muito pesados e poderiam ser preparados com um olhar mais funcional. De qualquer forma, a composição da comida brasileira é muito balanceada, pois combina arroz com feijão, uma proteína, legumes ou salada; enquanto em outros países, o acompanhamento da proteína, por exemplo, é o pão, a batata cozida ou, na maioria das vezes, batata frita.

O que você mudaria na gastronomia brasileira?

Melhoraria a carga glicêmica das receitas.

Grécia, Inglaterra, Suécia, Dinamarca... E as experiências gastronômicas viajando pelo Brasil?

Duas viagens me marcaram bem. A primeira foi para a Chapada Diamantina e a outra para Florianópolis. Ambas foram para me renovar e descansar, embora na chapada eu tenha andado cerca de 7 horas por dia; dentro do Vale do Pati, passei 5 noites dormindo cada dia numa casa de morador, sem forro no teto, sem luz e no chão batido. As caminhadas eram longas e as malas iam por mulas. A gastronomia era a mais simples, porém, muito saborosa e isso me marcou muito, pois lembrava mais que comida de mãe ou avó. Comi broto de palma, mamão verde refogado, galinha caipira cozida no forno a lenha, bebi café pilado na hora com pão assado no forno a lenha. Isso foi fantástico, uma viagem de total desapego, sem celular, sem televisão e sem música, porém com muito contato com a natureza e os meus próprios limites. Foi uma experiência de grande reflexão como se estivesse em Compostela. Já em Florianópolis, uma grande amiga chamada Rosa Helena Leite Gonçalves me recebeu na cidade, acolheu-me e fez um tour gastronômico comigo e, entre tantos locais, levou-me num lugar chamado Toca da Lontra, onde tivemos que andar por uma trilha até uma casa com deck para o mar onde, entre mesas e cadeiras de plástico, saboreei um famoso frozen de pitanga colhido no próprio quintal, além de caranguejos pescados na hora.

De fato, do que é feita a verdadeira comida de origem brasileira?

Muito complexo tudo isso, porém considero a culinária brasileira separada pelo período indígena nativo e pós-chegada dos portugueses e europeus. Isso porque na minha opinião temos muita influência portuguesa em nossos pratos, e também africana. Se pensarmos em algo nativo e purista, penso muito na culinária indígena, ingredientes como mandioca e suas derivações, açaí, palmito, e muito do nosso cerrado como pequi e técnicas de assados em brasa, dentro da terra e em folhas de bananeira. Por outro lado, considero também brasileira e autêntica a nossa feijoada, carne seca, pão de queijo, croquetes e comidinhas de boteco, baião de dois e tantos outros sabores regionais.

A culinária de Belém do Pará é muito elogiada...

A variedade de ingredientes é grande com sabores exóticos para os paladares mais próximos ao sul e sudeste do país. Dada a fama e a alta procura de chefs e eventos gastronômicos, as feiras e mercados livres poderiam ser mais organizados e limpos. Eu me assustei quando percebi que grande parte das farinhas vendidas são transgênicas, também notei excesso de açúcar e gordura industrializada nas receitas de restaurantes e nas feiras. Vi muita utilização de margarina e isso eu percebo de longe, pois estou há muitos anos sem ingeri-la e, quando isso acontece, a gordura fica "entalada" na minha garganta. Imagine a frustração de querer provar um fruto da pupunha cozido, mas saber que ele está banhado em margarina; também achei os sorvetes premiados e com sabores de frutas exóticas com muito gosto de gordura e açúcar. Eu entendo que meu paladar seja muito saudável, exigente e sei que me tornei uma pessoa criteriosa, mas não podemos ignorar esse processo e movimento de saudabilidade. Precisamos exigir essa mudança. Em Belém encontramos uma variedade de preparações com tucupi, jambu e pato, e senti falta de versões mais funcionais, com melhor carga glicêmica e em versões para pessoas com restrições alimentares.

Hoje o número de adeptos à comida vegetariana tem aumentado?
Sim, muito! Jovens e crianças estão parando de comer carne. Mas não podemos negar nossa história e cultura, lembrando que o processo de mudança é individual. O Sul, por exemplo, tem seu consumo muito baseado na cultura da carne, porém, as pessoas também estão percebendo que isso gera malefícios não só ao organismo, mas ao meio ambiente. Como você agora sabe, o conceito de gastronomia funcional também entende isso e defende técnicas de minimização dos efeitos negativos. Na prática, seria diminuir um pouco o consumo e associar a carne com alimentos da família das crucíferas como brócolis, couve-flor, couve-manteiga, além de ervas, fibras solúveis e prebióticas como chia, linhaça, biomassa de banana verde, batata yacon.

Hospitalidade é uma palavra que volta e meia você menciona...
Pois é, a hospitalidade é algo muito importante para um país e suas regiões. O estudo da hospitalidade brasileira é extremamente complexo, porém, me fascina. Tudo começou na cidade de Natal.

Essa cidade me inspira hospitalidade, pois foi lá o primeiro lugar de minha vida em que vi e senti a hospitalidade relacionada não só ao ato de receber, colher, mas também de comer bem. Fui para lá para dar aula de gastronomia funcional no curso de extensão da Valéria Paschoal e fui acolhido pelos moradores de forma encantadora, com bilhetes, mimos, passeios aos locais turísticos. Mas todas as vezes que eu retorno a Natal eu sinto esse mesmo carinho. Da última vez meus alunos de pós-graduação em gastronomia hospitalar me levaram no primeiro bairro da cidade, chamado de Rocas, para comer o típico Jinga, ou seja, peixinhos fritos como se fossem manjubas com Tapioca. Isso marcou pela simplicidade com muito sabor.

Que delícia...
Eu me lembro também da excelência em hospitalidade no restaurante do Paul Bocuse em Lyon, onde durante o almoço a esposa do chef, uma senhorinha com cerca de 80 anos, delicada e com dificuldade em andar, passou na mesa para saber se estava tudo bem. E não foi só isso, após eu comentar que não estava de carro, mas estava indo para a estação de trem para voltar a Paris e faria isso de ônibus, o garçom fez questão de me levar até o tal ponto de ônibus, e ainda atravessou uma ponte comigo. Acabei dando uma gorjeta bem bacana que pagaria um trecho de táxi inclusive, mas que foi ofuscada pela emoção dessa pura hospitalidade francesa.

Suponho que a hospitalidade também esteja relacionada ao desenvolvimento local e de comunidades, não é?
Sim, na Grécia eu pude ver muito isso na ilha de Mikonos, quando estava numa vila chamada Ano Mera. Além de eu ver pequenas bancas de tomates, azeitonas e souvenires de pessoas locais, também comi maravilhosamente bem em um restaurante totalmente familiar chamado Oti Apomeine com delícias locais que me seduziram pelas cores e sabores.

Ainda em Mikonos, conheci um restaurante sem nome e sem placa que muitos chamam de Kiki, na praia Agios Sostis, em que o chef da família abria o portão e deixava as pessoas sentarem e, quando lotava o restaurante, ele fechava a porteira e, em seguida, ia para a churrasqueira grelhar os peixes e polvos enquanto sua esposa e filhos ficavam no atendimento, servindo os acompanhamentos que estavam expostos na cozinha.

Isso me marcou não só pela beleza local, pela rusticidade, mas pelo trabalho em família com ingredientes orgânicos e locais. Ainda na Grécia, em Santorini, também vi famílias vendendo seus tomates secos e polvos secos ao sol, bem como suas conservas preparadas com os ingredientes plantados em seus quintais. Consumir isso para mim faz parte do papel do turista, ou seja, incrementar a hospitalidade local.

E no Brasil?

Na praia dos Castelhanos, em Ilhabela, São Paulo, provei um dos melhores pratos com lula e camarão salteados com alho, cebola e sal, tomando uma caipirinha de folha de mexerica brava da ilha. Isso me marcou pela simplicidade, pelo sabor maravilhoso com produtos locais. Nesse episódio fiz questão de conhecer o cozinheiro e ainda mencionei que nem na Grécia tinha provado uma lula tão macia e perfeita. A hospitalidade é algo que marca por vários fatores que englobam o acolhimento, a simpatia, o sabor, a forma como a comida é tratada e o que ela melhora não só para o nosso corpo e planeta, mas para a sociedade como um todo.

Essa conversa está abrindo meu apetite... Alguma outra experiência ligada à hospitalidade – ou devo chamar de "provocação" gustativa?

(Risos) Em Copenhagen, no restaurante premiado Amass, pedi um menu de degustação sem glúten. Como havia ligado no dia anterior para avisar, descobri que o chef tinha preparado um pão de batata para mim, e ainda pediu desculpas, pois nunca tinha preparado um pão sem glúten.

O sabor estava divino e fiquei encantado pelo gesto acolhedor e carinhoso de um chef e restaurante tão longe de casa.

No Rio de Janeiro, na feira da General Osório em Ipanema, comer um bolinho de tapioca feito na brasa, por uma mulher sorridente, vestida de baiana, que mora na comunidade, é pura hospitalidade. Assim como no Vale do Pati, na Chapada Diamantina, comer um refogado de mamão verde e broto de palma com uma galinha da roça assada e depois tomar um café de grão pilado, tudo preparado por uma senhora que está te acolhendo, é também hospitalidade. Por fim, posso citar minha viagem a Salvador, no restaurante Paraíso Tropical do simpático chef Beto Pimentel. Ele me levou para sua horta e me fez provar as suas plantas alimentícias não convencionais com sabores autênticos da região e de seu pomar, onde ele emprega várias pessoas locais da comunidade, assim como estudantes. Pude provar uma moqueca preparada com suco de 17 frutas envolvidas em auricuri, maturi e creme de pindoba, além de vinagrete de biri-biri, frutas grelhadas com caldo de achachairu e mel de abelha nativa.

Na cidade de Pirenópolis, em Goiás, onde tive o prazer de ser convidado pelo Estado para um Circuito Gastronômico, notei uma forte hospitalidade que gera muitos benefícios para a população local, que se desenvolveu no extrativismo e turismo agroecológico, por exemplo de frutas do cerrado como mangaba, cagaita, e até pequi. Uma variedade baseada na agricultura familiar e na produção artesanal.

Essas experiências que tive em minha vida me mostraram como olhar para a hospitalidade com outros olhos. De fato, elas me marcaram e me ensinaram muito.

Como você enxerga o movimento do slow food em outros locais do mundo?

Vejo muito respeito pela regionalização. Na Grécia, por exemplo, você encontra a versão da salada grega com queijo feta, tomate, azeitona e cebola roxa em versões diferentes nas ilhas, sobretudo em Creta com relação às outras ilhas. Encontramos algumas peculiaridades similares, mas com diferenças regionais na comida tcheca, vienense e alemã. Na Itália e França, notamos um respeito e uma seriedade em relação à localidade e receitas regionais.

Continuando o invejável "desfile" de pratos e momentos que marcaram a sua vida...

Olha, de forma alguma trata-se de uma provocação (risos), mas posso citar uma torta de ganache que comi em Quebec, a lula salteada na praia de Castelhanos em Ilhabela, o ceviche da cidade de Arequipa, no Peru, o pão de batata do restaurante Amass em Copenhague feito especialmente para mim, a moqueca de lagosta preparada pela minha amiga Suely Faiçal, o frango com macarrão e os bolinhos de polvilho frito de minha avó, o creme catalão que comi no Chile, o siri mole do chef Beto Pimentel, a sopa de amêndoas do restaurante Tegui em Buenos Aires, uma mousse de Mangaba em Natal, quando pela primeira vez provei essa fruta, a torta Sachertorte no hotel Sacher de Viena, um porco incrivelmente preparado em Creta e tantas outras experiências que poderiam virar um novo livro.

E como você faz com a sua dieta quando viaja?

Ah, isso é muito complicado. Ao contrário do passado, hoje não me estresso e nem a pessoa que está ao meu lado. Em alguns lugares é difícil encontrar comida sem glúten, pois as receitas típicas são baseadas no glúten, como na República Checa, Alemanha e Áustria. Já na América do Sul é mais fácil, assim como no mediterrâneo, e até na Itália, inclusive. Na Grécia eu não engordei, e sim emagreci. Nos países nórdicos eu me surpreendi com a facilidade de encontrar alternativas, e até na França consegui comer sem glúten. O problema maior é quando você está decidido a ficar sem comer glúten e acaba se enganando com o cardápio ou não encontrando soluções. Na Suíça, em uma ocasião quando estava comendo um fondue e raclete sem glúten, o garçom por engano serviu pão errado e eu percebi após prová-lo, aliás, lá eles costumam colocar na mesa temperos prontos altamente industrializados como fondor; isso sim me deixou surpreso.

Como foi a experiência de provar a comida alemã?

O último restaurante que visitei de comida típica foi em Munique onde provei o que geralmente comemos em Joinville e Blumenau, o schnitzel de porco grelhado com Spaetzle (espécie de nhoque), mais um pato assado ao molho de cerveja, repolho roxo e bolinho de batata. Percebi também uma forte moda de hambúrgueres. Também é possível comer comida moderna com algumas releituras, mas confesso que não encontrei opções sem glúten com variedade. Já em Berlim, o cenário muda e você consegue comer de tudo, até comida vegana com altíssima qualidade.

Já a comida austríaca me encanta...

A comida austríaca típica é simples e saborosa, conheci restaurantes mais descolados com releituras interessantes, também comi o típico e a comida internacional muito bem feita. Lá pude provar o melhor strudel de maçã, com maçã em pedaços e al dente sem que fosse um purê como se come por aqui, assim como a famosa e típica torta sacher, um bolo de chocolate com recheio de geleia de damasco e chocolate meio amargo.

Voltando um pouco, ao que me parece, Salvador se mostrou uma grande experiência gastronômica.

Provei uma moqueca de camarão com maturi deliciosa no Jardim das Delícias, no Pelourinho, e uma comida maravilhosa na Casa de Tereza, além da experiência única no Paraíso Tropical do chef Beto Pimentel. Também tive uma excelente experiência — e isso me surpreendeu — no restaurante anexo ao Palácio das Artes. A comida local de fato é pesada para nossos padrões paulistanos e o turista deve tomar cuidado para não querer provar de tudo com muita ansiedade. Isso me lembra uma viagem para Maceió, em que banquei o turista afoito, embora tenha sido alertado. Em um dia, tive a ousadia de comer acarajé, caranguejo, siri, camarão, moqueca, castanha de caju e ostra. Claro, passei muito mal.

As pessoas reclamam muito da comida inglesa...

Isso mudou muito, encontramos muita comida boa por lá, conceitos orgânicos, raw, vegano, sem glúten e com respeito às restrições alimentares. No bairro chamado Covent Garden, por exemplo, encontra-se um universo saudável charmoso e delicioso. A comida indiana tão difundida por lá também ajuda, ela é extremamente funcional, repleta de especiarias e temperos preventivos, antioxidantes, anti-inflamatórios. Os ingleses não costumam cozinhar muito em casa, por outro lado, a comida de restaurante é cara. Talvez por isso encontramos uma diversidade de comida pronta e barata nos supermercados e alguns fast foods; esse tipo de comida não decepciona. Também encontramos o Whole foods, a rede orgânica com variedades para todas as restrições alimentares.

É possível comer de forma saudável na América do Norte?

Sim, assim como em Londres, encontramos redes orgânicas e funcionais, mercados orgânicos como Whole Foods, feiras orgânicas e artesanais ao ar livre. De fato eles ainda comem muita fritura e comida saudável de verdade ainda é mais cara. Em Nova York por exemplo, embora elitista, encontramos comida de qualidade, fresca e orgânica na rede Eataly e no Chelsea Market e em tantos outros restaurantes. Na Califórnia encontramos o melhor do estilo de comida natural, vegana, crudivorista e orgânica. No Canadá, as possibilidades são maiores, as pessoas comem com mais qualidade e variedade.

E sua visão sobre a culinária da América do Sul?
Na minha opinião, é marcada pela simplicidade. Quando rústicas, são preparadas de forma artesanal com raríssimos insumos industrializados, sobretudo porque possui forte identidade indígena.

Alguns países possuem uma comida pesada...
Mas isso é justificado por diversos fatores sociais e culturais. É o caso da feijoada por exemplo. No Peru, provei e gostei da comida mais sofisticada à mais simples e comi carne de lhama deliciosa, assim como o porquinho da índia e os ceviches típicos. Em Lima, além de encontrar toda a culinária das regiões dos Andes, gostei muito de pratos como a Papa Huancaina, a chicha morada, os picarones fritos servidos com melaço, as preparações feitas com folhas de coca e o suspiro limenho. Nada decepcionou no Peru, porém no Chile não tive tantas experiências inesquecíveis, mas adorei a simples experiência de comer o pastel de choclo, o mote con huesillos, chorrillana e empanadas. Pretendo voltar para comer melhor os frutos do mar que tanto são elogiados.

E Buenos Aires?
Lá os meus restaurantes prediletos continuam sendo o Tegui, o Olsen e o Croque Madame dentro do Museu Nacional de Artes Decorativas. De qualquer forma, a experiência gastronômica depende de vários fatores e um deles é a sorte, sorte em pedir o prato certo, a carne vir no ponto desejado, a companhia ser ideal

e a hospitalidade, impecável. Às vezes o turista é ansioso demais e vai com muita expectativa num lugar recomendado e renomado. A frustração acontece com frequência, mas isso não pode afetar a viagem. Costumo dizer que a viagem começa ao fechar a porta de sua casa, e é possível ter experiências gastronômicas incríveis até dentro de um aeroporto. Já comi o melhor prato tailandês da minha vida dentro de um aeroporto na Alemanha, na cidade de Frankfurt, e isso é surpreendente, pois jamais esperava por isso.

Fale um pouco sobre a gastronomia nórdica e do restaurante Noma, considerado o melhor restaurante do mundo.
Nota-se uma variedade de alimentos orgânicos, uma preocupação com as pessoas que possuem alguma restrição alimentar como ao glúten e lácteos. A gastronomia nórdica também é rústica e com alimentos ricos em gorduras por conta da temperatura fria, porém, com a chegada do restaurante Noma, muita coisa mudou. A comida local ficou mais requintada e vanguardista. Os funcionários, os estagiários e empresários que saíram do Noma replicaram o conceito e a cidade virou um espelho de alta gastronomia local contemporânea e refinada. Os restaurantes passaram a trabalhar com cursos e menu de degustação. A comida então passou a ser uma fusão de técnicas de vanguarda com técnicas simples, com alta valorização do sabor e da textura reais dos alimentos. Também provei muitos pratos com panc por lá, por outro lado, senti falta da comida regional purista. Foi em Copenhagen e Estocolmo onde tive menos problemas com minhas restrições alimentares, tanto nos restaurantes mais simples quanto nos mais sofisticados. Isso é fácil, pois quanto mais fresca é a comida local mais saudável ela é. Outro ponto interessante é que as cidades nórdicas valorizam muito a sustentabilidade e a qualidade de vida; eles andam muito a pé, de bicicleta, e a idade ou o frio não são fatores restritivos. A comida é cara também para os próprios moradores, inclusive. Os

hábitos são compostos por um café da manhã, um almoço tardio leve e uma janta. A população é magra e acha curiosa a quantidade de vezes que nós brasileiros comemos.

Os nutricionistas recomendam que nos alimentemos a cada 3 horas. Como é viável isso nos dias de hoje?
Na verdade essa recomendação nasceu, pois as pessoas estavam ficando muito tempo sem se alimentar, por conta de dietas muito restritivas e pela correria do dia a dia. Na realidade essa recomendação varia de caso a caso, precisamos lembrar da individualidade de cada pessoa e seu objetivo. Hoje se discute uma dieta chamada de jejum intermitente, ou seja, uma dieta que alterna períodos de jejum com períodos de alimentação, que podem variar de 16 a 24 horas, mas tudo pode depender da idade e sexo e outros fatores que apenas um especialista pode direcionar. Essa dieta altera e pode aumentar os níveis de hormônio do crescimento, o que gera queima de gordura e ganho de massa muscular. Também é capaz de melhorar a resistência à insulina, lembrando que, quanto mais baixos os níveis de insulina no corpo, mais gordura armazenada ficará disponível para ser queimada. Nosso corpo em jejum, segundo as recentes descobertas, faz com que nossas células sejam capazes de digerir e remover as proteínas velhas e disfuncionais. Além disso, essa dieta é capaz de acordar os genes relacionados à longevidade, que funcionavam quando vivíamos à mercê de mudanças climáticas e geográficas e hoje estão adormecidas. Poranto, de acordo com especialistas, o jejum pode ajudar no emagrecimento, na resistência à insulina, reduzir a inflamação, proteger o coração, cérebro e prevenir câncer.

Você já fez essa nova dieta de jejum intermitente?
Sim, eu fiz há pouco tempo. Criamos um protocolo, Dra. Gisela Savioli e eu. Deu bastante certo e, além de perder peso, também me senti mais revigorado e disposto. Na verdade é difícil organizar os

horários. Para manter a disciplina é preciso estabelecer a primeira e a última refeição, e, na loucura de uma vida moderna, atropelada e repleta de eventos sociais, isso pode gerar uma restrição prática.

Você se identifica com algum ou alguns chefs brasileiros?
Acho interessante a forma de trabalho de alguns chefs. Admiro o trabalho da chef Ana Luiza Trajano, que desenvolve a comida local e regional de diversas partes do Brasil, e da chef Sheila Waligora, que estimula o estilo de vida raw e vegano. Também posso citar o trabalho de Helena Rizzo, por exemplo, por buscar uma gastronomia contemporânea com ingredientes leves e frescos, o Alex Atala, por desenvolver as comunidades locais e ingredientes que estavam em extinção; aliás, somos todos gratos por ele ter conseguido restaurar e valorizar os ingredientes brasileiros como um todo. Também admiro o trabalho da Tatiana Cardoso, especialista em comida vegetariana, da chef Andrea Henrique, por ter conseguido desenvolver a gastronomia orgânica no Rio de Janeiro, bem como criar pratos para pessoas com restrição alimentar. Hoje temos uma corrente de chefs e especialistas, alguns comandantes de cozinha, outros consultores e professores, com enfoque funcional que estão contribuindo muito para o ensino e propagação do conceito.

Voltando à cultura urbana e ao comportamento de determinados grupos de pessoas em metrópoles como São Paulo e Rio de Janeiro, nunca se falou tanto de "comida fit" como nos tempos atuais... Concorda?
Definitivamente vivemos uma busca por tudo que pode ser considerado fit. Além de estarmos vivendo uma era de culto ao corpo, as pessoas sabem que viverão mais e querem viver com mais qualidade de vida. As academias estão repletas de pessoas de todas as idades e necessidades distintas. Já aconteceu de pessoas levarem sua própria balança em meu restaurante para pesarem sua proteína e carboidrato. Mas isso é muito pessoal e deve ser tratado de forma individualizada.

De modo geral, o termo fit designa uma comida indicada para quem pratica academia ou treinos específicos com hipertrofia, endurance, CrossFit e de aventura. Pensando em facilitar a vida das pessoas, estou lançando um livro sobre Gastronomia Esportiva Funcional. E, depois disso, espero ser mais esclarecedor esse universo fit.

Hoje todos querem consumir frango com batata-doce. O que você tem a dizer sobre isso?

O frango representa uma proteína de boa digestibilidade e magra, já a batata-doce representa o carboidrato de bom índice glicêmico. Essa é a base da alimentação de atletas e praticantes de academia. No entanto, assim como o frango, podemos encontrar outras proteínas como ovos, peixes e outras aves, assim como ótimas fontes vegetais como quinoa, amaranto, lentilha, grão de bico, feijões, ervilha e brotos. E temos ainda ótimas plantas ricas em proteínas como as das família das couves: brócolis, couve-flor, couve-manteiga, couve-de-bruxelas. Outros carboidratos também podem ser de excelente escolha, como quinoa, arroz integral, e outras raízes, tais como mandiocas, inhame, cará, mandioquinha.

Isto é, devemos sempre variar nosso cardápio...

Com criatividade e critérios, sem apenas reproduzir, mas entender as razões. Para os veganos e mesmo para complementar um cardápio fit, podemos pensar em outros vegetais, por exemplo o moyashi ou broto de feijão, que é um alimento com alto valor nutritivo por conter grandes quantidades de sais minerais, vitaminas e fibras. Também possui poderes alcalinizantes e pode ser considerado uma fonte vegetal proteica com versatilidade culinária.

E além da batata-doce?

Outro carboidrato bom considerado fit é a quinoa. A quinoa foi selecionada pela Nasa para integrar a dieta dos astronautas em voos espaciais de longa duração, por seu extraordinário valor nutritivo, comparável ao leite materno, sem que as mães devam substituí-los. Trata-se de um bom carboidrato, de boa digestibilidade, boa carga glicêmica e versatilidade gastronômica; pode ser utilizado para substituir arroz, preparar risoto, creme, pães, massas. No Le Manjue temos alguns pratos como o cuscuz de quinoa à marroquina servido no filé de peixe ao açaí. Temos quinoa também no Frango FIT, na salada com azeite de rúcula e castanhas e em um risoto vegetariano. Mas também posso citar a mandioca, aliás eu tenho uma grande predileção pela mandioca, pois ela também eleva os níveis de testosterona, e isso é ótimo no universo fit.

Alguma outra receita FIT em mente?

Também posso citar um prato do meu restaurante Le Manjue, chamado de Cordeiro FIT, o qual demonstra mais uma vez que não precisamos apenas pensar em batata-doce e frango, aliás ele contempla um pensamento fit por completo. Esse prato é composto de 150g de proteína de boa qualidade e pouca gordura, composto de bons carboidratos ricos em proteína como lentilha, ervilha e grão de bico. O arroz com lentilha possui uma ótima performance como o arroz e feijão. Esse prato também está repleto de especiarias antioxidantes. O grão de bico é rico em proteína e com baixa quantidade de carboidrato, de bom índice glicêmico e contém triptofano. A lentilha também é rica em proteína, triptofano, vitamina B1, ácido fólico, minerais, fibras que melhoram o trânsito intestinal, além de reduzir colesterol. O prato também possui hortelã, cominho, curry, cúrcuma e canela, que são excelentes antioxidantes e preventivos.

Como a comida fit deve ser?

Cada tipo de treino requer algumas peculiaridades, mas de uma forma geral a comida fit precisa ter uma quantidade rica em proteína animal ou vegetal, alimentos antioxidantes, rica em fibras solúveis e prebióticas, ingredientes vermelhos que melhoram a recuperação muscular.

Precisamos colocar carboidrato com boa carga glicêmica, proteína de fácil digestibilidade, ervas e especiarias antioxidantes e anti-inflamatórias, banana verde, entre outros alimentos. Eu estabeleci um protocolo próprio para considerar um prato como "fit".

Um protocolo...

Sim, em primeiro lugar, deve conter alimentos com fonte de gordura boa, mas sem exagero, como azeites extravirgem, azeite de abacate, óleo de coco, óleo de macadâmia, óleo de avelã, óleo de semente de abóbora, óleo de gergelim, pastas de amendoim e tahine. Em segundo lugar, alimentos com perfil equilibrado de carboidratos e com ingestão moderada de raízes boas, que também contribuam para o aumento de testosterona como batata-doce, mandioca, mandioquinha, inhame. Não deve conter glúten, lácteos, soja, embutidos, açúcar e nem proteínas de difícil digestão. Deve-se evitar ou moderar os alimentos alergênicos como ovos, oleaginosas e linhaça. Deve conter proteínas de boa digestibilidade como filé de frango e peixes magros como saint peter ou tilápia. E se forem fontes vegetarianas de proteínas, considero lentilha, ervilha, grão de bico, brotos, feijões e quinoa, além das famílias das couves. Deve também conter alimentos prebióticos como banana verde e batata yacon, uso de fibras solúveis como chia, alimentos ricos em tonalidades vermelhas como frutas vermelhas e açaí, para boa recuperação muscular, com uso moderado de amora, pois pode diminuir testosterona em homens. Também é preciso conter alimentos ricos em estimulantes e diuréticos como gengibre, cafeína, cardamomo, pimenta vermelha, caiena, hibisco, alimentos antioxidantes como ervas e especiarias; e, se não tiver jeito, uso baixo ou moderado de açúcar, optando por açúcar de coco, mascavo, demerara, pasta de tâmaras e melaço.

Existem muitos restaurantes oferecendo a gastronomia fit?

Muitos, porém, a maioria não oferece uma alternativa verdadeiramente "fit". Muitas estão repletas de calorias vazias, alta carga glicêmica, com excesso de lácteos e glúten.

Você é favorável à utilização do whey protein?

A utilização de suplementos proteicos pode ser útil para atletas e não atletas que queiram enriquecer a nutrição diária, mas sem substituição de comida e em casos específicos. Sabemos que isso é muito controverso e sabemos que a maioria dessas proteínas possui corantes, aromatizantes e adoçantes. Existem as de origem animal, lácteas e veganas. Cada pessoa deve ter uma orientação sobre o melhor tipo e marca. Cada uma é ideal para uma fase e momento do atleta e praticante de esporte. Em um de meus livros infantis, eu criei um docinho que leva uma proteína vegana pensando nas crianças que ficam muito tempo na escola brincando e precisam se nutrir. A proteína de uma forma geral é excelente sugestão para quem precisa se nutrir e não possui tempo ou não possui disciplina para comer. Mas, por outro lado, não acho que a ingestão desse tipo de proteína seja de suma importância, depende realmente de uma avaliação profissional. Eu aconselho sempre a escolha por proteínas processadas a frio, que preservem a integridade do alimento, isentos de metais pesados, de pesticidas e de adoçantes de baixa qualidade, livre de corantes e que sejam utilizadas em receitas que priorizem técnicas raw em vez de receitas que dependam da ação de calor.

E quanto à dieta paleo?

A dieta paleo é uma alusão ao estilo de consumo feito pelos Homo Sapiens durante o Paleolítico. Esse estilo não é atual, na verdade foi divulgada já em meados de 1970. De acordo com a dieta paleo, as pessoas estão geneticamente habilitadas para a dieta dos seus ancestrais paleolíticos.

Nossa genética atual humana não mudou muito desde a descoberta da agricultura. Nosso organismo, por mais que se tenha modificado, não representa muita mudança perto dos milhões de anos que o ser humano tem de histórico alimentar.

Percebo que a dieta do momento é a dieta paleo lowcarb. Isso significa um plano alimentar com zero de grãos e cereais, com proteínas em geral de boa digestibilidade como filé de frango, saint peter, pirarucu, salmão e uso moderado de carnes vermelhas. Como é com baixo teor de carboidrato, limita-se também o uso de raízes. Podem ser consumidas proteínas veganas, alimentos com fonte de gorduras boas como azeites extravirgem, azeite de abacate, óleo de coco, óleo de macadâmia, óleo de avelã, óleo de semente de abóbora, óleo de gergelim, pastas de amendoim e tahine. Essa dieta precisa de muito antioxidante, portanto, deve-se usar muitas ervas e especiarias.

Eu discordo da teoria de que nossos ancestrais eram mais saudáveis simplesmente por conta de sua alimentação e vida mais ativa. O fato é que somos mais sedentários e ingerimos muitos alimentos industrializados e riquíssimos em agrotóxicos. Além disso, absorvemos muitos contaminantes como metais pesados. A vida no paleolítico era mais saudável, pois era mais pura de tantos contaminantes. Bem, sou favorável a essa dieta para pessoas que irão mantê-la por um período curto de no máximo 3 meses e para perder peso, mais do que isso, acho perigoso. De qualquer forma, é preciso sempre consultar um nutricionista.

Mais do que 3 meses...

Acho arriscado pois o excesso de proteína pode comprometer nossos órgãos, como os rins, por isso o aporte de antioxidantes deve ser levado em consideração durante e após a dieta. Também aconselho criar receitas com ingredientes que auxiliem no processo de digestão das proteínas e melhorem sua digestibilidade como utilização de abacaxis, ricos em bromelina, e mamão papaia, ricos em papaína.

Atrelado ao universo fit, observo uma atenção ligada a hormônios entre homens e mulheres...

Hormônio faz parte da nossa vida, precisamos do equilíbrio hormonal para a manutenção da saudabilidade. Para mim, o exame de níveis hormonais é fundamental e em alguns casos é preciso sim haver reposição. Portanto, hormônio não está relacionado somente ao crescimento de massa corpórea, e, quando para essa finalidade, não sou a favor. Mas, quando existe equilíbrio hormonal, sua massa corpórea adquirida numa academia é bem armazenada e não perdida. Sou favorável para melhorar humor, absorção de nutrientes, melhora da libido, e também é preciso dizer, infelizmente, nem todas as técnicas e tipos de hormônios são benéficos. É preciso ter um bom médico envolvido.

Você faz reposição hormonal?

Sim, minha médica Dra. Mayra Souza me ajudou a mudar meu pensamento a respeito de hormônios. Muita coisa mudou em minha vida, a começar pela disposição e melhora na qualidade do sono. Como sou uma pessoa muito disciplinada na alimentação, o equilíbrio hormonal com um bom plano alimentar ajuda muito.

Existem alimentos que afetam os níveis hormonais?

Em geral, hortelã e chá verde podem diminuir a circulação da testosterona. Homens também devem evitar o consumo excessivo de amoras, inhame, linhaça e soja. Por outro lado, o consumo de raízes como mandioca, batata-doce e mandioquinha podem melhorar as taxas de testosterona. O estresse, o cigarro e o excesso de bebidas alcoólicas, além de alguns medicamentos antidepressivos e de combate a gastrites, também atrapalham os bons níveis de testosterona.

CAPITULO 8

CO(S)MO

"COMO, LOGO EXISTO", COMO A COMIDA E O COSMO SE CORRESPONDEM PARA UMA ALIMENTAÇÃO MAIS CONSCIENTE.

Um chef precavido faz toda a diferença.

Estamos saindo da estação da Luz e ainda não terminamos nossa caminhada. Estou morto de fome.

Por sorte, Renato trouxe na mochila uma porção de frutas secas, castanhas e dois bolinhos de cacau, que gentilmente compartilhou comigo.

Costumo carregá-los sempre.

Acabei me policiando demais sobre o que trazer de lanche para a caminhada — só havia levado uma maçã e água para fazer "bonito" perante o chef. O tiro saiu pela culatra. Logo eu que conheço bem o trajeto sugerido e sei que não dura mais que duas horas a pé, porém, não posso me esquecer de que sempre fiz isso ao lado de pessoas que não se oporiam a comer qualquer fast ou junk food comigo na rua. Caí na minha própria cilada.

— Então terminamos aqui, na Pinacoteca. — Eu fiquei feliz por saber que logo sentaríamos para almoçar.

Diante de nós, ergue-se um dos mais importantes museus de arte em pleno Jardim da Luz, construído no começo do século passado. O edifício por si só já é uma obra de arte.

— Curioso estarmos aqui. — Agora era o chef que me deixava intrigado. — O avô da dona Heloísa de Freitas, inventora da biomassa, foi um dos fundadores e um grande mecenas da Pinacoteca, o Senador José de Freitas Vale.

Abro um sorriso. Sincronicidade pura a escolha do local.

— Também foi chef e pioneiro em gastronomia contemporânea para a geração dele — completa Renato.

— Mais uma razão então... — Ordem, organização, beleza, harmonia. Palavras que denominam para o grego o sentido do que seja "cosmo" (ou um museu como este na minha modesta acepção). Segundo o astrônomo Carl Sagan, cosmo é "tudo o que já foi, tudo o que é e tudo que será". Sendo assim, imagino que não seremos apenas nós dois para o pequeno almoço servido no café anexo ao museu com vista para o parque.

Se a energia flui de forma misteriosa, é capaz que tenhamos ali conosco ilustres convidados do que foi, do que é e do que será.

De fato, de quem foi o convite e o almoço ao final do passeio de hoje? Só posso dizer que ninguém aqui recusaria o convite vindo de um dos fundadores e mecenas da Pinacoteca.

O que comemos determina e amplia as chances de um planeta melhor?

Uma boa escolha alimentar pode garantir um melhor estado de saúde física, mental e espiritual e isso é fundamental nos dias de hoje, pois não vivemos uma era apenas materialista, mas espiritual. Vivemos um momento de renovação e precisamos pensar em tudo que nos torna seres mais evoluídos.

O que nos faz regredir?

Excesso de comida industrializada, excesso de proteína animal, álcool, tabagismo, sedentarismo, estresse, raiva, mágoa.

O que pode nos ajudar?
Alimentos vivos, orgânicos, biodinâmicos, comida vegana, florais, meditação, reflexão e tudo que nos conecte com a natureza, com o cosmo, com bons sentimentos, como de amor, alegria, paixão e gratidão.

A comida pode nos rejuvenescer como o sorbet que criei e resolvi chamá-lo de sorbet da juventude. Os alimentos possuem princípios ativos que podem nos tornar mais belos, mais jovens, mais ativos, mais inteligentes. Uma pessoa com alimentação adequada pode criar uma melhor ordem e funcionamento de todos os órgãos de seu corpo, assim como toda sua mente e espírito. E agora o que costuma implementar em minha vida é o estilo de *Mindfulness eating*.

Pode explicar melhor?
Precisamos focar mais nossa atenção intencionalmente na experiência do comer.

Mindfulness é o estado de atenção plena. Significa que até a respiração pode ajudar no resgate da atenção, do alcance das sensações e da satisfação da alimentação. Precisamos avaliar a velocidade e como comemos. Saber identificar a sensação que alcançamos com o ato de alimentar-se. Significa a busca pela consciência da fome. Isso pode melhorar muito a vida, controlar, diminuir e evitar a obesidade. Podemos controlar nossa compulsão e a quantidade de quanto comemos. Podemos diminuir, evitar e controlar a formação de estresse, inclusive. Essa prática acalma os ânimos, valoriza a comida, os ingredientes, a textura, a consistência, as cores e aromas, e sobretudo o momento do ato de alimentar-se.

Isso me remete ao conceito das "blue zones" de Dan Buettner... Se você concordar, gostaria que comentasse...
As "blue zones" são fruto de uma pesquisa e expedição, que envolveu a National Geographic, para descobrir os locais no mundo com população mais longeva, feliz e com maior expectativa de vida.

Descobriram-se cinco locais no mundo onde as pessoas vivem até os 100 anos de forma saudável: Sardenha na Itália, Loma Linda, na Califórnia, Okinawa, no Japão, Ikaria, na Grécia e também na Península de Nicoya, na Costa Rica. Além disso, detectaram hábitos em comum. Entre eles, comer pouco ou até 80% da capacidade do estômago, tendo um plano alimentar com pouco industrializado e com maior consumo de vegetais, grãos, comida com boa carga glicêmica e consumo moderado de proteína animal. Também se descobriu um consumo de chás naturais à base de ervas e uso moderado de álcool na quantidade de uma taça diária de vinho, além de práticas básicas de atividade física, como andar de bicicleta, cuidar do jardim e andar a pé. A maioria pratica algum tipo de espiritualidade, fé, meditação ou mesmo um cochilo à tarde, além de relacionar-se e morar próximo de amigos e familiares. Também se identificou que as pessoas possuem uma motivação e razão para viver e acordar. No conjunto, o produto final é maior longevidade, mais felicidade com melhor saúde, sem estresse. Ao final deste ano já terei feito minha imersão no povoado de Ogliastra, na Sardenha, e Ikaria, na Grécia, que fica ao lado de minha ilha predileta, Mikonos. Estou criando um projeto de pesquisa para descobrir os alimentos em comum entre esses lugares e o Brasil, em seguida cruzar com o meu cardápio e estilo, que, já adianto, tem muita semelhança. Na verdade esse será o tema de meu novo livro.

Você leva a sua vida pessoal e profissional com um protocolo alimentar muito claro e bem próximo ao conceito das "blue zones". Pode soar um tanto radical, não?
Veja bem, eu não sou extremista. Embora o meu discurso se pareça um pouco dogmático, prefiro dizer que é a defesa por um estilo de vida saudável. Se eu vejo alguém comendo algo que é contra os meus princípios, eu não digo nada e tampouco faço julgamentos; mas não fico encabulado de dizer "não", quando me oferecem algo, ou de mostrar que eu como diferente. Eu não tenho mais pro-

blemas em recusar um bolo de aniversário por ele conter glúten, apenas espero que o aniversariante me respeite e me acolha com minhas escolhas. Eu mesmo não sou super-radical comigo e respeito minhas vontades, minhas restrições alimentares e meu paladar. Faço isso com meus clientes e convidados, porém exerço na maior parte de minha vida e no meu cardápio o consumo consciente.

Um tanto democrático...
Como disse, eu me considero bem democrático em relação às escolhas dos outros, pois respeito a individualidade bioquímica da pessoa, assim como sua história, sua religião, suas vontades e seu paladar. Significa que faço comida de todo tipo.

Sem preconceito nenhum...
Mas é claro que penso com o olhar funcional e sempre ajusto para melhorar o impacto que isso vai gerar dentro do nosso corpo. Utilizo o que chamo de antídotos naturais e alguns nutricionistas chamam de compensadores. Adiciono muitos elementos antioxidantes, ajusto a carga glicêmica, adiciono alimentos prebióticos, anti-inflamatórios, melhoro a digestibilidade e ainda coloco gotinhas de florais. Isso pode ser repetitivo às vezes, mas é preciso sempre deixar clara essa minha singularidade. Na prática você poderá verificar isso nas notas e bulas de minhas receitas.

Você acredita que o futuro da alimentação seja o veganismo e crudivorismo?
Sim, de fato eu acredito que esse estilo de alimentação leve o homem a uma melhor qualidade de vida e evolução espiritual. O alcance desse estilo de vida requer um grande passo e mudança, um ajuste por completo em muitas coisas que ultrapassam o ato de comer, mas um estilo todo de comportamento. Dessa forma, eu respeito esse processo e prefiro construir um plano alimentar para todos. Neste livro, no setor de receitas, você poderá notar que a maioria das receitas são

veganas, embora também coloque outras com proteínas animais e sempre com destaque para mudanças como faço na minha cozinha, adequando as substituições. Há anos que utilizo chás e infusões no lugar de caldos e fundos proteicos. Em minhas receitas você poderá verificar que tudo é preparado com chás. Uma pessoa pode começar aos poucos seu estilo saudável, pode continuar a comer carne de origem animal, mas pode reduzir seu consumo, e colocar um pouco de comida raw e vegana. Não precisa mudar 100%, mas aos poucos, com equilíbrio e moderação. Quando digo que o futuro é o crudivorismo, não significa que a pessoa deva parar de comer comida cozida, mas que ela possa incluir tais técnicas em seu plano alimentar. Pode continuar comendo grãos, feijões cozidos, mais vegetais crus e diminuir o consumo de proteínas animais. Fica tudo mais simples, não é?

O que é exatamente a dieta raw e qual a ligação com o veganismo?
O termo "raw food" ou "raw vegan food" é alimentação vegetariana crua. Também é conhecida como alimentação crudivegana, viva ou crudivorismo. Sobre o veganismo, na verdade, a comida vegana não pode ter nada de origem animal, como mel, ovos, peixes, carnes e gelatinas de origem animal, inclusive. O estilo raw é um plano alimentar baseado em alimentos que não recebem calor acima de 42 graus e não possuem ingredientes industrializados, laticínios e glúten. Embora a maioria das receitas raw não contenham glúten, é possível utilizar aveia, cevada, trigo e nesse caso vale levar em conta a sensibilidade da pessoa que vai consumir. Por outro lado, técnicas de germinação melhoram a digestibilidade desses grãos. Os crudivoristas defendem a teoria da energia alimentar, carga energética e campo vibracional. É um estilo de vida muito recomendado para prevenções de doenças e curas. As técnicas raw também compreendem técnicas de germinação para formação de brotos e muitas receitas com legumes, hortaliças, frutas, ervas, especiarias, sementes, grãos, frutos secos e superalimentos. O equipamento mais utilizado é o de-

sidratador, capaz de secar e controlar a temperatura sem destruir os nutrientes. Muitas receitas são feitas com pastas de oleaginosas, tahine, grãos, e, nesse caso, utiliza-se muito o liquidificador e thermomix. Neste livro você encontra a técnica de germinar quinoa e oleaginosas. Nas minhas receitas infantis, eu incluí algumas receitas raw para que as crianças e seus pais já comecem a se acostumar com esses sabores mais crocantes e frescos.

Você comentou que adora fazer comida com brasilidade....

Adoro colocar ingredientes brasileiros na composição de meus pratos, como pequi, castanhas do Brasil, baru, caju, peixes amazônicos, palmito, açaí, jambu, tucupi, alfavaca, plantas alimentícias não convencionais, formiga içá e muitos outros.

Formigas em pratos?

Na verdade, crio todos os anos um menu com formigas içás. Estamos falando do abdômen da formiga, rico em proteínas, com sabor e aroma muito singular. A vantagem de trabalhar com formigas é que ela estimula a hospitalidade local de cidades como Taubaté, Ubatuba, onde a caça pelas formigas acaba incentivando a economia local. Tenho muitos clientes que já se emocionaram comendo as minhas farofas com içás, pois remeteram às suas infâncias.

Fale mais sobre essa questão da hospitalidade local...

O conceito de hospitalidade é muito complexo, mas de uma forma simples busco estimular toda comunidade e família que tenta extrair alimentos ou mesmo criar artesanato ou afins, de forma sustentável, digna e com comércio justo. Muitas comunidades precisam disso para viver e isso pode incrementar uma região ou localidade inteira. Claro que nos deparamos com diversos obstáculos, sobretudo, segurança alimentar e sustentável, mas, quando a localidade se une para essa finalidade, pode ser algo muito benéfico.

KEYS

Vejo uma conexão com o termo "fair trade"...

Sim, o termo está relacionado ao desenvolvimento sustentável na busca por garantias dos direitos aos produtores e trabalhadores discriminados. O "fair trade" funciona em parcerias comerciais baseadas em alguns princípios como diálogo, transparência e respeito, eliminando alguns obstáculos do comércio convencional que costumam massacrar os envolvidos. Algumas regras precisam ser levadas em consideração, como pagamento de preço justo no recebimento do produto, pagamento adiantado quando necessário, apoio aos produtores, benefícios para comunidade, crianças devem frequentar escolas, trabalho seguro, obediência às leis trabalhistas.

Está muito próximo aos princípios orgânicos e do slow food...

São condições que resgatam a dignificação do trabalho humano, a proteção social e ambiental. Para uma empresa ter o selo de "Fair trade", ela precisa pagar essa licença. Podemos encontrar alguns itens com esse certificado, como cacau, café, mel, açúcar e frutas.

É o que ocorre de certa forma com as CSAs?

As CSAs são comunidades em suporte à agricultura orgânica, familiar e diversificada, que ativam o desenvolvimento agrário sustentável como um todo. Um projeto que estabelece vínculos entre quem produz e quem consome os produtos.

Como funciona?

Um grupo fixo de consumidores se compromete por um período a cobrir o orçamento anual da produção agrícola e recebe os alimentos produzidos diretamente dos sítios sem custos a mais envolvidos. Na realidade, é mais uma forma de comércio justo e com rastreabilidade. Isso acontece no Brasil todo. A vantagem de um determinado grupo de pessoas se comprometerem com essa compra é o produtor não ficar à mercê de barganhas injustas do mercado, dos supermercados e dos grandes lojistas. Além disso, o custo de tudo já abrange todas as necessidades do produtor. Aqui visualizo o que chamo de dignificação do homem do campo, coisa que a agricultura convencional esqueceu.

Você fala muito sobre a cultura do entorno, o que também é defendido pelo slow food. O que você acha do movimento slow food no Brasil e o que deveríamos priorizar em cada região do Brasil?

Acho muito válido o desenvolvimento de comunidades locais, a expansão de novos sabores, a valorização do artesanal e da territorialidade culinária. Cada região do país é rica em algum ingrediente, receita e estilo. Isso é fabuloso! Encontramos em São Paulo uma variedade de mercados que ofertam esses produtos. Isso faz muito bem para a propagação dos sabores e a globalização de nossas culturas. Mesmo assim, a maior parte fica em suas regiões e deveria ser mais bem divulgada para que os turistas tenham mais acesso e motivação. Isso desenvolve a comunidade local.

O que mais você recomendaria?

Cada região precisa fazer o seu melhor, de acordo com as seguranças alimentares e com respeito às receitas originais. Digo isso, pois é comum um turista passar mal no Nordeste, uma vez que a região é muito quente e, se o alimento não seguir as regras e os protocolos da segurança alimentar, de fato a comida ficará comprometida. A comida por lá é mais forte e esse é um cuidado que a comunidade local precisa ter, o de alertar ao cliente turista.

Também já identifiquei receitas regionais deturpadas. Não que seja proibido adotar técnicas contemporâneas e de vanguardas para apresentar releituras, mas digo em relação ao industrializado. Já comi marreco e pato com repolho roxo em Joinville, Santa Catarina, com sabor de tempero e caldo pronto industrializado, assim como já identifiquei margarinas em muitas sobremesas em Belém do Pará. Isso sim é um crime!

Os setores especializados de cada região precisam cuidar e conscientizar a população local disso...
Recordo-me da visita a uma padaria típica e renomada de uma cidade chamada Lapa, em Curitiba. Nessa padaria não pude comer nem mesmo o pão de queijo, pois ele era feito com farinha de trigo para ficar com um formato melhor. A única exceção que tive na cidade foi o restaurante regional do chef Reinhard Peiffer, conhecedor da gastronomia funcional.

Também precisamos mudar a comida oferecida em hotéis e resorts brasileiros...
Estão totalmente despreparados para informar e servir comida sem glúten e sem lácteos. Já me deparei com menus de buffet de resorts onde todas as opções de proteínas continham glúten. Isso precisa ser revisto.

Contudo, precisamos mencionar coisas boas, projetos interessantes que vêm sendo realizados no Nordeste e em algumas regiões, como os que substituem os alimentos industrializados e com baixa densidade nutricional por plantas alimentícias não convencionais, as PANC. Cada região do Brasil possui um tipo de PANC e, como todas as plantas são muito ricas em antioxidantes e em fitoquímicos, isso tem mudado o perfil nutricional da população e de locais específicos como escolas. E não só nesse aspecto, mas nos aspectos de restrições alimentares também.

Afinal, como podemos assegurar a promoção de saúde do planeta?
Escolhendo alimentos e produtos orgânicos, sustentáveis, ecológicos, de agricultura familiar. E podemos ser mais complexos, analisando os impactos que um alimento pode gerar, se ele é do entorno e que tipo de transporte está relacionado, embora no Brasil seja complicado falar sobre transporte.

As pessoas deveriam então avaliar quais alimentos devem fazer parte de seu cardápio. Por tal razão vivo em conflito com o meu próprio trabalho e conceito, pois, por mais que eu tente, o consumidor ainda não se deu conta dessas questões essenciais e da importância de exercer uma alimentação consciente.

Você costuma dizer que existe uma controvérsia sobre o peixe orgânico...
Como chamar de peixe orgânico um peixe que vive fora de seu habitat ou recebe uma alimentação artificial? E se ele vive em seu habitat e se alimenta naturalmente, como considerá-lo orgânico se ele está contaminado com metais pesados contidos nos mares e rios poluídos com agrotóxicos e resíduos químicos? E se não houvesse nada disso, muitos estão, ainda, associados à pesca predatória e técnicas obsoletas de pesca. Portanto, é preciso saber de onde vêm, como são capturados, qual a alimentação deles. Complicado? São escolhas que devemos fazer.

Quais os benefícios do alimento orgânico?
São inúmeros, tanto para o meio ambiente quanto para o nosso organismo. O alimento orgânico protege o meio ambiente por estar relacionado às técnicas e manejos sustentáveis e ecológicos. Contém menos água e mais matéria seca, possui mais fitoquímicos, dura mais e está relacionado à proteção social e dignificação do homem do campo.

Muitas pessoas defendem a existência dos agrotóxicos como salvação para a fome mundial.
Isso é um mito ou um discurso para nos enganarmos e, aliás, para justificar tantos procedimentos que levaram à degradação do meio ambiente e de nossa saúde. Jamais faltaria comida se todo o manejo fosse orgânico, muito pelo contrário, até porque o alimento orgânico possui mais nutrientes e sacia muito mais que o alimento repleto de agrotóxicos. Isso é um mito que construíram para nos convencer do contrário e aceitarmos os agrotóxicos e técnicas industriais

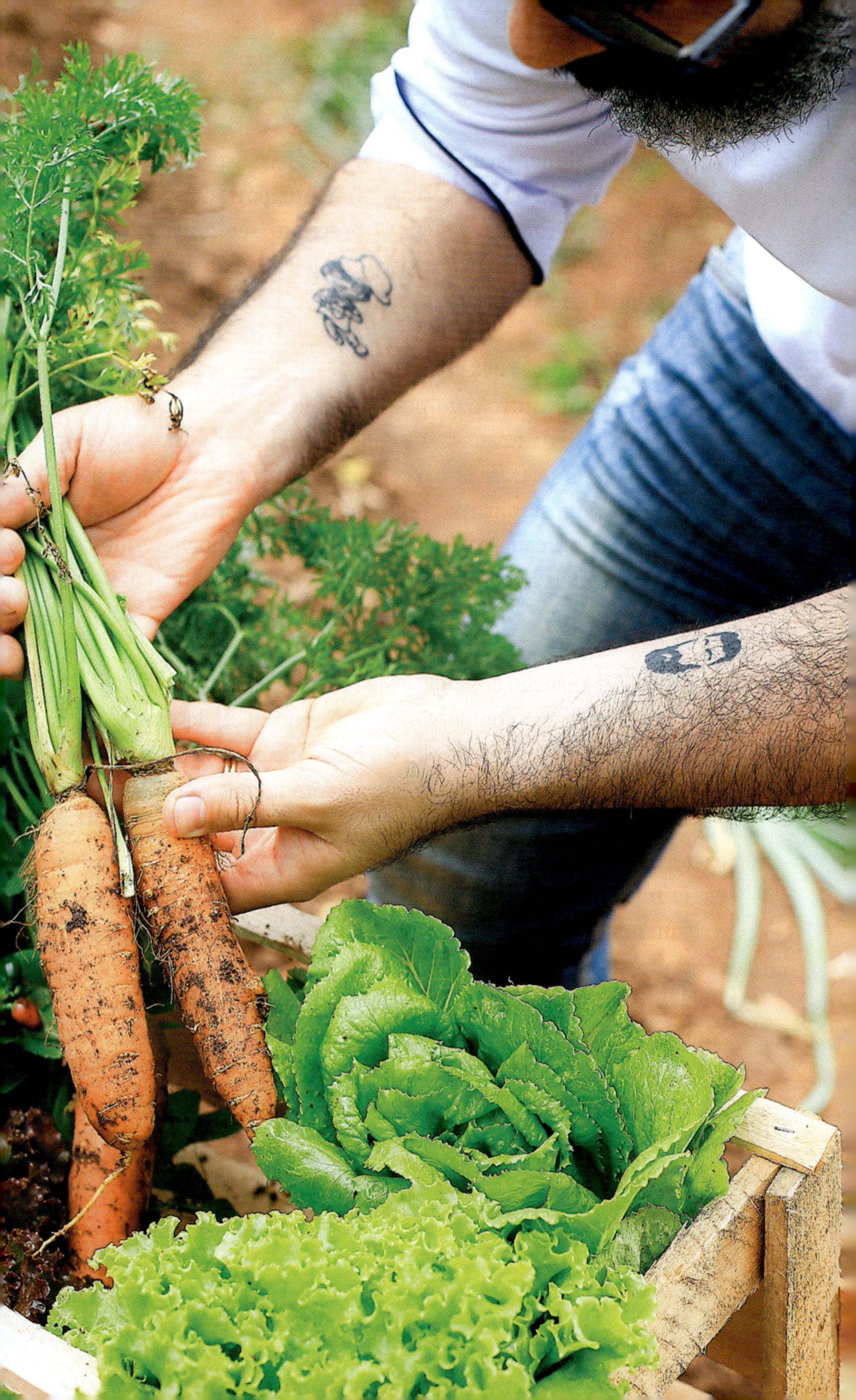

modernas na alimentação de forma mais passiva. Um solo pobre e que está cansado não gera mais alimento, portanto, técnicas de manejo sustentáveis e ecológicos precisam ser praticadas com mais frequência. Isso é incompatível com o sistema de agricultura convencional que apenas mata e danifica o solo.

Qual o futuro em relação aos orgânicos?

Acredito em um futuro com pessoas mais engajadas e exercendo sua alimentação de forma mais consciente. Isso já é nítido e é um processo crescente. Com isso o orgânico se tornará mais acessível. Hoje encontramos aplicativos que informam sobre as feiras orgânicas, o país está cada vez mais saudável e sustentável. Antes era moda e tendência, hoje é institucional. Aprende-se muito nas escolas, desde a plantação, cultivo e preparo.

O ponto é que o alimento orgânico acaba saindo mais caro, não?

As técnicas convencionais são muito baratas e destroem tudo, ambiente e nossa saúde. É relativo falar que orgânico é mais caro porque no futuro as pessoas gastarão com menos remédios e ficarão menos suscetíveis a enfermidades; ao passo que o consumo em excesso de agrotóxicos fará com que as pessoas desenvolvam doenças crônicas, doenças que poderão ser fatais, tomem mais remédios e sejam mais dependentes de atendimento médico e hospitalar.

Estamos falando de prevenir ou remediar um futuro problema...

Sim, em recente notícia dada pela Rádio CBN, ouvi que o uso de agrotóxicos mais que triplica anomalias em bebês de cidades agrícolas do interior de São Paulo. E é fato: o Brasil hoje é o país número 1 em consumo de agrotóxicos segundo pesquisa do IBGE de 2015. Estamos falando de cinco quilos e meio de defensivos agrícolas consumidos por pessoa.

Nossa...
Outro benefício do alimento orgânico é o processo de dignificação da mão de obra em oposição à exploração. E, se você ainda escolher os locais certos para comprar, verá que os preços são bem competitivos. A logística tende sempre a melhorar, mas ainda é um desafio. O local errado pode ser mais caro, pois está elitizado. O melhor mesmo ainda é comprar em feiras com fornecedores certificados ou empórios especializados. E não podemos nos esquecer de que os alimentos orgânicos da safra e da sazonalidade são sempre mais baratos.

E o alimento biodinâmico?

Esse é muito mais que orgânico. Em 2015, participei de uma palestra informal com a nutricionista Dra. Valéria Paschoal sobre CSA, isto é, a comunidade que sustenta a agricultura, com aula teórica e práticas sobre manejo sustentável, e preparos biodinâmicos, além das vantagens do alimento orgânico.

Aprendemos mais sobre o controle de pragas por métodos que fortalecem solos e plantas com preparados específicos, chamados de biodinâmicos. Os biodinâmicos são considerados compostos biocatalisadores usados em pequeníssimas quantidades e em doses "homeopáticas". Denominam-se como composto biodinâmico 500 ou 501. O composto 500 é à base de chifre e esterco de vaca em gestação; esse esterco fica dentro do chifre e é enterrado por 6 meses, depois passa por outras etapas como lunares e rotações em água, ou seja, puro manejo sustentável que envolve o astral e o espiritual, com muita energia vital. Nesse mesmo dia, preparamos um prato biodinâmico com taioba, azedinha, coração de banana verde. Claro que usei cardamomos, biomassa de banana verde e muito alecrim. Sou suspeito para falar se ficou bom (risos).

CARPE VITA!
COMER E CELEBRAR A VIDA!

Eu imagino... então você acredita em energia na comida?

O sentimento está muito relacionado à comida, tanto que no início de minha carreira sempre achei que ao menos poderia fazer comida com amor e isso geraria algo de bom. O preparo de uma comida saborosa precisa envolver uma pessoa atenta, feliz e amorosa. Assim como o ingrediente precisa ter sido plantado e cultivado da mesma forma, desde a preparação do composto e do adubo que servirá de matéria-prima para o crescimento de um vegetal e colheita.

De certa maneira, isso me parece muito ligado à agricultura biodinâmica e orgânica.

Alguns estudiosos e defensores do estilo de comida viva ou crudivorista acreditam que um alimento morto não é capaz de gerar saúde. Comer algo que foi morto por técnicas cruéis, pior ainda, pode gerar carma e doenças. Essa também é uma das razões pela qual acredito que o futuro da alimentação está relacionado ao veganismo. O biofísico alemão Fritz Albert Popp, especialista em fotos biofotônicas, mostrou a diferença entre as luzes das células de alimentos in natura e de alimentos cozidos. Com isso, sabemos que existe carga energética nos alimentos e as técnicas e métodos culinários podem interferir tanto para o bem quanto para o mal. Isso está diretamente relacionado à promoção de saúde e prevenção de doenças. Esse é o motivo pelo qual meus cozinheiros precisam estar felizes e cantantes pela cozinha; precisa existir muita alegria e amor envolvendo todos os passos da comida que sirvo. Do recebimento da mercadoria até a confecção e finalização de um prato.

Você também é pioneiro em utilizar florais na comida...

Recordo-me, quando adolescente, de que li em uma revista sobre florais e corri para comprar. Eram os florais de Bach, que usei durante um tempo. Depois de tantos anos, certo dia uma terapeuta em florais bateu um papo comigo e fiz uma associação de ideias sobre alimento biodinâmico e florais. Imagine a comida passar a carregar uma carga energética maior, sem alterar o sabor. As energias de um floral são tão puras e superiores que nada pode corrompê-las, nem o calor nem meios que tenham ondas magnéticas.

Penso que tudo isso está relacionado à energia quântica...
Portanto, requer muito cuidado para explicar e entender. Na agricultura biodinâmica, energias vitais, espirituais e cósmicas estão envolvidas, assim como nos florais. Os florais são conhecidos como extratos líquidos sutis, geralmente ingeridos via oral e seu maior bem é transmitir uma carga vibracional para quem o ingere, com propriedades capazes de melhorar a saúde emocional, mental e física. Isso resume todo o meu manifesto de vida e trabalho.

Interessante...

Eles são preparados a partir de flores ou plantas intactas repletas de energia e poderes, coletadas nas primeiras horas da manhã com orvalho. O floral tem como base um tipo de álcool capaz de armazenar em si mesmo a energia de uma planta. Seu sabor é totalmente neutro e pode ser usado em comidas, sucos ou simplesmente na água.

Costumo utilizar florais com energias básicas como amor, prazer, bem-estar, pensando esse uso segundo a lógica do alimento biodinâmico. Basta pingar 7 gotinhas de florais para cada litro de comida, com ou sem calor, mas prefiro adicionar na finalização. Para entender a produção de um floral, imagine colocar as flores ou folhas de uma planta, sem arrancá-la de sua raiz, galho ou caule, em um recipiente de vidro ou cristal cheio de água mineral por algumas horas, sob a luz solar. A planta transferirá para a água tanto informações como energias únicas e vivas. A essa água é adicionado um brandy ou destilado para preservá-la, assim como a carga vibracional dela.

Podemos usar qualquer tipo de floral na comida?

Qualquer floral que expresse sua necessidade de equilíbrio energético. A utilização de florais seja na comida ou nas bebidas é uma forma de terapia. Eu tenho uma terapeuta de florais, Sandra Epstein, que cria os meus florais com plantas da Mata Atlântica e direciona para o meu desenvolvimento pessoal, profissional e para as minhas criações de pratos. São florais da Ararêtama, marca nacional consolidada também na Europa e no Japão. Assim como defendo o vínculo com o agricultor e pescador, faço o mesmo com o meu floral. Sei como é preparado, de onde é extraído e por quem. Isso faz toda a diferença.

Tratar a comida como fonte de energia vibracional é algo raro...
Isso faz parte da nutrição espiritual, pois precisamos manter o equilíbrio de nosso metabolismo emocional. Isso ajuda na melhor absorção de tudo, tanto de nutrientes como de fitoquímicos. Mas não é só o floral, podemos destacar outras técnicas terapêuticas como a meditação, oração, solidariedade, entre outras.

CAPÍTULO 9

OBRA

AS LIÇÕES DE UM CHEF PARA ALÉM DO AMBIENTE DA COZINHA

É sexta-feira em São Paulo. Após um almoço ligeiro nas redondezas da Vila Mascote, sigo em direção à última conversa com o chef Renato Caleffi. Marcamos em uma escola particular nas imediações, a qual adotou desde o início de 2016 algumas práticas em relação à alimentação saudável de alunos de múltiplas séries do ensino fundamental. Isso com a ajuda do chef.

Dessa vez, chegamos juntos. Logo no portão de entrada fomos recepcionados pela diretora e sua coordenadora, com muito entusiasmo. Apresentações e formalidades concluídas, Renato pediu a elas a gentileza de me mostrar as dependências da escola.

No instante seguinte, o chef tão empolgado quanto o staff da escola começa a contar sobre os desafios de mudar hábitos alimentares nocivos para as crianças, o papel dos pais nessa história, como as escolas poderiam se mobilizar e como aquela escola em particular estava abrindo um caminho novo nesse sentido.

Acabamos elegendo um cantinho mais tranquilo perto da cantina para conversar. As crianças estavam em aula, portanto uma calma e um silêncio tomavam contava do espaço. Uma quietude que serviu de bom pretexto e insight para começar o fim da jornada...

A atividade de um chef... É solitária ou é socializante?
Depende... É solitária, pois se trata de um trabalho que requer momentos de inspiração, foco e atenção, mas é socializante quando temos que interagir com outras pessoas, desde o próprio cliente, fornecedores e com a equipe, que precisa ser motivada e direcionada.

Hoje você é professor também. Como é a experiência de dar aulas?
Antes mesmo de formular um conceito novo e de aprofundar-me na gastronomia orgânica e funcional, fui convidado para dar aulas no Senac sobre peixes e frutos do mar. Foi uma das piores experiências da minha vida e que serviu para eu administrar as futuras tensões que estariam por vir.

Nossa, o que ocorreu?
Era o meu sonho dar aula e eu estudei como um louco o tema. Ao chegar na Universidade, eu me dei conta de que não estava pre-

parado para enfrentar um motim. Os alunos estavam numa briga com a instituição. Eu era recém-formado, de outra instituição e provavelmente imaturo para aquele momento. No dia seguinte, quando percebi o cenário e a pouca aceitação dos alunos, propus à coordenação de Águas de São Pedro para ser ajudante de um professor local, com o intuito de aprender o estilo Senac e ser um professor da casa. Um aluno ainda me questionou por que eu estava aceitando passar por aquela grande vergonha. Eu simplesmente disse "isso não é uma vergonha", é um aprendizado e um mal-entendido. Posteriormente fui mandado para dar aula no campus do Senac Campos do Jordão. O desafio foi pior. Além de os alunos já estarem prontos para o motim, os peixes tinham chegado e foram congelados com vísceras e alguns apodreceram. Os alunos não me perdoavam e eu não tinha o que alegar. Até o momento em que um aluno me perguntou sobre a bochecha do robalo e eu não sabia que era uma iguaria. Ele se levantou dizendo que eu não estava preparado para ser professor e foi embora; alguns o seguiram. Eu já não tinha mais forças, resolvi jogar a toalha e ir embora. Mas esse episódio me fortaleceu e me tornou mais determinado em estudar cada dia mais.

Você pensou em desistir?

Não, a partir desse dia, passei a dar aulas para os clientes dos restaurantes em que atuei. Foi justamente ao dar aulas para nutricionistas que iniciei meus estudos em nutrição para formar o meu conceito de gastronomia. Eu chegava muito preparado para falarmos a mesma língua. E deu certo. Quando assumi o restaurante orgânico Siriuba, passei a ministrar palestras sobre o tema gastronomia orgânica e funcional. Desde criança eu adorava brincar de escolinha e sempre era o professor. Dar aula é uma grande paixão minha e fui aperfeiçoando meu estilo. Como também sou empresário e chef de uma cozinha, não tenho muito tempo para ser professor de uma instituição, porém passei a dar algumas aulas

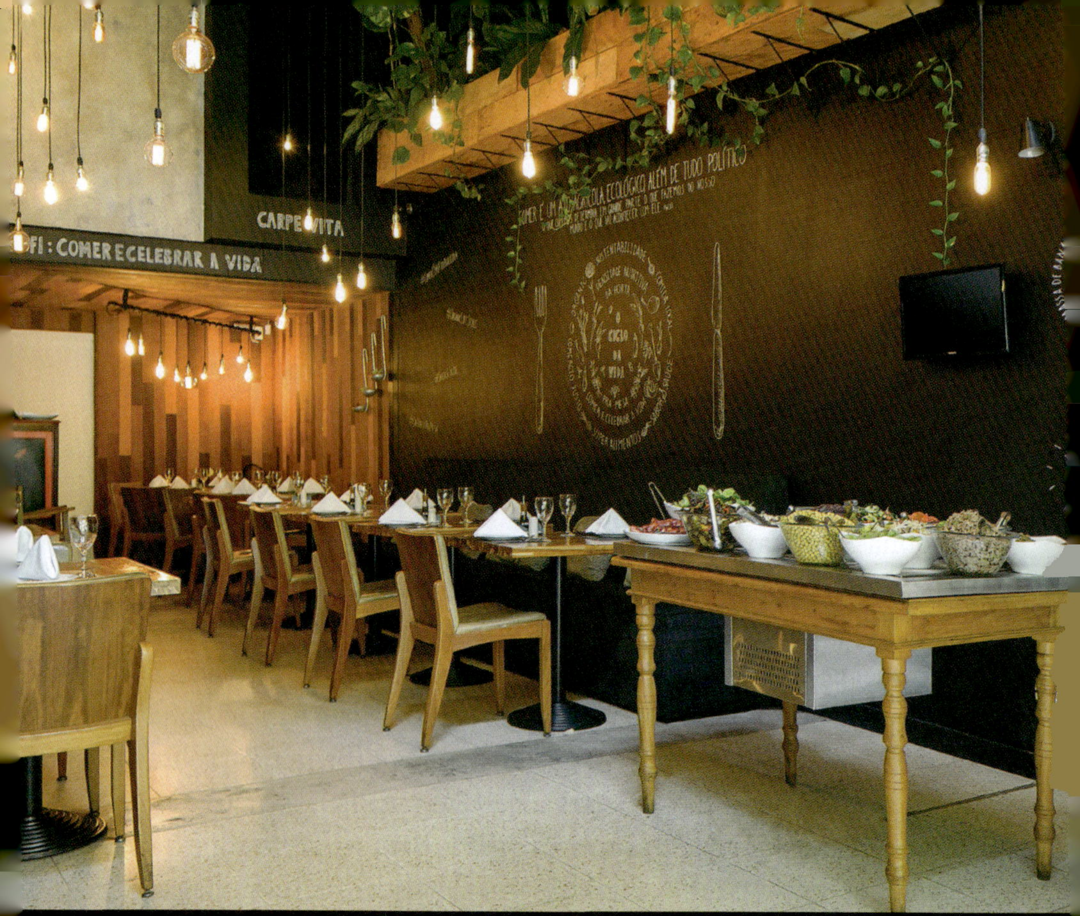
CARPE VITA
FI : COMER E CELEBRAR A VIDA

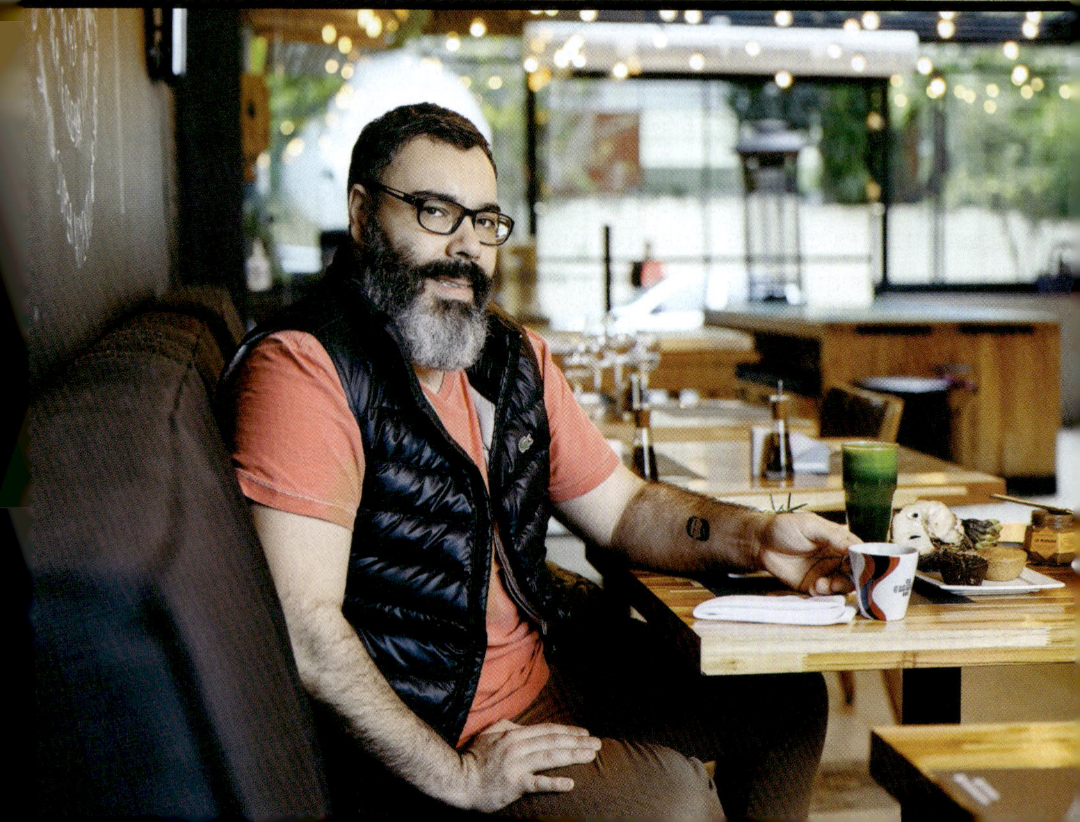

específicas por curtos períodos, em pós-graduação de Gastronomia Hospitalar, Gestão, Hospitalidade e Docência em Gastronomia.

Hoje você dá aulas práticas no seu próprio restaurante sobre o tema orgânico e funcional...

A vantagem é que os meus cursos são direcionados para até vinte pessoas interessadas no assunto. Geralmente são nutricionistas, pacientes com restrições alimentares e profissionais buscando recolocação no mercado. A aula é muito conceitual, costumo agregar conhecimento raro associado à prática. As pessoas saem convictas de que podem comer bem e de forma simples. Na verdade, nunca ensino nada difícil, pois o meu desafio é ensinar e garantir a viabilidade disso tudo, sem complicar nada. Eu adoro dar aulas para leigos, pessoas que querem assumir um novo estilo de vida.

Você também foi parceiro em aulas com a nutricionista Andrea Santa Rosa Garcia...

Sim, fomos parceiros durante um bom tempo. A cada dois ou três meses eu ia ao Rio de Janeiro para darmos essas aulas juntos em sua cozinha gourmet. Foi muito interessante ensinar as cozinheiras de celebridades sobre o conceito da cozinha funcional. Não importa se leiga ou cozinheira profissional, formada ou não em gastronomia, a Andrea e eu conseguíamos isso. Mas eu parei de ir com frequência ao Rio de Janeiro, sobretudo quando ela engravidou do filho mais novo. Sinto muita falta sobretudo do carinho com que todos sempre me receberam, tanto ela como Márcio Garcia, seus filhos e sua equipe.

Podemos notar um número bem elevado de pessoas dando cursos de comida saudável...

As pessoas querem envelhecer com mais saúde, querem ter corpo perfeito e estão atrás de conhecimento. Além disso, os especialistas da área de saúde, como médicos e nutricionistas funcionais, estão identificando novas alergias, intolerâncias e com isso a restrição alimentar aumenta. Essa é minha especialidade.

E como os professores de gastronomia funcional se qualificam?
Cada profissional e educador tem sua qualificação, muitos são autodidatas ou formados pela "escola da vida", outros formados em gastronomia e nutrição e alguns são muito bons realmente. O preço das aulas pode variar, o conteúdo e o grau de complexidade também, assim como a didática e a qualidade dos insumos. Eu fico feliz em ver a democratização do conceito e do conhecimento, assim como a sua propagação acima de tudo. Afinal fui o primeiro a fazer tudo isso e hoje, muito mais que uma tendência, é um estilo de vida e uma exigência.

Você possui alguns livros publicados...
Sim, primeiro nasceu o livro "Tudo sobre Panelas" em coautoria com a nutricionista Dra. Késia Quintaes. O livro estuda os impactos metalotóxicos de todas as panelas com receitas específicas para cada tipo. Imagine que cada panela é feita de um tipo de material, barro, cerâmica, pedra-sabão, esmaltada, antiaderente, alumínio, inox, titânio e cobre. Cada tipo de alimento e meio de cocção interagem de forma específica de forma que a comida pode ficar contaminada com esse material. O livro "Tudo sobre Panelas" estuda cada tipo de panela, suas interações e peculiaridades, ensinando métodos para tornar as panelas impermeáveis e evitar a contaminação. E para cada tipo de panela eu sugiro uma receita.

E qual a panela correta?
O fato é que não existe panela certa, mas uma receita certa para a panela certa. Cada receita envolve um tipo de calor, seja seco ou

úmido; cada receita envolve ingredientes ácidos ou básicos, texturas e consistências distintas, e tudo isso pode influenciar.

Depois de "Tudo sobre panelas"...
Eu escrevi com a nutricionista Dra. Gisela Savioli o livro "Escolhas e Impactos — Gastronomia Funcional", em que discorro sobre minha trajetória profissional, minha experiência como paciente, além de receitas funcionais. Ah, também tenho um capítulo no "Tratado de Nutrição Esportiva Funcional" da Valéria Paschoal e Andréia Naves, escrito em parceria com a Dra. Joana D'Arc Pereira Mura e a Dra. Suzana Machado. Nesse capítulo, colocamos a definição de gastronomia funcional, a importância de sua aplicação para os atletas e também receitas.

Por que o nome "Escolhas e Impactos"?
Como disse, não quero ser conhecido como um chef radical, mas que consegue pelo menos minimizar e readequar a comida para que exista uma viabilidade tangível. Podemos fazer escolhas certas e para isso coloquei receitas simples, práticas e rápidas, a fim de que leigos consigam comer de forma saborosa e saudável. O livro é recheado de testemunhos, dicas, situações reais que eu mesmo vivi e sofri para me disciplinar e criar um novo hábito e plano alimentar. Tudo começou quando me dei conta de que as pessoas saíam dos consultórios sem saber o que comer, sem receitas reais saborosas, sem norte algum. Também pensei nas pessoas que simplesmente querem cozinhar e viver com saúde, mas moram longe da cidade e de possibilidades de suplementos.

Você conseguiu atingir seu objetivo?
Sim, foi uma delícia escrever esse livro com a Dra. Gisela Savioli. Nosso objetivo era de fato promover saúde de forma fácil e prática para pessoas leigas. O livro possui uma forte adesão por sua simplicidade.

Ademais, a Dra. Gisela Savioli possui vários livros com enfoque em conscientizar as pessoas para um novo estilo de vida, além de possuir um número de fãs muito grande. Ela também me ensinou a ter um estilo leve e livre para escrever, sou muito grato por toda essa experiência.

Isso é bom para atingir cada dia mais pessoas.

O livro "Escolhas e Impactos" funciona como a continuidade prática das obras da Dra. Gisela, que são praticamente best sellers. O nosso livro tem o diferencial de conter receitas e não apenas dados, informações e testemunhos. Aliás, muitas pessoas mandam testemunhos maravilhosos e emocionantes de como nós mudamos a vida delas, como conseguimos motivá-las a escolher um novo estilo alimentar. A coisa mais deliciosa é ouvir que a sua obra é o livro de cabeceira, e isso acontece com muita frequência. "Escolhas e Impactos" também é muito indicado por nutricionistas como uma referência de receitas simples e praticáveis após os pacientes saírem de seus consultórios.

Em 2015 você estreou uma série infantil chamada "Achaz"...

Isso, em parceria com o publicitário Alexandre Carvalho. São histórias e receitas para pais e filhos com enfoque funcional, orgânico e sustentável. A primeira história é "Achaz no Sítio do Banana Verde" e a segunda, "Achaz e o Mistério do Sorvete".

Qual é a essência dessa série?

Pretendo combater a obesidade, o colesterol alto, a hipertensão e o diabetes, promovendo desde já a saudabilidade à mesa, apresentando às crianças e aos pais os princípios da gastronomia funcional e orgânica. Proponho a ingestão de alimentos de alto valor nutritivo, valorizo a agricultura sustentável e a difusão de uma gastronomia saudável para melhores escolhas no futuro.

Descobri que muitas crianças são intolerantes ao leite e ao glúten e seus pais precisam pensar em receitas novas e saborosas. Por outro lado, a obesidade infantil cresce avassaladoramente e as crianças estão adquirindo doenças que até então só atingiam os adultos. Percebo que a cada dia precisamos estimular as crianças com novas sensações gustativas e criar uma nova memória, diferente das dos adultos que sofrem com as mudanças de suas dietas para melhor qualidade de vida. Precisamos estimulá-las mais ao consumo de comida de verdade, que gere saúde ao organismo e ao planeta.

Achaz é o nome da personagem?
Mais do que isso, Achaz é uma plataforma — Alimentação, Consciência e Humanidade de A a Z — proposta para a educação e a formação de uma nova geração de crianças e adultos mais sadios e capazes de melhores escolhas. Contudo, é também uma personagem: uma criança que possui a minha persona, usa óculos, possui sardas e é curiosa com tudo na vida, além de ter uma forte relação de aprendizado com sua avó e com a cozinha.

Um menino de boné, com óculos, curioso e que adora cozinhar... é você!
Sim, totalmente! Não só os óculos, o boné, as sardas, o relógio de madeira, mas as descobertas com a biomassa de banana verde, com ervas, com o cardamomo e o próprio envolvimento com a avó, pois, como já disse, tudo começou na minha infância e nas férias que passava na casa de minha avó Elisa.

Pode comentar por alto as histórias?
Na primeira história, ele questiona sua avó por ela ter colhido bananas verdes em vez de maduras. A partir daí ela leva o neto a conhecer o mundo da biomassa de banana verde, os vilões que geram doenças e são inimigos da saudabilidade, até que ganha uma amiga encantada chamada Bia Banana. Na segunda história, Achaz adora sorvetes e, em pleno verão, ele se depara com a falta de sorvetes no mundo, pois o grande fabricante de sorvetes, um urso polar chamado Flokus, desiste de produzir diante de tantas gorduras, corantes e conservantes presentes nos sorvetes. Achaz e Bia Banana ajudam a criar uma receita deliciosa e saudável com ingredientes orgânicos e com sabor de cardamomo para que a produção volte ao normal. As duas histórias são repletas de ensinamentos sutis, sabores novos com receitas e ingredientes e fáceis.

Você optou por receitas infantis que não contenham glúten, lácteos nem soja...
Percebemos que muitos pais e professores deparam-se com essa necessidade emergencial: descobrem de repente que a criança sofre de alguma intolerância ou alergia, e precisa mudar a alimentação imediatamente. O número de intolerantes aumenta a cada dia e é preciso ter um cuidado especial com as crianças, pois ainda estão à mercê do que lhes oferecem. São raros os livros ou receitas para crianças com esse enfoque.

De onde surgem as histórias do Achaz?
Elas surgem de minhas viagens com o autor Alexandre Carvalho, de nossas experiências gustativas, de discussões sobre a necessidade de melhorar o conhecimento de um determinado tema e o que pode melhorar de fato a vida das crianças sob o ponto de vista alimentar.

Existem outras histórias no forno?
Muitas já estão prontas esperando o tempo certo de lançamento. A próxima será sobre comida e lanche de cantinas escolares.

Muito interessante. O que não pode faltar na lancheira escolar?
É melhor perguntar o que não pode ter. Não deve ter industrializados com corantes, aromas, aditivos e conservantes artificiais. Nada de fritura e gordura trans. Também não pode ter refrigerante convencional, bolachas artificiais. A questão do glúten e lácteos é a menor preocupação se o alimento for natural. Deve ter carboidrato bom, fontes proteicas vegetais ou animais, água, suco natural, fruta, quase nada de açúcares refinados.

Como deixar a hora do lanche atrativa e saborosa e mesmo assim saudável?
Proteína também é importante, no meu livro infantil "Achaz no Sítio da Banana verde" eu apresento receitas, como um docinho proteico

chamado amendolícia, que leva pasta de amendoim, cacau, mel, farinha de coco, biomassa de banana verde, oleo de coco, proteína vegana de arroz com ervilha. É gostoso tem fibras, gorduras boas e nutritivo. Neste livro também tenho pãozinho de mandioquinha e tapioca com chia, fácil e saudável. No meu outro livro infantil "Achaz e o mistério do sorvete", ensino a fazer uma granola proteica. Percebi que muitas escolas e pais deparam-se com crianças com sensibilidade e alergias e não sabem o que fazer, então, nessa série infantil que escrevi com Alexandre Carvalho, solucionamos esses problemas.

Caraboidratos são importantes para dar energia, podemos pensar em receitas com mandioca, batata-doce, que podem ser cozidas, mas também podem estar em pães, bolos e biscoitos.

Podemos pensar em leites de castanhas batido com cacau e pasta de tâmara ou açucar em pouca quantidade, biomassa de banana verde ou mesmo uma fruta como banana para adoçar e chamar de milk shake.

Podemos pensar em nomes bacanas como se fossem receitas especiais que até a criança pode ajudar a preparar. A embalagem pode ser lúdica para que a criança tenha orgulho de abrir na frente das crianças, e ter sempre muitas cores. Também existem fórmulas interessantes de criar pratinhos com rostinhos, mas acho isso bem longe da realidade e do tempo escasso dos pais. Sou favorável a estratégias mais simples, rápidas e eficientes.

Como podemos incorporar frutas (usando a maçã como exemplo) em outros preparos para diversificar o sabor e a aparência para as crianças?
Temos fases infantis que determinam paladares, algumas idades sentem mais amargos e mais doces, precisamos identificar isso e adicionar por exemplo frutinhas para mascarar os sabores. As frutas precisam ser incorporadas com moderação, pois não podemos exceder na frutose, e misturar fibras e ingredientes hipoglicemiantes pode ser uma boa solução, como canela. Podemos pensar em

frutas assadas por exemplo. Podemos servir em palitinhos várias frutas, e quem sabe colocar batata yacon nessa lista, pois é rica em prebióticos, ou fazer um combo para a criança associar a fibras, como a granola proteica. Podemos pensar em frutas desidratadas, lembrando sempre que frutas secas e oleaginosas sofrem processos de irradiação para eliminar micro-organismos. Esse processo não é compatível com o sistema orgânico, por exemplo, nem tão saudável. Por outro lado, mesmo assim, muitas dessas frutas secas e oleaginosas estão contaminadas com fungos.

E os sucos industrializados, o que pensa a respeito?
De vez quando até pode ser, e preferencilamente orgânicos, mas não existe muita vantagem. A maioria desses sucos passou por processos que envolvem calor e perda nutricional. Também sou um pouco contra embalagens tetrapak. Prefiro vidro e também sucos naturais e misturas com fibras e ingredientes que melhoram a carga glicêmica, como mencionei. Sucos prontos são pobres em fibras e nutrientes. Um suco de laranja sem coar ainda é melhor, mesmo que seja consumido algumas horinhas depois. O documento Científico de Nutrologia da Sociedade Brasileira de Pediatria diz que a oferta de líquidos deve ser controlada nas refeições, evitando distensão gástrica e saciedade precoce. Se a criança necessitar de ingestão hídrica, a água deverá sempre ser priorizada.

Você já pensou em usar a série como ferramenta educacional?
Atualmente o Achaz já está sendo aplicado dessa forma pela Escola Bosque em São Paulo, que adota alguns métodos pedagógicos muito interessantes como Educação Transformadora, Inteligência Cultural, Educação Tecnológica e Robótica. Os livros são utilizados como fonte de trabalhos escolares, abordando temas como o dia a dia de um produtor de banana, o cultivo da banana, a origem da banana, o plantio da banana no Brasil e no mundo, quais os tipos

mais consumidos, a composição nutricional, a biomassa, o que é um alimento funcional, quais são os superalimentos, o que é alimento orgânico, slow food, intolerâncias ao leite e glúten, diferentes tipos de açúcar, benefícios de uma alimentação saudável. E ainda estimula atividades como entrevista com os autores, concurso de sanduíches naturais e nutritivos, plantação de hortaliças, contação de histórias e até a elaboração de um livro coletivo que possa vir a ser a próxima aventura do Achaz, inventado pelos alunos.

Outras escolas possuem essa preocupação com a alimentação infantil?
Isso é uma tendência, ensinar a criança a plantar, colher, cozinhar, identificar o alimento e também conectá-la à natureza. A Escola Estadual Professor Luiz Simione Sobrinho em São Paulo também utilizou os livros para trabalhos que incentivassem a leitura. Outro exemplo de escola que também me proporcionou muita alegria foi na Fazenda da toca. A Fazenda da Toca é uma fazenda com 2300 hectares de projeto sustentável, orgânico e biodinâmico. As crianças aprendem sobre o equilíbrio da vida com a natureza. Dentro dessa fazenda orgânica, podemos encontrar uma escolinha para os filhos dos funcionários. As crianças aprendem tudo sobre sustentabilidade, desde manejo, colheita, sistema agroflorestal (formas de uso ou manejo da terra, nos quais se combinam espécies arbóreas, como frutíferas, com cultivos agrícolas e/ou criação de animais, ao mesmo tempo, para promoção de benefícios econômicos e ecológicos), culinária, respeito social e ambiental. Chegam a construir um meliponário, hotel de abelhas, banheiro seco, hortas com PANC, lago, mandala de ervas, enfim, tornam-se a cada dia seres humanos melhores.

Como ocorreu escrever livros?
Isso é um sonho que percorro desde a infância quando já escrevia livrinhos de poesia e histórias. Quando criança sonhava em ser

escritor de livros de suspense, até porque era influenciado pelas histórias da Agatha Christie. E, quando adulto, percebi uma necessidade de escrever sobre meu conceito de gastronomia funcional e orgânica. No início fiz testes de livros técnicos e com termos científicos, mas, com a Dra. Gisela Savioli, percebi que temos que dar uma contribuição ao mundo e, para isso, precisamos escrever de forma simples e descomplicada para atingirmos o máximo de pessoas possíveis. Admiro muito a forma de escrita da Dra. Gisela, e como já mencionei, ela tornou-se uma grande inspiração nesse sentido. É detentora de alto conhecimento e consegue transmitir isso com clareza e sabedoria. Escrever livros é como viver uma vida saudável, é um caminho sem volta e que o leva a ter responsabilidades sociais com seu leitor, a mantê-lo consciente de tudo que você estuda e descobre.

É a construção de um legado...

Espero que sim. Tenho uma história a contar, sobretudo, sobre minha luta na construção de um novo estilo de vida. Sou pioneiro em muitas coisas, pioneiro em um conceito que é o de gastronomia orgânica e funcional, fui o primeiro a trabalhar com a criação de receitas com enfoque na nutrição funcional, fui pioneiro em trabalhar com orgânicos, aplicar a biomassa de banana verde na alta gastronomia, em colocar florais na comida, pioneiro em escrever uma série infantil voltada para saudabilidade e restrições alimentares.

Além disso, tenho *cases* de sucesso como o livro "Escolhas e Impactos — Gastronomia Funcional", além de meu prestigiado restaurante Le Manjue Organique com sua horta orgânica própria e uma fábrica para produtos saudáveis e funcionais, como a saborosa e saudável Ganache Le Manjue que criei e hoje é vendida por todo o país. Acabo de lançar uma cerveja sem glúten com sabor de capim limão, chamada de Uma Le Manjue, a cerveja livre, artesanal e sem glúten. Emprego mais de 50 pessoas, e sabe-se que ser empresário neste país não é nada fácil. Quero também deixar um legado de receitas e estratégias para se pensar o alimento de outra forma, com consciência, tanto para adultos como para crianças. Estou estudando formas de atuar socialmente, na busca por melhores condições alimentares, manipulação e armazenamento de comida, para as pessoas que não possuem acesso cultural e econômico.

Como assim?
Iniciei um mapeamento e descobri que, em algumas comunidades, uma casa pode ter um córrego passando pela sala, que famílias não possuem nem geladeira e precisam armazenar seus alimentos em caixas de isopor e outras nem mesmo possuem cozinhas adequadas e dignas. Para essas pessoas, quero ensinar possibilidades e alternativas. Isso é triste e quero deixar, sim, sem pretensão, um conjunto de possibilidades e conhecimentos para mudar esse cenário.

Você se considera uma pessoa realizada?
Sou uma pessoa muito grata pelas minhas conquistas. Gostaria de me envolver mais em projetos sociais, difundir meu conceito e contribuir mais para o estilo de vida das pessoas no que diz respeito à alimentação. Adoro criar e quero criar muitos outros produtos que melhorem a vida das pessoas.

Você assina cardápios de outros restaurantes?
Além do cardápio do Le Manjue Organique, nos últimos anos eu apenas assinei o cardápio de um restaurante em Vitória do Espírito Santo, chamado D'bem, e outro em São Paulo, chamado Nambu. Neles você pode notar semelhanças, ou melhor, o meu estilo, que também se faz presente nas receitas de meus livros. Vivo receben-

do propostas de consultoria, mas esse não é o meu foco, por isso acontece com muita raridade.

Como foi a consultoria em Vitória?

A consultoria de Vitória aconteceu por pura sinergia e porque na época estava quase desistindo do meu restaurante. Como disse, o primeiro ano foi muito ruim, com pouca adesão e clientes, e dar essa consultoria, além de melhorar minha conta bancária, perpetuaria um estilo e receitas que eu pensava que fossem morrer. Bruno Fattori, meu sócio, e eu estávamos com planos de desistir e fechar o restaurante. Foi quando duas moças de Vitória, mãe e filha, Suely e Gabriela Faiçal, apareceram num sábado quase na hora de fechar o restaurante e comeram o meu risoto de caju e se apaixonaram. Eu pensei que elas fossem loucas. Elas contaram que haviam pesquisado sobre restaurantes funcionais e só o Le Manjue tinha aparecido na pesquisa. No dia seguinte elas voltaram e me presentearam com uma granola que elas tinham feito. Aproveitei e preparei uma farofa com a granola. Levei à mesa e quando Suely provou, começou a chorar de emoção. Meses depois me ligou convidando para assinar o cardápio do restaurante delas. Essa granola hoje é superfamosa no Espírito Santo, sou suspeito, mas para mim é a melhor que já provei, e já existe uma fábrica própria. Elas se tornaram grandes amigas e o meu cardápio e estilo mudaram o cenário da saudabilidade em Vitória.

E o seu filhote mais recente, o Nambu...

Foi outra paixão à primeira vista e a minha vontade era transformar o espaço gastronômico em um posto avançado do Le Manjue, mas, como isso não foi possível, assinei apenas o menu. O restaurante funciona anexo à clínica onde me tornei paciente da médica Dra. Mayra Souza. Mayra é uma médica muito renomada e especializada em reposição hormonal. O restaurante tem a alma dela, uma cozinha com traços da Bahia, com muitas raízes no cardápio e em especial o inhambu, parente do inhame, que ajuda a melhorar os níveis de testosterona e também faz parte de sua infância.

Você costuma receber muitas propostas para consultoria?
Sim, recebo muitas ofertas, até porque as minhas consultorias foram de grande sucesso, mas recuso a maioria, pois é preciso saber exatamente como fazê-las. Normalmente quando o consultor vira as costas, tudo desmorona e ele é sempre o culpado. Existem consultores ótimos para criar receitas, outros para treinamento prático, e conciliar as duas coisas é um desafio. Eu aceitei essas duas consultorias, pois me apaixonei pelos projetos e pelos envolvidos, mas meu foco é o Le Manjue e seus desdobramentos.

Muitas pessoas acabam usando seus livros e posts na rede social como inspiração.
As poucas pessoas que estagiaram comigo também passaram a seguir um pouco esse estilo e reproduzem minhas receitas e molhos. E isso tudo eu vejo como algo positivo e com muita felicidade, pois significa a aceitação de um estilo de vida que eu proponho.

Que conselho você daria para um estudante que pretende se especializar na gastronomia funcional?
É inevitável o conhecimento em nutrição, técnicas dietéticas, reações bioquímicas, além da gastronomia clássica e contemporânea. A pessoa que quer se especializar em comida saudável e gastronomia funcional precisa ter uma visão analítica, pois tudo está interligado. Ela precisa saber da história alimentar, compreender e respeitar as restrições alimentares e pesquisar sobre alimentos e seus benefícios.

Não adianta apenas aprender a reproduzir receitas saudáveis e sem glúten ou sem lácteos...

Exatamente, é preciso saber a razão pela qual se está fazendo um prato de uma forma diferente, a razão de cada ingrediente e sua performance tanto gastronômica quanto nutricional e funcional. Na minha receita de iogurte de macadâmia, presente neste livro, é possível verificar as possibilidades de uma receita e deixo claro o que cada ingrediente pode fazer para melhorar a consistência e sua capacidade benéfica para o nosso organismo. Alguns apenas melhoram texturas, outros melhoram texturas somando propriedades funcionais na promoção de saúde e na prevenção de doenças.

É viável a união da gastronomia funcional com a molecular?

Sim, se os ingredientes não causarem nada de malefício para o nosso organismo e meio ambiente. Embora esse estilo tenha diminuído muito, é comum vermos ainda as famosas texturas, espumas e esterificações. Quando são obtidas por substâncias originárias de algas, como o agar-agar, kappa, gellan, alginato, não acho que possam ser nocivas.

Apenas encaro essas substâncias como mais um excesso de produtos industrializados, assim como o açúcar, azeite e sal refinado. Sempre faço a reflexão sobre tais necessidades, mas também considero uma comida não para o dia a dia, e sim para uma experiência de vez em quando, portanto, não acho que poderia ser nociva. Mesmo assim, sou defensor de uma comida despretensiosa, simples e com ingredientes mais próximos de seus estados e texturas naturais. Também não podemos nos enganar sobre tantas opções sem glúten, repletas de gomas xantanas e lecitina de soja, que em excesso podem também causar algum mal no futuro. Podemos sempre pensar em alternativas mais naturais que possam substituir pães como carboidratos bons tais como mandioca, cará, inhame, fruta-pão. Por isso não me canso de falar que a alimentação do futuro é a crudivorista, pois defende o natural com técnicas que preservem mais os nutrientes dos alimentos, por meio de equipamentos que controlem melhor essa preservação, como a desidratadora e a thermomix.

Sobre tudo que você desbravou, você acha que ainda teremos novas descobertas?

Sim, cada dia descobrimos um alimento novo ou uma utilização nova. Por outro lado, também descobrimos mais e mais o que pode nos fazer mal. É infinito o quanto ainda podemos fazer, criar e aperfeiçoar. Requer pesquisa e muito estudo. Quando imaginaríamos falar sobre PANC, comida crua ou discutir o consumo moderado de frutas e pensar na carga glicêmica? Muitos alimentos naturais são remédios e não sabemos disso porque não é do interesse de grandes laboratórios e patentes. Quanto temos que aprender com os índios, com nossos antepassados e pessoas mais simples e que vivem no campo, na floresta?

Somos muito limitados e imediatistas talvez...

Nossos valores são deturpados e nosso estilo de vida ainda muito material. Portanto, nosso futuro ainda é incerto, embora certo que precisaremos tomar medidas drásticas em relação a nossas escolhas alimentares.

A gastronomia orgânica e funcional conseguirá atingir todas as classes sociais?

Gostaria muito que isso acontecesse e essa é a razão de eu eleger a biomassa de banana verde como minha assinatura. A banana verde é barata e a técnica, descomplicada. Isso gera muita saúde e prevenções. Também defendo a utilização de plantas alimentícias não convencionais, consideradas por algumas pessoas como mato, mas que na verdade são comestíveis, saborosas e ricas em nutrientes e fitoquímicos. Também defendo a utilização dos ingredientes do seu entorno e da sua regionalidade.

Isso torna a comida mais barata e de maior acesso...
Também acredito em formas de reutilização de alimentos, como reaproveitamento de cascas, talos, polpas, hortaliças, além de utilização de plantas alimentícias não convencionais. Essas partes e essas plantas são muito ricas nutricionalmente, mas esbarram em preconceitos. Veja o caso das comunidades onde existem níveis sociais diferentes, tal como castas, sendo que os estratos sociais mais baixos querem parecer e consumir o que as camadas mais altas consomem, imitando seus hábitos. Significa que os projetos para uma alimentação saudável devem ser criteriosamente elaborados para não perderem seus efeitos. Hoje acredito que se precise da ajuda das pessoas formadoras de opinião dessas comunidades para conseguir atingir os objetivos.

Nesse sentido, a biomassa de banana verde é uma solução extremamente democrática e acessível...
Concordo, mas há dez anos as pessoas tinham um enorme preconceito e ficavam ofendidas quando levávamos projetos para as comunidades. Chegavam a perguntar se estávamos chamando-as de macacos, por conta da biomassa. Por outro lado, temos um cenário interessante e promissor no universo dos orgânicos para a sua compra a preços de custo-benefício como as CSAs, que atuam em bairros específicos e podem chegar às comunidades. Em Parelheiros, existem projetos que viabilizam os orgânicos e biodinâmicos a preços mais baratos que os convencionais.

Que expectativa e futuro existem para a gastronomia orgânica e funcional?
Uma maior adesão pelas pessoas, chefs e cozinheiros na construção de uma alimentação mais limpa e com menos agrotóxicos, mais sustentável e com mais simplicidade, mais leve, com menos cozimento e mais vegetariana. Isso não significa que não possamos usar utensílios e equipamentos modernos.

Por falar em utensílios e equipamentos, você se declarou nas redes sociais um thermolover...

Ao longo dos últimos anos desenvolvi receitas em um equipamento chamado thermomix, um aparelho pequeno capaz de triturar em velocidade e temperatura controladas, com funções distintas e variadas como calor seco, úmido e vapor. Também funciona como batedeira, mixer, misturador, além de ter uma balança acoplada. Consigo bater cremes até virar chantilly ou fazer um chantilly de castanha de caju e até suspiro. Possui uma lâmina potente e atinge alta velocidade, tornando a preparação mais coesa, homogênea e lisa. Além disso, consegue pulverizar e triturar grãos e grânulos, possibilitando a transformação em farinhas. Imagine que em vez de eu comprar farinha de grão de bico, farinha de arroz, fubá e outras que normalmente chegam velhas e contaminadas, eu mesmo posso fazer minha farinha fresca e orgânica. Significa, portanto, que a thermomix são vários equipamentos e funções em um só, tudo que um cozinheiro e inventor precisa, sobretudo quem adora usar a biomassa de banana verde, para deixar a receita perfeita. Por isso digo que sou um "thermolover", são muitos benefícios em um só equipamento. As receitas da série "Achaz" foram todas desenvolvidas na thermomix e os sorvetes caseiros ficam perfeitos. Claro que eu também alerto que, se a pessoa não possui esse aparelho, pode usar um liquidificador potente, batedeira ou processador.

Para finalizarmos, observo o conjunto da nossa entrevista e vejo uma relação muita curiosa com um provérbio anônimo. Pense comigo: uma horta, uma personagem infantil (no caso, o Achaz) e centenas de receitas publicadas...

Humm... Aonde você quer chegar?

Podemos dizer que você já plantou a sua árvore, teve um filho e escreveu seu livro (aliás, mais de um)?
(Risos) Sim, pode ser sim, mas isso não me torna satisfeito, pois tenho muito mais a contribuir para com o mundo e as pessoas, seja escrevendo mais receitas saudáveis, ensinando mais, espalhando a conscientização e propagando mais o universo orgânico e funcional.

Que venham mais árvores, então...
E mais livros (risos)... quanto ao filho, já me dou por satisfeito com o Achaz (risos).

FIM

CAPÍTULO 10

Receitas

- BIOMASSA DE BANANA VERDE — 207
- SUCO ANTISSÓDIO DE MELANCIA COM ALECRIM, CHIA E CANELA — 210
- SUCO *ANTIAGING* DE ABACATE COM ABACAXI E CARDAMOMO — 211
- SUCO AFRODISÍACO DE LIMÃO COM GENGIBRE, MACA PERUANA E BIOMASSA — 212
- MOUSSE DE ABACATE COM CACAU — 215
- MAIONESE VEGANA DE ABACATE COM ALECRIM — 217
- PÃEZINHOS DE ABACATE COM CHIA — 219
- CAUSA PERUANA COM BACALHAU — 221
- MINGAU PROTEICO MATINAL OU NOTURNO DE QUINOA AO LEITE DE COCO COM CANELA — 225
- GRANOLA FUNCIONAL — 227
- IOGURTE DE MACADÂMIA — 231
- PÃEZINHOS DE BATATA-DOCE COM NIBS DE CACAU — 233
- MAIONESE DE MARACUJÁ COM CÚRCUMA — 237
- MOLHO DE ALHO-PORÓ COM CARDAMOMO — 239

MOLHO DE GOIABA COM ESPUMANTE E ALECRIM — 241	SOPA DETOX DE MANDIOQUINHA, ABACAXI E HORTELÃ — 244	SOPA REJUVENESCEDORA DE MANDIOQUINHA — 247
SOPA FIT DE BATATA-DOCE COM PERA, GENGIBRE, DAMASCO E ERVAS — 249	GASPACHO AFRODISÍACO COM MACA PERUANA — 252	COUSCOUS DE GRÃOS DE PAINÇO À MODA MORROQUINA COM CACAU — 255
SALADA DE QUINOA GERMINADA — 256	ARROZ INTEGRAL — 259	ARROZ INDIANO *ANTIAGING* — 261
RISOTO FIT DE FRUTAS VERMELHAS COM TOMILHO E GENGIBRE — 263	RISOTO DE QUINOA COM ERVILHAS, TOMATE SECO E MANTEIGA DE MANJERICÃO — 267	TALHARIM DE SPIRULINA AO MOLHO LIMONE DE MACADÂMIA — 271
MOLHO LIMONE DE MACADÂMIA — 274	TALHARIM DE CÚRCUMA À MODA THAI — 277	MIX DE THAI — 278
RAVIOLI DE AÇAÍ COM BATATA-DOCE E SÁLVIA — 281	FONDUE DE CASTANHA DE CAJU FUNCIONAL — 283	MOLHO DE VINHO TINTO COM PIMENTAS VERDES — 285

PEIXE COM CREME DE INHAME MOQUECA DE INHAME COM PIRARUCU **287**		CEVICHE COM PERFUME DE CARDAMOMO **290**
ESCALFADO EMAGRECEDOR COM BRÓCOLIS **295**	BURGUER SAUDÁVEL **297**	MOLHO DE CEBOLA CONFIT EM CARAMELO DE BALSÂMICO **301**
HAMBÚRGUER DE CORDEIRO **302**	PÃO DE HAMBÚRGUER **303**	HOMUS DE CASTANHA DE CAJU COM HORTELÃ **305**
BATATA ASSADA COM ERVAS **306**	GELÉIA DE TOMATE **309**	BIONESE DE ERVAS **311**
SORBET DA JUVENTUDE **313**	TORTA FIT RAW COM CREME DE CHOCOLATE 71% **315**	OMELETE EM HOMENAGEM À TIA DIVA **318**

VIVA O CARDAMOMO E O ALECRIM!

Como já descobriram, sou fã e praticamente viciado em cardamomo e alecrim. Vocês verão que em quase todas as receitas deste livro eu escolho essas sementinhas e raminhos perfumados e funcionais. Não é falta de criatividade, não, mas a representação de meu estilo e manifesto pelo sabor com saúde. Você também pode executar todas as receitas sem eles, mas acho que eles poderão ajudar a receita a ficar mais saborosa e mais funcional.

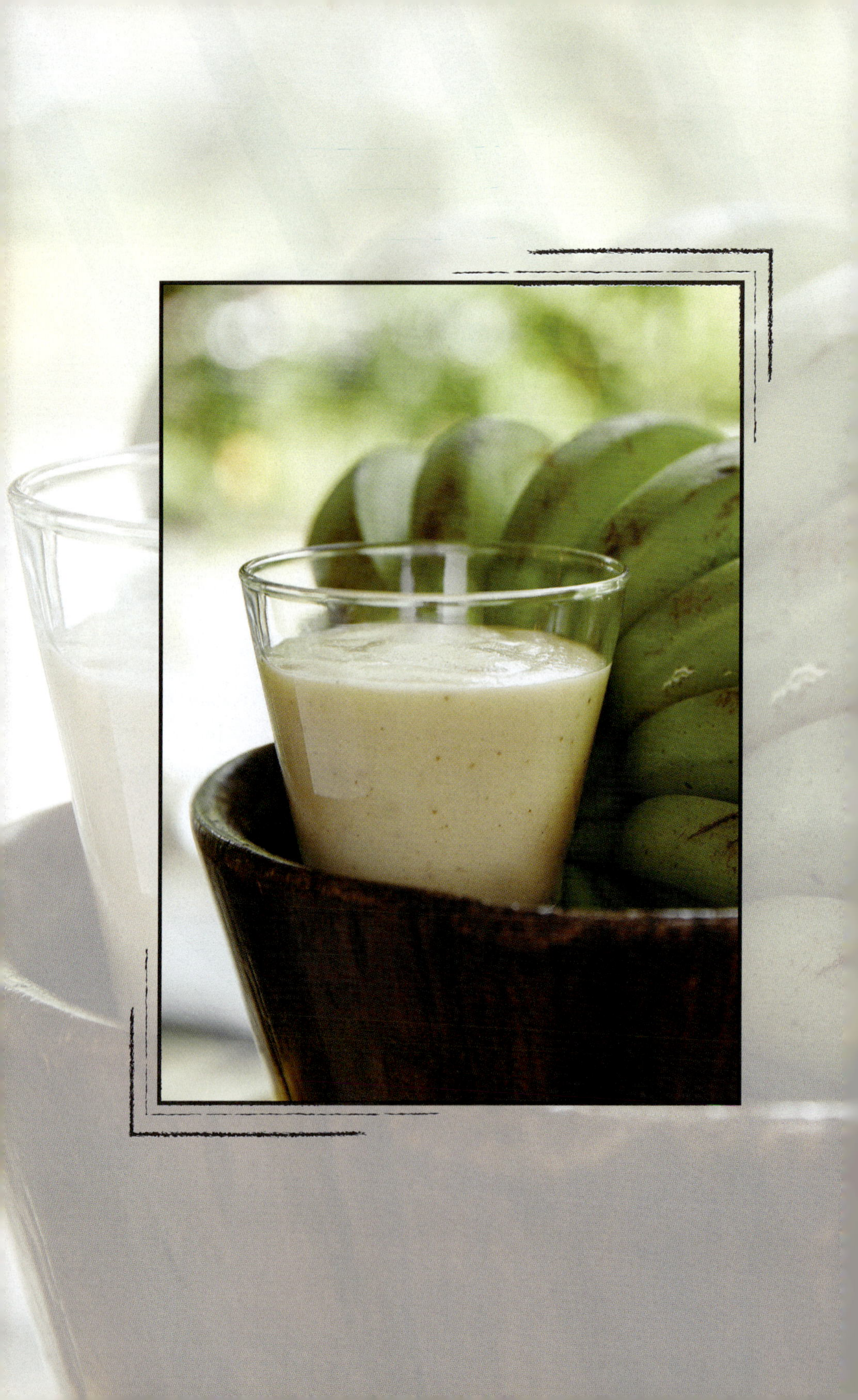

BIOMASSA DE BANANA VERDE

A biomassa de banana verde é essencial para uma vida saudável! Coloco no suco, em molhos, em bolos, risotos e até mesmo em hambúrguer. E, como não tem gosto de nada, serve para espessar e melhorar a performance nutricional da comida. Destaque para algumas de suas propriedades funcionais: prebiótica, melhora carga glicêmica, anti-inflamatória, melhora a absorção do cálcio.

RENDIMENTO:
- depende da quantidade de bananas e do seu peso

INGREDIENTES:
- Água
- Banana verde que saiu do pé para sua cozinha

UTENSÍLIOS:
- Panela alta, thermomix ou liquidificador potente, faca, espátula

PREPARO:
- Separe com faca ou tesoura as bananas verdes, que não foram passadas por estufa de amadurecimento, do cacho, com cuidado para manter os talinhos na banana.
- Lave-as bem. Coloque água em uma panela de pressão e quando abrir fervura adicione as bananas verdes com casca, feche a panela e deixe adquirir pressão. Após

o barulho típico da pressão, abaixe o fogo e deixe por 10 minutos. Desligue o fogo, não abra a panela, deixe perder a pressão naturalmente. Destampe-a e descasque as bananas com o auxílio de um garfo.

- Também é possível cozinhá-las sem pressão, até a casca se soltar da polpa.
- Evite deixar as bananas cozidas na água, pois isso altera a coloração da biomassa. Em seguida, centrifugue ou bata no liquidificador, com um pouco de água filtrada, as polpas, até transformarem-se em uma pasta. Também é possível processar sem líquido, na thermomix ou se o processador for potente.
- Distribua a pasta em forminhas de gelo e congele.
- Armazene em geladeira por até 5 dias. Pode congelar e, ao retirar do freezer, esquente novamente e bata no liquidificador para voltar a ficar homogênea e lisa. Também é possível congelar as bananas inteiras e, ao descongelá-las, basta aquecê-las e processá-las.

Essa receita é a base de tudo que faço. Não tem gosto de banana, sua cor pode variar de pálida, cinza a rosa; depende do tipo de banana e do tempo de cocção, e isso não altera suas propriedades funcionais. Pode congelar por até 3 meses. Na geladeira, dura até 5 dias. A quantidade a ser utilizada numa receita depende da consistência e textura que se deseja.

A onda dos SUCOS!

Sucos detox, **depurativos, calmantes, antiestresse.** Mas cuidado, você precisa variar o sabor. Não use todos os dias os mesmos ingredientes.

Pense sempre nas possibilidades de melhorar o impacto da frutose dos sucos com chia, linhaça ou biomassa de banana verde.

Se fizer um suco para melhorar o bronzeado no verão, utilize cenoura ou abóbora e um pouquinho de óleo de coco. Se quiser um suco detox, substitua a couve-manteiga por espinafre, azedinha, almeirão, escarola.

Para deixar o suco mais termogênico, use pimenta, cúrcuma, chá verde, gengibre, cardamomo ou maca peruana. Substitua a água dos sucos por chás e infusões variadas e, sempre que possível, adicione ervas perfumadas e pitadas de especiarias.

SUCO ANTISSÓDIO
MELANCIA COM ALECRIM, CHIA E CANELA

Escolhi este suco, pois muitas pessoas adoram suco de melancia, porém, ele contém muita frutose e seu índice glicêmico não é ideal. A melancia é ótima para eliminar o excesso de sódio de nosso corpo. Com a fibra da chia e os poderes hipoglicemiantes da canela, podemos melhorar a carga glicêmica do suco, além de conferir poderes antioxidantes. O alecrim é um ótimo agente anti-inflamatório e antifúngico, além de antioxidante também. O benefício de um ingrediente antifúngico, entre outros, é matar os nossos fungos e, por consequência, diminuímos a vontade compulsiva por doces.

INGREDIENTES:
- 1 fatia grossa de melancia
- 1 raminho de alecrim fresco
- 1 colher de sobremesa de semente chia
- 1 pitada de canela

UTENSÍLIOS:
- Thermomix ou liquidificador, faca, peneira, copo

RENDIMENTO:
- 1 porção

PREPARO:
- Bata na thermomix ou no liquidificador a melancia sem a casca, as folhinhas de alecrim sem o talo. Passe pela peneira a menos que a melancia já esteja sem sementes. Bata novamente o líquido com a chia e uma pitada de canela. Sirva.

SUCO ANTIAGING DE ABACATE COM ABACAXI E CARDAMOMO

Abacate melhora o colesterol, emagrece, é antioxidante, reduz os níveis de cortisol formado pelo nosso estresse e é ótima fonte de gordura. Assim como o abacate, o cardamomo é antioxidante e anti-inflamatório, além de termogênico. Abacaxi é diurético, anti-inflamatório, rico em vitamina C, melhora o colesterol e é antioxidante. Todos repletos de benefícios, um potencializando o outro para gerar um suco saboroso e com poderes funcionais.

RENDIMENTO:
- 1 porção

UTENSÍLIOS:
- Thermomix ou liquidificador, faca, peneira, copo

INGREDIENTES:
- 2 colheres de sopa de abacate maduro
- 1 copo de abacaxi natural
- 2 a 3 unidades de semente de cardamomo com casca
- 4 pedras de gelo

PREPARO:
- Bata tudo no liquidificador e passe na peneira.

SUCO AFRODSÍACO
DE ABACAXI, LIMÃO, GENGIBRE, MACA PERUANA E BIOMASSA

Este é meu suco predileto, pois contém a vitamina C, os poderes antioxidantes e termogênicos do gengibre e da maca peruana, é afrodisíaco e contém os poderes da biomassa de banana verde; garantia para um dia bem melhor! O suco de abacaxi serve para adoçar o suco, além de garantir as propriedades diuréticas, entre outras. A maca peruana é considerada um superalimento e chamado de ginseng peruano, além de emagrecer, prevenir doenças, e também melhorar a libido sexual.

RENDIMENTO:
- 1 porção

UTENSÍLIOS:
- Thermomix ou liquidificador, faca, peneira, copo

PREPARO:
- Bata todos os ingredientes e sirva.

INGREDIENTES:
- Suco de 1 limão tahiti ou cravo ou siciliano
- 1 colher de sopa rasa de maca peruana em pó
- 1 rodelinha fina de gengibre
- 1 colher de sopa de biomassa de banana verde
- Meio copo de chá de sua preferência, como chá de hortelã, camomila, capim-limão ou chá verde
- Meio copo de suco de abacaxi
- 2 pedras de gelo

Sou fã indondicional
DO ABACATE!

Assim como a banana verde, melhora qualquer textura, conferindo propriedades inigualáveis. Protege o coração, controla a diabetes, previne o envelhecimento, melhora o colesterol, a pele, o humor, faz bem para o cérebro e é anti-inflamatório.

Mas precisamos ser criativos para criar receitas maravilhosas e menos óbvias. Meu manifesto é contra a monotonia alimentar.

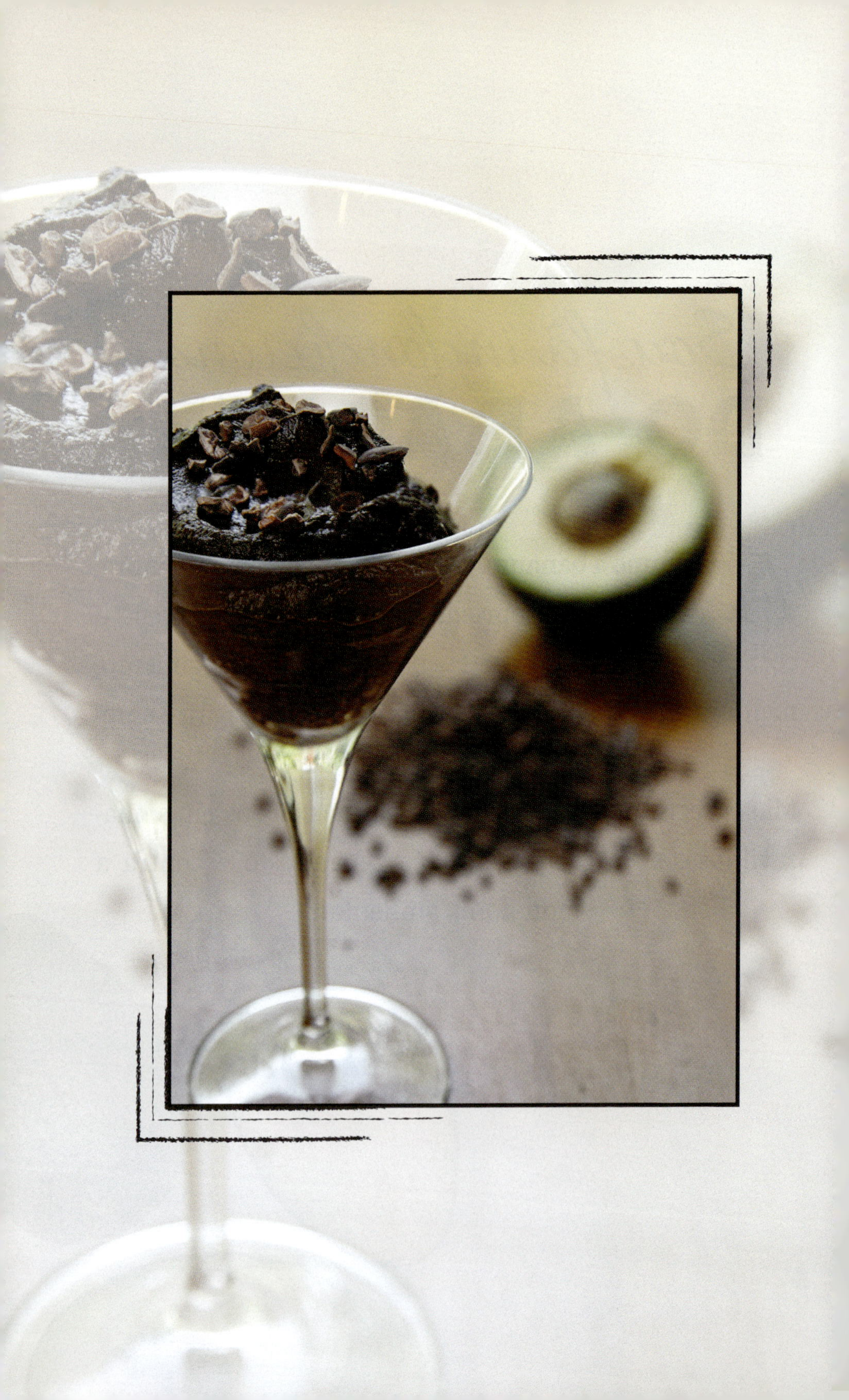

MOUSSE ABACATE COM CACAU

Muitas pessoas falam sobre os ataques noturnos e a fome de doce. Esta sobremesa é perfeita, pois o abacate também vai contribuir para um sono de melhor qualidade. O nibs de cacau é excelente, pois deixa a receita com crocância, além de também ser antioxidante. Ah, e o nibs também serve para outras receitas salgadas, inclusive.

RENDIMENTO:
> 4 porções

UTENSÍLIOS:
> Thermomix ou liquidificador, faca, espátula

INGREDIENTES:
> 1 unidade de abacate, cerca de 350 só de polpa
> 6 colheres de sopa de açúcar de coco, cerca de 75g (ou demerara ou melaço ou mel)
> 3 colheres de sopa de cacau ou cerva de 30g
> Suco de meio limão de sua preferência
> 1 colher de chá rasa de nibs de cacau

PREPARO:
> Bata no liquidificador o abacate com o cacau, suco de limão e açúcar até ficar uma pasta homogênea e lisa. Disponha em copinhos e salpique nibs de cacau por cima.

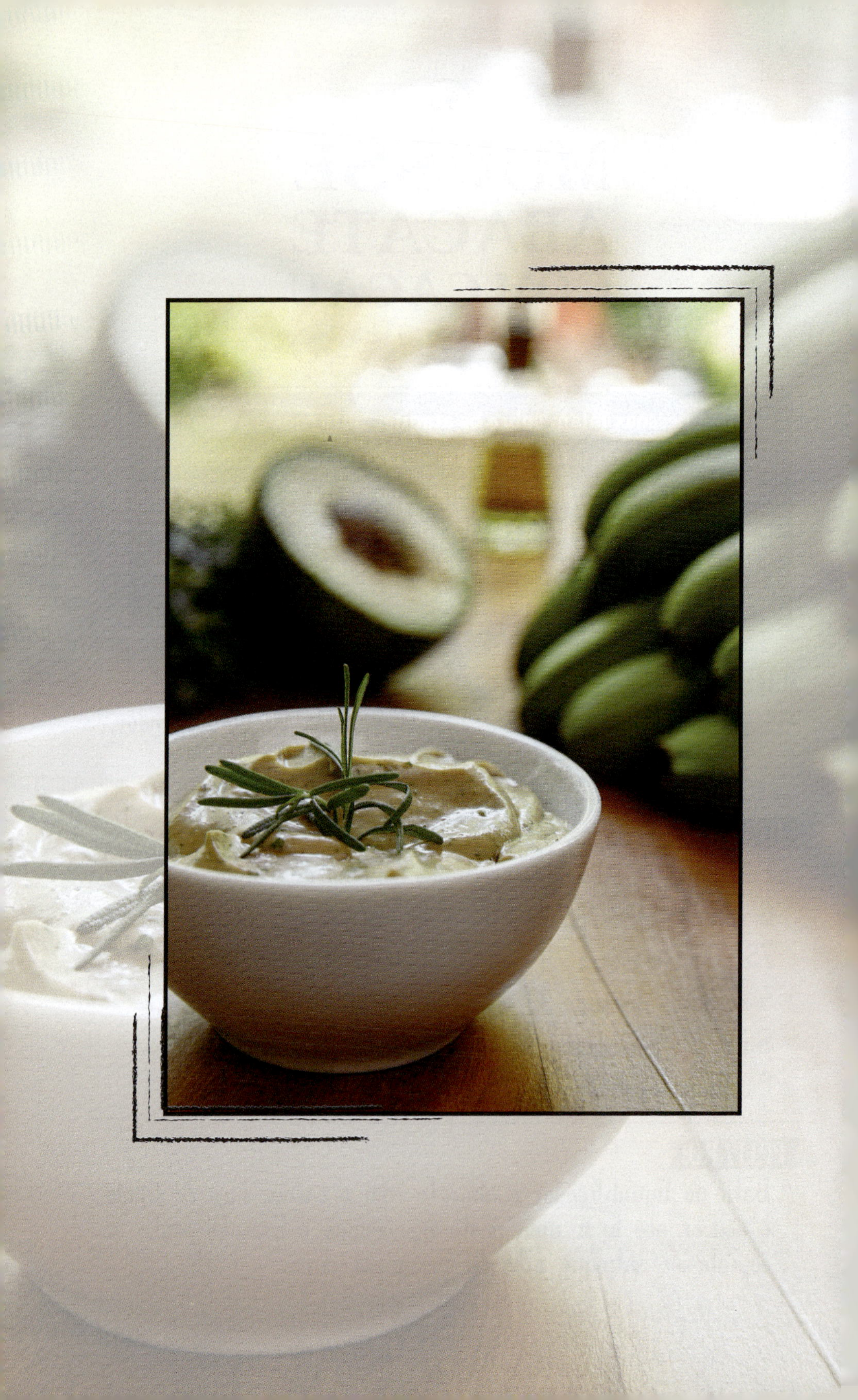

MAIONESE VEGANA DE ABACATE COM ALECRIM

Esta é outra receita interessante, pois, além de ser antioxidante, reduz o cortisol, portanto, deve ser consumido no café da manhã, lanche da tarde e até com saladas e grelhados ou vegetais. O alecrim, além de melhorar o sabor e o perfume desta receita, potencializará os poderes antioxidantes e antifúngicos. A biomassa é o ingrediente que vai dar a consistência, além de conferir poderes prebióticos, entre outros.

RENDIMENTO:
- 4 porções

UTENSÍLIOS:
- Thermomix ou liquidificador, faca, espátula

PREPARO:
- Bata tudo no liquidificador.

INGREDIENTES:
- Meio abacate maduro
- 3 colheres de café de sal
- Suco de meio limão tahiti ou da safra
- 200g biomassa de banana verde
- 1 colher de café de mostarda dijon
- Meia xícara de chá de azeite
- Punhado de alecrim fresco ou tomilho ou sua erva predileta

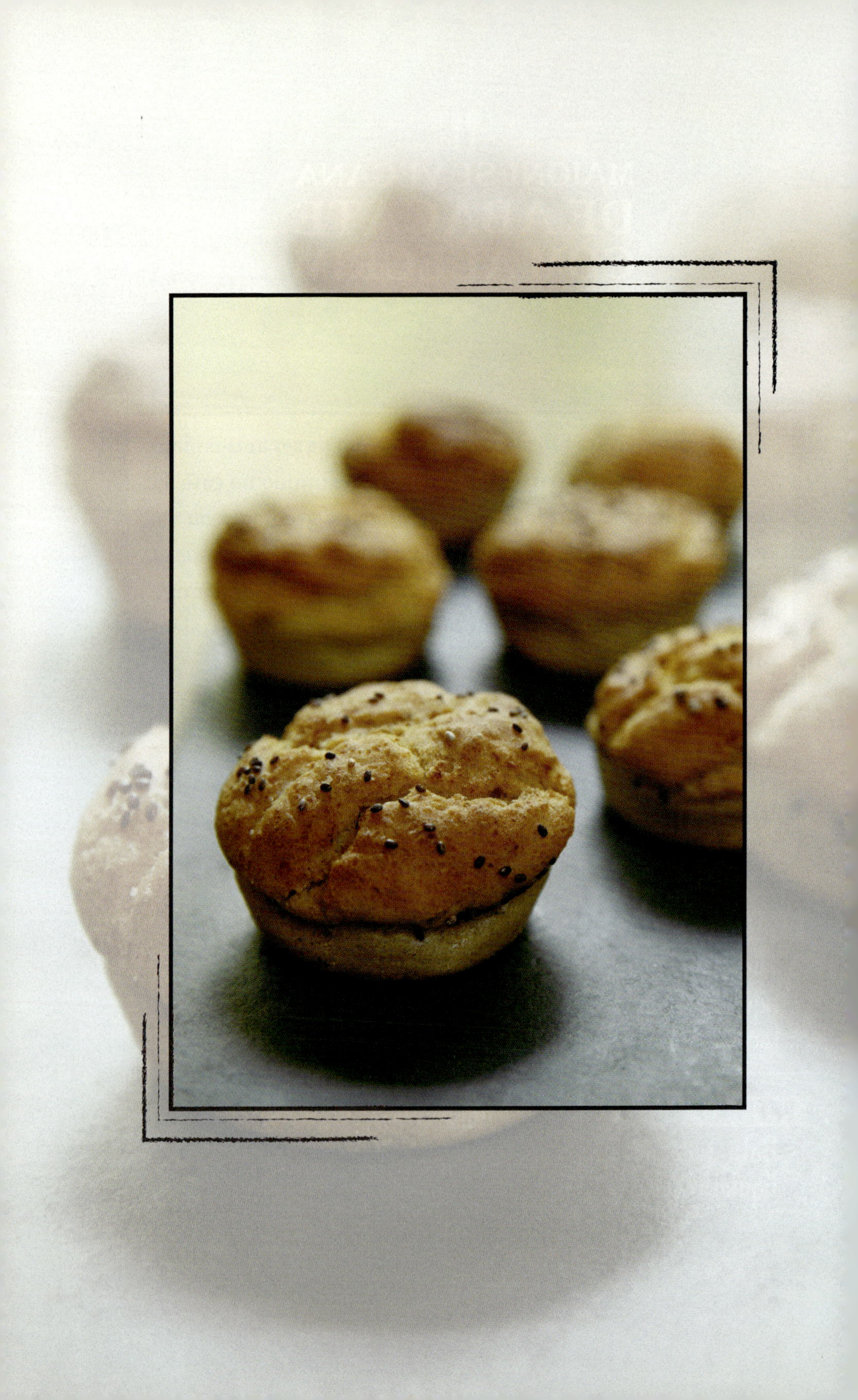

PÃEZINHOS DE ABACATE COM CHIA

> Este pão é antioxidante e prebiótico, possui boa carga glicêmica, rico em fibras, preparado com fontes boas de gordura.

RENDIMENTO:
- 20 porções

UTENSÍLIOS:
- Thermomix ou liquidificador, espátula, forminhas de empadinhas, balança

INGREDIENTES:
- 120g de farinha de arroz
- 60g de farinha de grão de bico
- 120g de polvilho doce
- 100g de fécula de batata
- 8g de fermento biológico seco
- 8g de sal
- 8g de açúcar demerara
- 4g de goma xantana
- 40g de biomassa de banana verde
- 6g de vinagre
- 120g ou cerca de 3 unidades de ovos orgânicos inteiros da Fazenda da Toca
- 80g de azeite
- 240g de abacate (também fica muito saboroso com a mesma quantidade de batata-doce ou mandioquinha)
- 240g de água ou leite vegetal como amêndoas
- Chia para salpicar por cima

PREPARO:
- Misture todos os secos.
- Bata o abacate no thermomix ou liquidificador, misture com o azeite, vinagre, ovos e biomassa e, em seguida, os secos e depois, o leite vegetal. Misture na thermomix até ficar homogêneo e disponha em forminhas de silicone untadas com azeite ou, se for outro material, unte com azeite de farinha de arroz.
- Salpique chia por cima. Deixe fermentar por 20 minutos na forma. Asse em 160 graus preaquecido por cerca de 20 minutos.

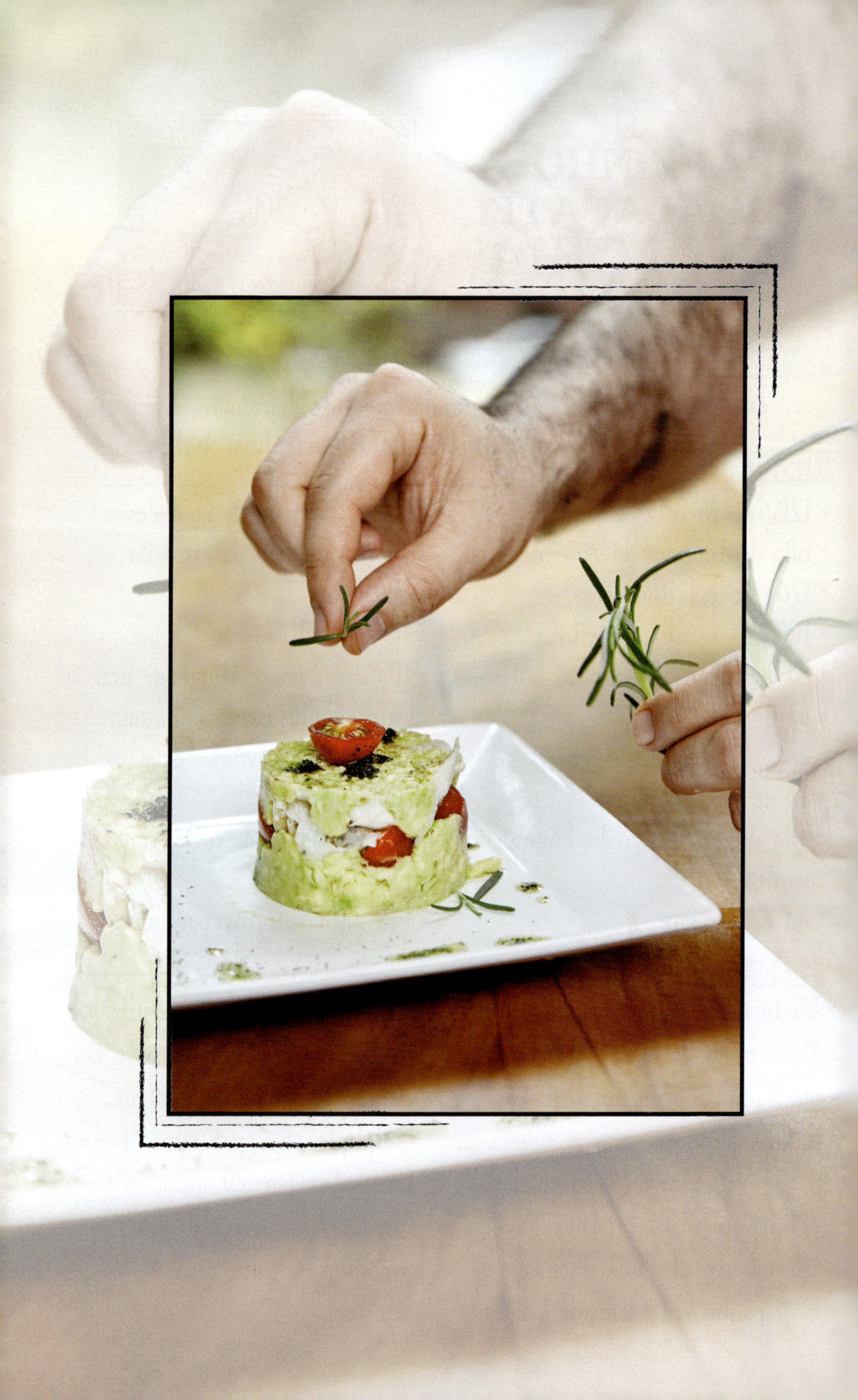

CAUSA PERUANA COM BACALHAU

E mais uma vez abacate! Essa é uma receita típica peruana e você pode variar a proteína, pois combina com qualquer tipo de peixe, carne moída, frango desfiado. A biomassa de banana verde é importante nesta receita para melhorar a carga glicêmica do purê de batata, além de conferir poderes prebióticos. As especiarias são ricas em antioxidantes, além de melhorarem o sabor e o perfume da receita. Também pode ser considerada uma receita Fit.

RENDIMENTO:
- 2 porções

UTENSÍLIOS:
- Thermomix ou liquidificador, espátula

INGREDIENTES:
- 600g de batata inglesa (podemos usar batata-doce, mandioquinha, mandioca e inhame)
- 1 abacate maduro
- 1 colher de sopa de biomassa de banana verde
- 1 colher de sopa de azeite
- Cominho em pó
- Cúrcuma em pó
- Noz-moscada
- 200g de bacalhau em lascas pré-cozido (pode substituir por cogumelos, carne moída, atum, salmão defumado)

PREPARO:

- Cozinhe as batatas em água, com ou sem casca, até ficarem macias. Pode cozinhar na própria thermomix. Descasque e amasse as batatas com garfo ou na thermomix ou liquidificador com pitada de cúrcuma, 1 colher de sopa de biomassa de banana verde e 1 colher de sopa de azeite. Tempere com sal e noz-moscada a gosto.
- Bata o abacate rapidamente na thermomix ou liquidificador com sal, cominho em pó e gotas de limão.
- Disponha em aro o purê de batata, em seguida o purê de abacate, o bacalhau em lascas e mais uma camada de purê de batata.

O DESJEJUM
é fundamental
PARA UMA BOA QUALIDADE DE VIDA!

Ele acalma seu dia e te deixa mais bem-humorado. E nada de sucrilhos com leite, pois isso é uma péssima imitação. Tapiocas com chia e pães funcionais, pastas, molhos criativos e geleias naturais. Ah, e nada de só carboidratos, precisamos também de alimentos proteicos já pela manhã.

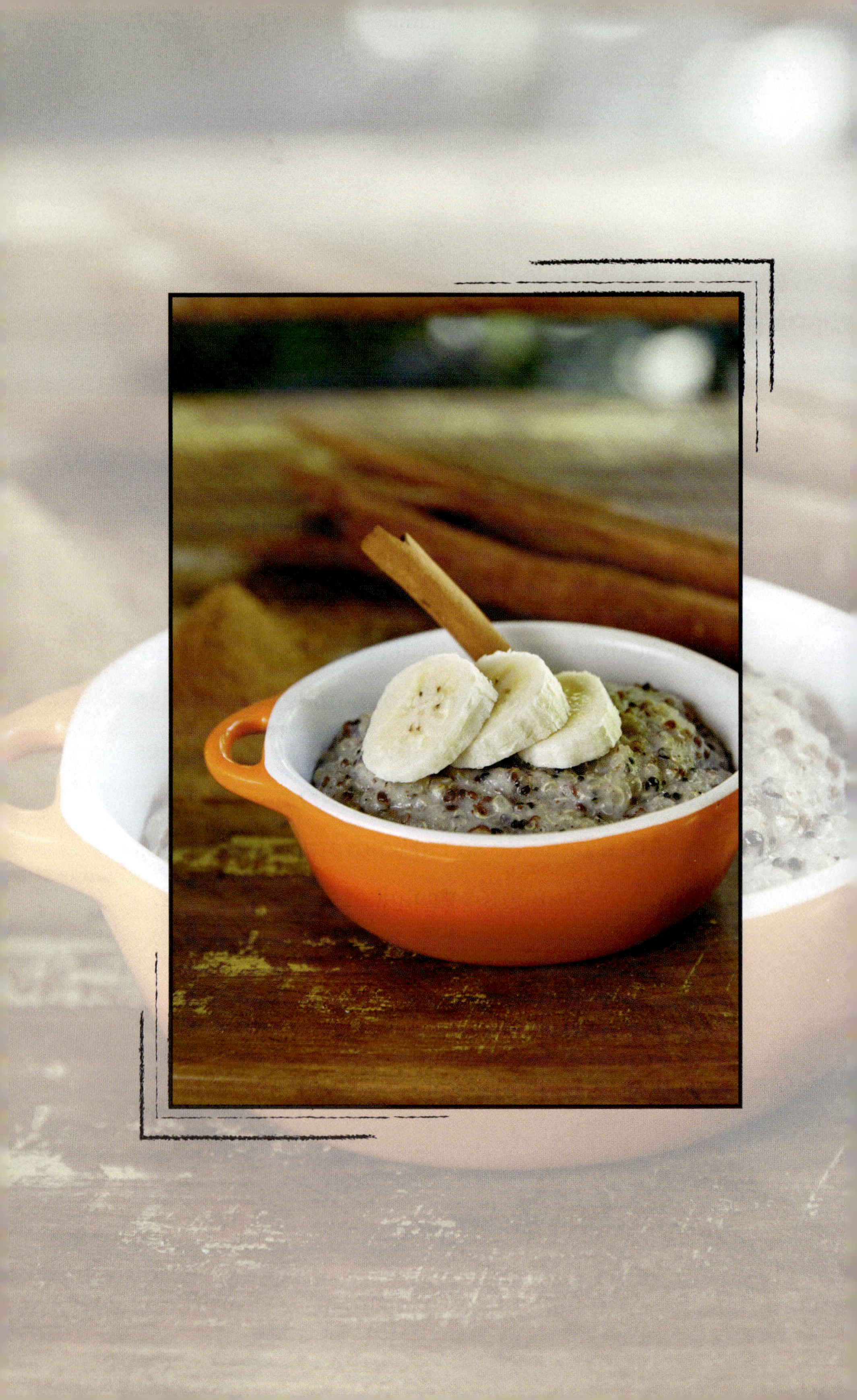

MINGAU PROTEICO MATINAL OU NOTURNO DE QUINOA AO LEITE DE COCO COM CANELA

Essa receita serve para manhãs e noites. A quinoa é uma fonte proteica vegetal, gera saciedade e é um ótimo carboidrato de fácil digestibilidade. Também fica ótimo com sua granola funcional.

RENDIMENTO:
- 2 porções

UTENSÍLIOS:
- Thermomix ou liquidificador, panela, espátula, colher

INGREDIENTES:
- 1 xícara de quinoa em grãos já cozidos e sem tempero
- 1 banana madura
- 4 colheres de sopa de biomassa de banana verde
- Pitadas de canela em pó
- 1 xícara de chá de leite de coco
- 3 tâmaras sem semente picadas em cubinhos
- 1 xícara de chá de ervas (sálvia, alecrim e tomilho)

PREPARO:
- Hidrate as tâmaras no chá quente até ficarem macias. Retire a água e bata na thermomix ou liquidificador até formar uma pasta.
- Bata o leite de coco com a biomassa e em uma panela misture com a quinoa em fogo médio. Deixe reduzir e os grãos de quinoa incorporarem-se ao líquido cremoso, mexendo para não grudar na panela. Adicione as tâmaras e misture. Você pode substituir a tâmara por açúcar de coco ou demerara. Em vez de panela, você pode preparar tudo na thermomix.
- Sirva a quinoa com rodelas de banana, pitadas de canela e as pepitas de girassol.

LE MANJUE
ORGANIQUE

Renato Caleffi

GRANOLA FUNCIONAL

Esta receita é simples e deliciosa. De fato, existem muitas marcas de granola, porém, acho muito simpática a ideia de cada um ter sua receita, presenteá-la para amigos e quem sabe até vender para os colegas do trabalho. Uma granola precisa ser rica em fibras e em ingredientes de fontes proteicas. Escolhi o amaranto, pois é rico em proteína, a chia, rica em Ômega-3, a semente de abóbora ajuda na eliminação de toxinas, a canela em pó é antioxidante e melhora a carga glicêmica.

RENDIMENTO:
- 25 porções

UTENSÍLIOS:
- Frigideira antiaderente grande, espátula ou pão duro, colher

INGREDIENTES:
- ½ de xícara de chá de castanha-do-pará ou do Brasil
- ½ de xícara de chá de castanha de caju
- ½ de xícara de chá de amêndoas com casca, picadas em pedaços médios
- ¼ de xícara de chá de pepitas de girassol
- ¼ de xícara de chá de semente de abóbora
- ¼ de xícara de chá de flocos de amaranto
- 1 colher de chá de chia em grãos

- ½ de xícara de coco ralado seco ou fitas de coco secas
- ½ de xícara de frutas secas de sua preferência, como damasco, tâmara, passas, banana passa, goji berry
- 1 colher de chá de canela em pó
- ¾ de xícara de açúcar mascavo ou de coco ou demerara ou um pouco de cada

PREPARO:

- Leve todos os ingredientes numa panela antiaderente e em fogo baixo ou forno. Mexa delicadamente para os ingredientes tostarem e, à medida que o açúcar derreter, se envolverem nele. Desligue o fogo e deixe esfriar em uma assadeira ou refratário, em seguida armazene em pote de vidro com tampa.

Kefir

O kefir é uma cultura viva e à medida que se alimentam, crescem e se multiplicam. Esse produto é considerado antibiótico natural, contribui para alcalinização e possui propriedades probióticas.

A palavra kefir originou-se da palavra turca "Keif", que significa "bom sentimento". Geralmente, ganhamos de um amigo e colocamos no líquido em que está acostumado a viver, por exemplo, leite de coco ou leite ou água com açúcar (mascavo de preferência ou mesmo sucos doces como de uva ou manga). Todos os dias precisamos coar para tomarmos o líquido enriquecido e a parte sólida da peneira voltamos para o recipiente (que não pode ser de metal) com o líquido novo. Esse líquido precisa conter açúcar, portanto, ou apenas leite, ou água ou outro líquido contendo mel, rapadura, mascavo ou o próprio açúcar. No leite de coco, embora contenha frutose, adiciono um pouco de mel ou mascavo para potencializar o açúcar.

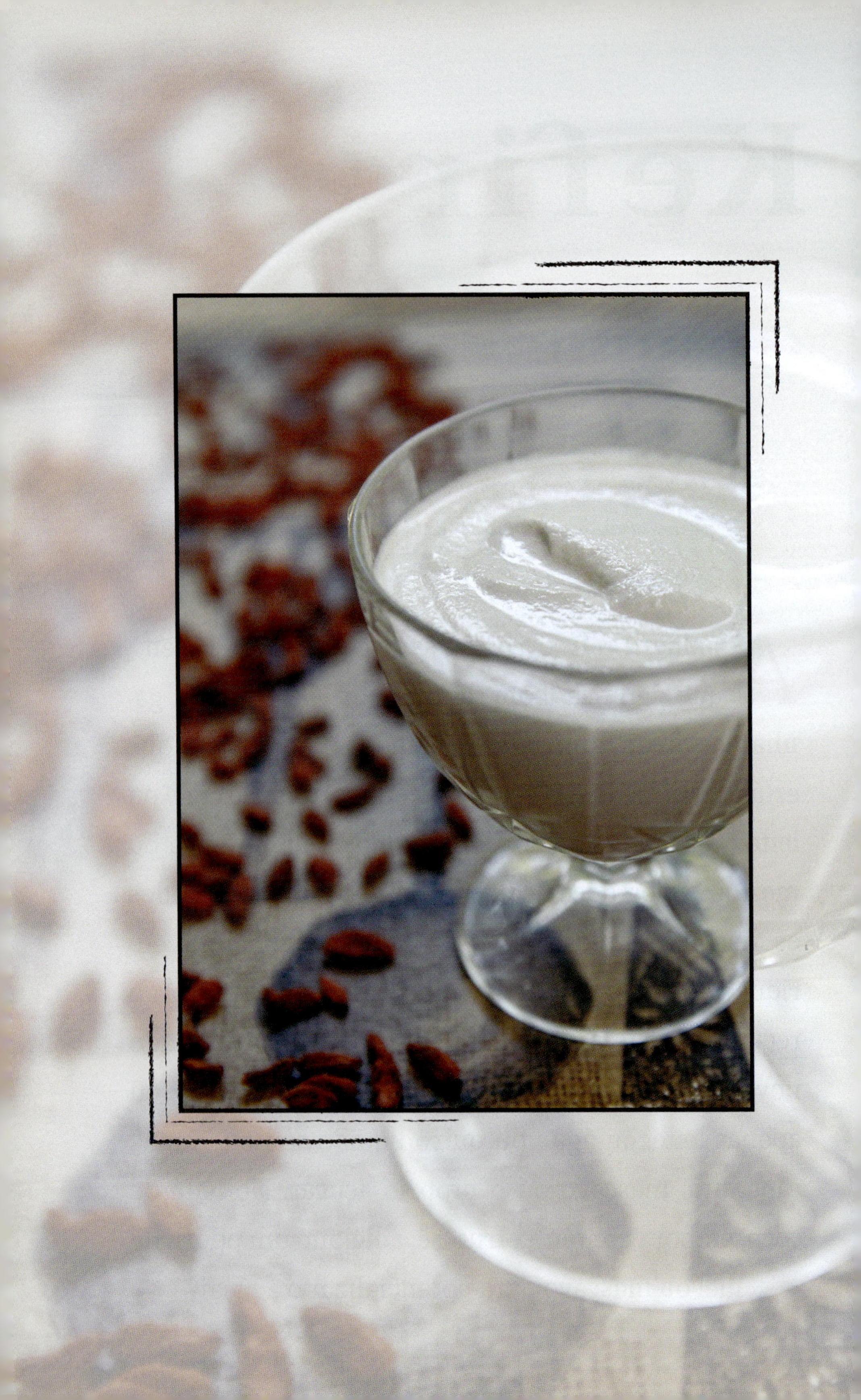

IOGURTE DE MACADÂMIA

Considero esta receita muito democrática, pois ela pode ser preparada de várias formas e isso vai alterar o grau de elaboração, assim como as propriedades funcionais. Esta receita pode ser feita apenas com a macadâmia, água e suco de limão ou pode ser enriquecida com os demais ingredientes, e, nesse caso, o resultado será um produto mais funcional que um iogurte. Você também pode substituir a macadâmia por castanha de caju ou amêndoa. Esta é uma receita que fica com cor, sabor ácido e azedo que lembram um iogurte de verdade. Ele tem as calorias da oleaginosa, porém também, possui os benefícios da macadâmia, como a proteção do coração. O suco de limão ajudará no sabor ácido. O kefir não é obrigatório nem o probiótico em pó, mas eles, além de ajudarem no sabor, podem contribuir com as propriedades probióticas. A biomassa nesta receita, além de engrossar, vai contribuir para as propriedades prebióticas, já a goma xantana apenas servirá para engrossar.

RENDIMENTO:
> 4 porções

UTENSÍLIOS:
> Thermomix ou liquidificador, colher, espátula ou pão duro, faca, refratário de vidro fundo

INGREDIENTES:
> 200g de macadâmia crua sem sal hidratada por 6 a 24 horas em água

- Suco de 1 limão tahiti
- 1 colher de café de goma xantana ou 1 colher de sopa de biomassa de banana verde (ambos os ingredientes são opcionais)
- 1 envelope de probiótico (opcional) ou uma colher de sopa da parte sólida do kefir (ambos os ingredientes são opcionais)
- Água fria quanto baste ou líquido formado pelo Kefir (utilizo kefir alimentado no leite de coco e uma colher de sopa de mel)

PREPARO:

- Coloque as macadâmias em um refratário de vidro e cubra com água filtrada. Deixe de molho por no mínimo 8 horas. Dispense a água do remolho.
- Leve as macadâmias para a thermomix ou liquidificador e adicione um pouquinho de água fria ou o líquido do kefir, o suficiente para conseguir bater sem forçar o motor.
- Adicione o suco de limão e em seguida a goma xantana ou a biomassa de banana verde. Um dos dois deixará a consistência mais cremosa. Não se esqueça de que a biomassa possui poderes funcionais em relação à goma xantana. Bata por 3 a 5 minutos no liquidificador para ficar cremoso, homogêneo e liso; nesse caso também para ativar a goma xantana.
- Se quiser um iogurte mais ralo, adicione mais água ou líquido do kefir.
- Leve para a geladeira e deixe gelar por 2 horas. Sirva com frutas ou sua granola funcional. Ela dura até 3 dias na geladeira.

PÃEZINHOS DE BATATA-DOCE COM NIBS DE CACAU

> Esta receita é uma carta na manga, pois é rápida e você pode substituir a batata-doce por mandioquinha, por inhame, mandioca e batata inglesa. A biomassa confere seus poderes funcionais e melhora a carga glicêmica. O nibs de cacau rico em antioxidante também pode ser trocado por ervas e sementes, chia ou linhaça.

RENDIMENTO:
- 5 porções

UTENSÍLIOS:
- Refratário fundo, colher, assadeira ou frigideira antiaderente

INGREDIENTES:
- 250g de polvilho azedo
- 200g de batata-doce
- 75ml de azeite
- 2 colheres de sopa de biomassa de banana verde
- 1 colher de chá de sal
- 2 colheres de sopa de nibs de cacau
- Água em temperatura ambiente quanto baste

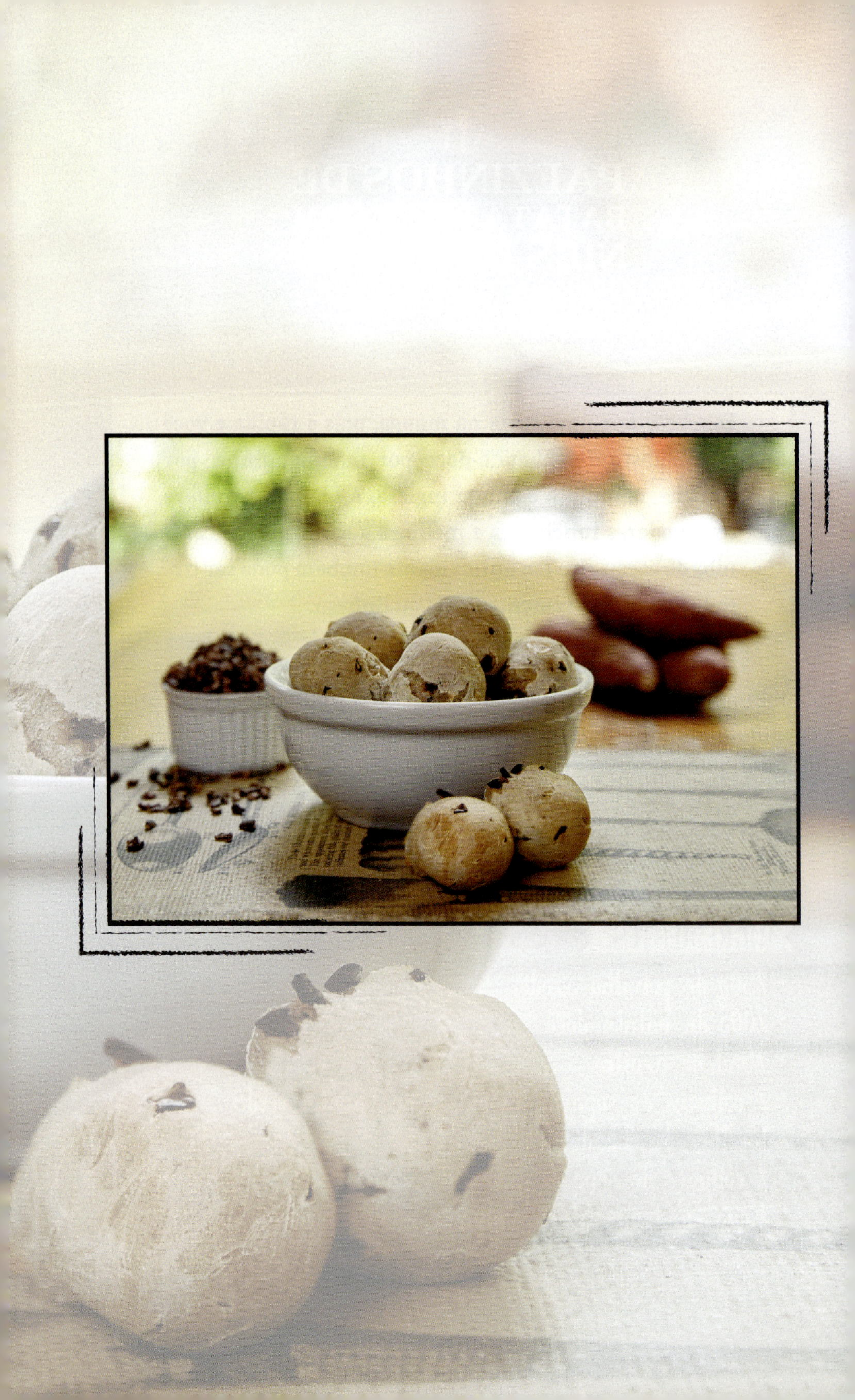

PREPARO:

> Cozinhe a batata-doce descascada na água até todas ficarem macias. Dispense a água e transforme em purê. Junte o polvilho com o sal e em seguida o azeite. Misture até virar uma farofinha. Junte o purê de batata-doce, a biomassa e, aos poucos, adicione a água, colocando uma colher de sobremesa por vez, cerca de meia xícara de café de água, até a massa ficar macia e não mais quebradiça nem grudando nas mãos. Adicione o nibs de cacau e misture novamente.
> Você pode assar em bolinhas no forno preaquecido a 180 graus por cerca de 50 minutos ou pode achatar a bolinha e grelhar na frigideira antiaderente, como um pão indiano chamado chapatis. Você pode deixar bolinhas prontas na geladeira e fazer no seu café da manhã e pode congelar também a massa como um pão de queijo.

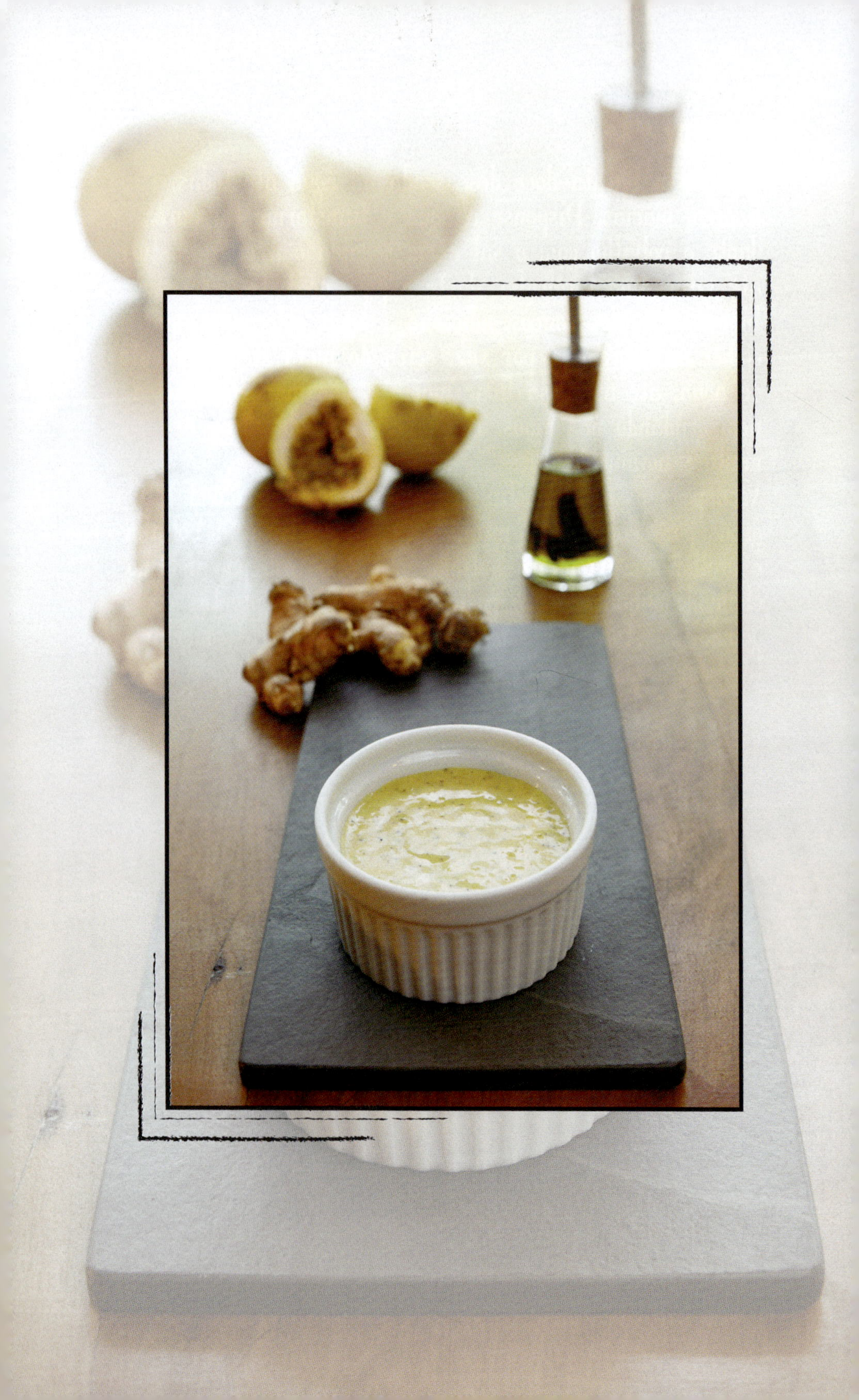

MAIONESE DE MARACUJÁ COM CÚRCUMA

Mais uma vez a pimenta para garantir a absorção da cúrcuma. O maracujá também é antioxidante e atua como antiestresse, tranquilizante, analgésico e relaxante muscular; também ajuda a combater a diabetes, ajuda nos problemas do coração, enxaquecas, tensão pré-menstrual e contribui para a regeneração celular.

RENDIMENTO:
- 15 porções

UTENSÍLIOS:
- Thermomix ou liquidificador, panela, colher

INGREDIENTES:
- 5 polpas frescas de maracujá ou cerca de 500g
- 75g de açúcar demerara ou de coco
- 250g de azeite extravirgem
- 1 colher de café de cúrcuma em pó
- Pimenta moída na hora
- Noz-moscada a gosto
- Sal a gosto

PREPARO:
- Leve a polpa de maracujá com o açúcar e ferva por 15 minutos.
- Adicione ainda quente o azeite e deixe descansar por 30 minutos.
- Bata no liquidificador com a cúrcuma, pimenta moída na hora, noz-moscada e o sal. Passe tudo pela peneira, se não gostar de sentir as sementes; corrija o tempero e equilíbrio do sal e do açúcar.
- A consistência será como a de uma emulsão e de uma maionese.
- Armazene em um pote de vidro na geladeira por até 10 dias.

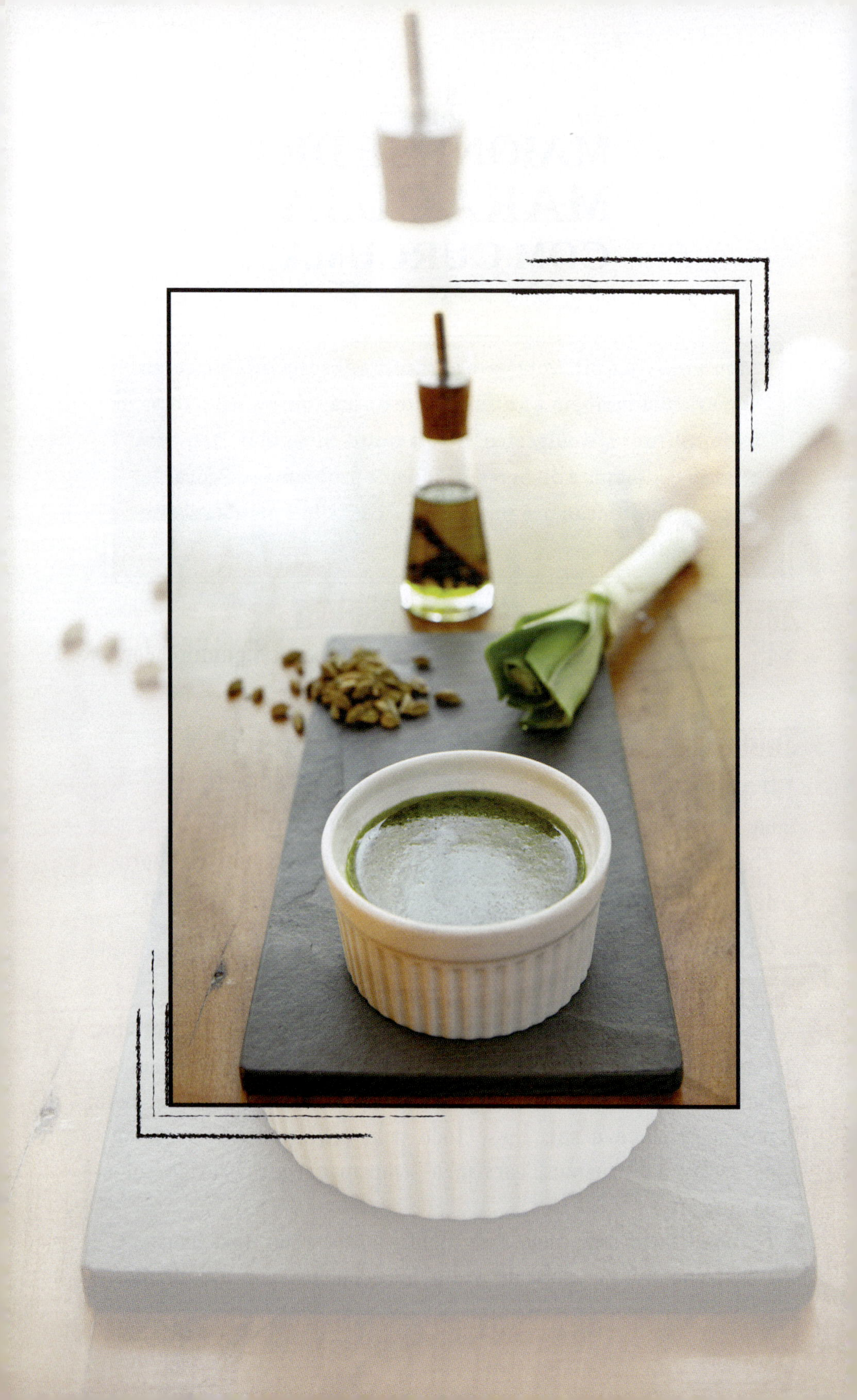

MOLHO DE ALHO-PORÓ COM CARDAMOMO

Como já sabem sou viciado em cardamomo, então vai essa dica superaromática e funcional.
Ideal para molhos de saladas, carnes, massas e finalizar risotos, quinoa e arroz. É um molho com poderes antioxidantes, alcalinizantes e anti-inflamatórios.

RENDIMENTO:
- 10 porções

UTENSÍLIOS:
- Thermomix ou liquidificador, espátula ou pão duro, peneira

INGREDIENTES:
- 10g de cardamomo com casca ou cerca de 1 colher de sopa
- Pitada de sal a gosto
- 250ml de azeite extravirgem
- 50g de alho-poró cortados em rodelas finas

PREPARO:
- Deixe de molho o cardamomo no azeite por 24 horas. Bata o azeite com o cardamomo e em seguida passe por uma peneira. Bata novamente com o alho-poró e o sal.

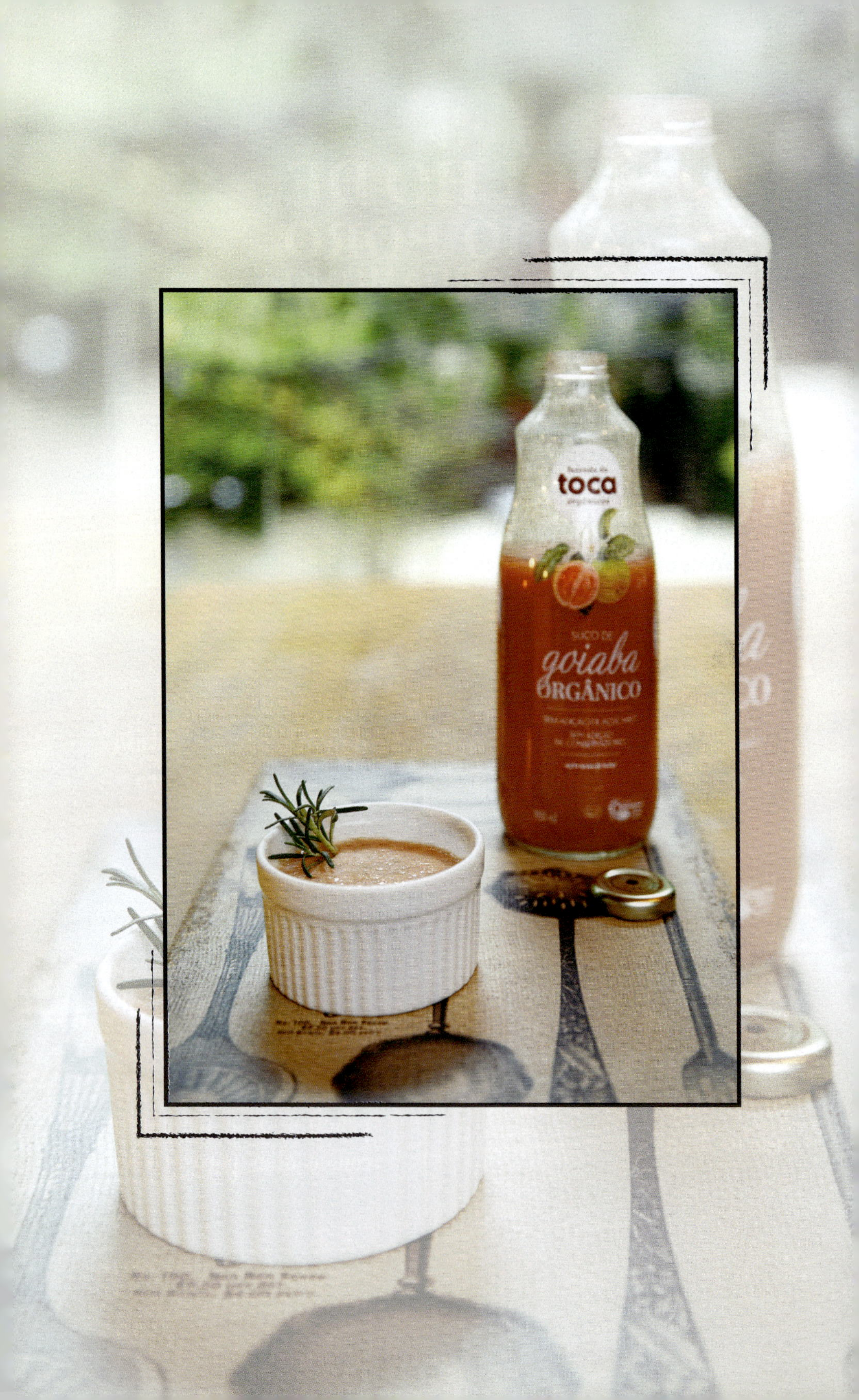
toca
SUCO DE
goiaba
ORGÂNICO

MOLHO DE GOIABA COM ESPUMANTE E ALECRIM

Este molho é rico em antioxidantes e prebióticos. A biomassa de banana verde e a linhaça melhoram a carga glicêmica da frutose da goiaba e melhoram o impacto do açúcar.

RENDIMENTO:
- 10 porções

UTENSÍLIOS:
- Thermomix ou liquidificador, panela, espátula ou pão duro, peneira

INGREDIENTES:
- 1l de suco de goiaba orgânico da Fazenda da Toca ou suco da própria fruta
- 2 xícaras de espumante ou prosseco ou mesmo vinho branco
- 1 unidade de anis estrelado
- 1 colher de sopa de zimbro
- 2 colheres de sopa de açúcar de sua preferência (mel, açúcar demerara, mascavo ou pasta de tâmaras)
- 100g de biomassa de banana verde
- 2 colheres de sopa de azeite
- 2 ramos de alecrim fresco
- 1 colher de sopa de linhaça
- Sal a gosto

PREPARO:
- Retire as folhas do alecrim de seu caule e reserve.
- Leve para uma panela o suco com o espumante, a linhaça, o anis, zimbro e açúcar.
- Leve o molho para a thermomix ou liquidificador com a biomassa, alecrim e azeite. Bata até ficar homogêneo.
- Coe e sirva com peixe ou frango.

Sim, eu adoro sopas!

E percebi que muitas pessoas adotam a dieta da sopa ou preferem tomar sopas no jantar. Isso é fabuloso, mas não podemos nos enganar, uma sopa precisa conter ingredientes que nutram, atuem com funções específicas e saciem. E cuidado, na prática elas podem conter todo o oposto.

Sopas precisam ser saborosas e podem conter notas exóticas e estimular todo nosso sensorial. Sopa pode ser fria ou quente, detox e *antiaging*.

NUNCA SUBESTIME UMA SOPA!

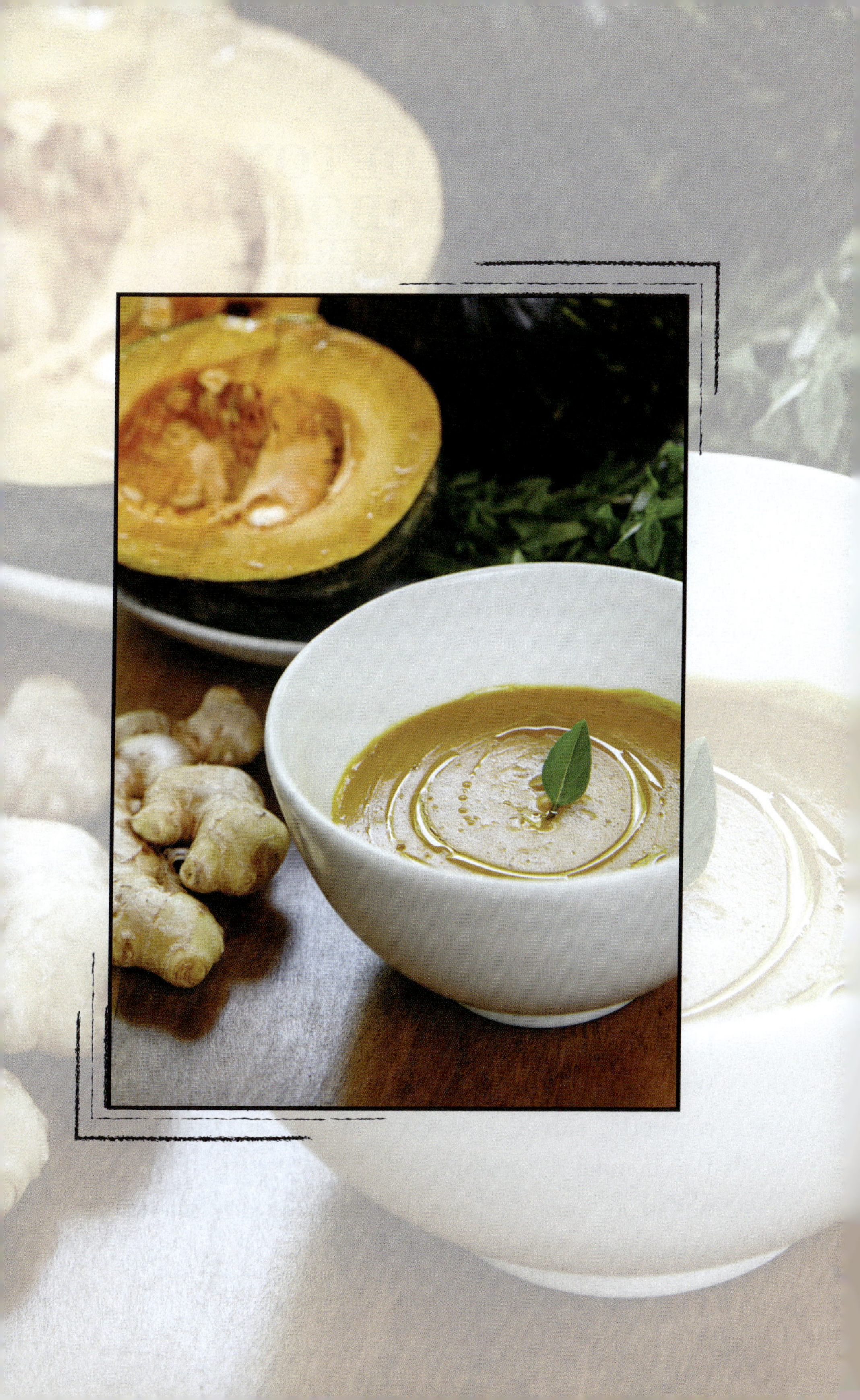

SOPA DETOX DE ABÓBORA COM TANGERINA, GENGIBRE E MANJERICÃO

Você pode substituir o suco de tangerina por manga. Essa sopa aparentemente exótica é delicada e muito saborosa. Combina com frango, frutos do mar e cogumelos.
Todos os ingredientes dessa sopa são ricos em antioxidantes, propriedades anti-inflamatórias e destoxificantes. Perfeito para dietas!

RENDIMENTO:
> 4 porções

UTENSÍLIOS:
> Thermomix ou liquidificador, faca, panela funda, colher

INGREDIENTES:
> 1 abóbora japonesa com casca
> 5 colheres de sopa de azeite
> 1,5 de infusão ou chá (sementes de mostarda, canela, erva-cidreira, endro, hortelã, camélia Sianensis, camomila, sálvia, erva-doce, alecrim e tomilho.
> 1 pedacinho de gengibre
> 350ml de suco de tangerina Fazenda da Toca ou suco extraído da própria fruta

- Folhas frescas de Manjericão
- Sal a gosto
- Pimenta do reino a gosto
- Noz-moscada a gosto
- 2 dentes de alho
- 2 colheres de sopa de biomassa de banana verde

PREPARO:

- Limpe bem a abóbora e corte em cubos. Retire as sementes.
- Cozinhe os cubos na thermomix ou em uma panela, com o chá de sua preferência, o gengibre e os dentes de alho até a abóbora ficar macia.
- Bata tudo na thermomix ou no liquidificador, adicionando o líquido aos poucos, o suficiente para bater. Adicione o sal, pimenta, noz-moscada, a biomassa de banana verde e o azeite. Corrija o tempero e sirva com folhas de manjericão.

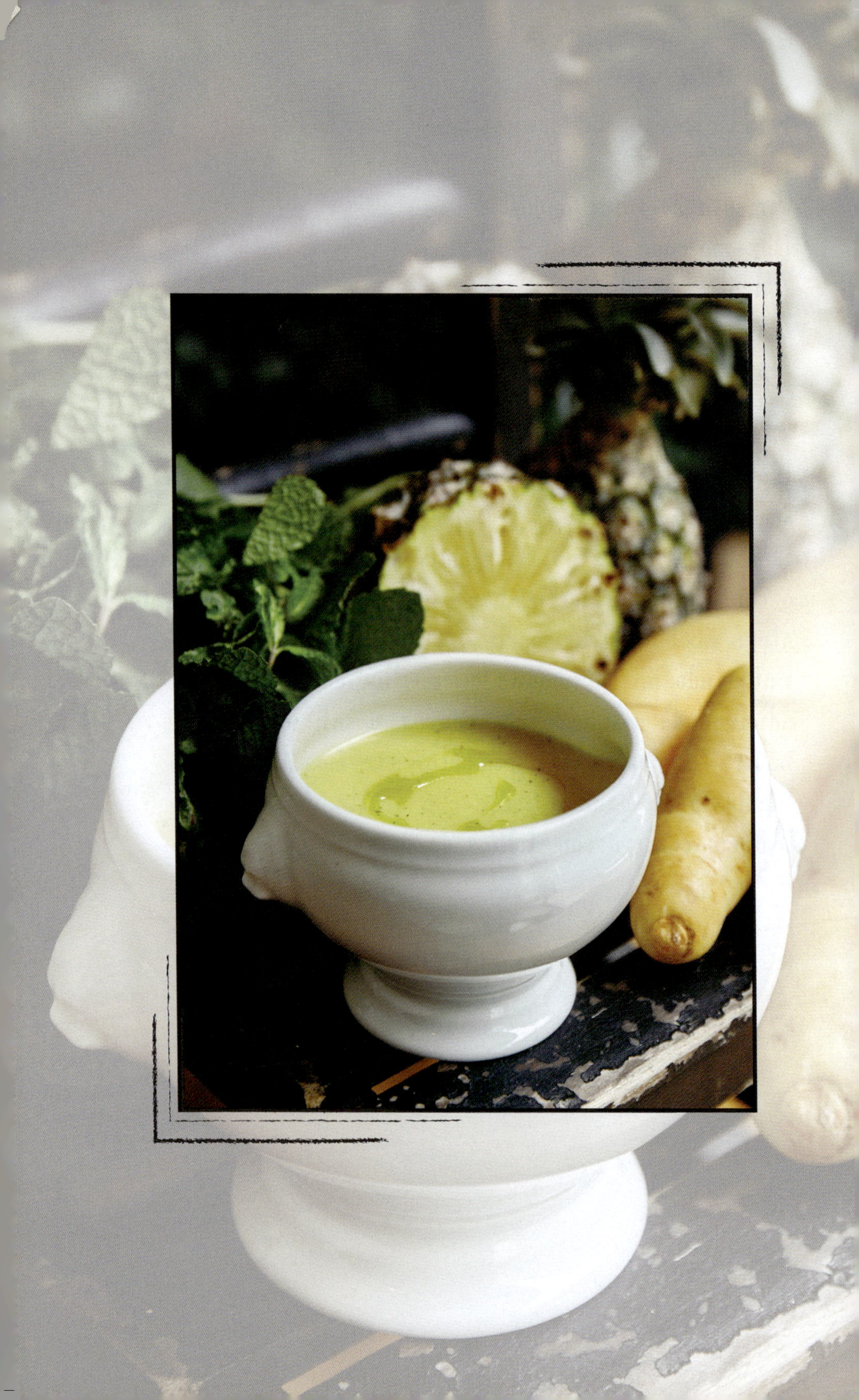

SOPA REJUVENESCEDORA DE MANDIOQUINHA, ABACAXI E HORTELÃ

Essa sopa é detox, *antiaging*, refrescante, exótica e também pode ser servida fria ou quente. O suco de abacaxi suaviza o sabor da mandioquinha e confere seus poderes, entre eles, diurético. A biomassa garantirá as propriedades prebióticas, e a chia, os poderes do ômega3. O hortelã rico em antioxidante melhora o aparelho digestivo; portanto, mais uma sopa indicada para dietas!

RENDIMENTO:
- 4 porções

UTENSÍLIOS:
- Thermomix ou liquidificador, faca, tábua, colher

INGREDIENTES:
- 1kg de mandioquinha
- 400ml de suco de abacaxi
- Sal a gosto
- Pimenta moída na hora a gosto
- Noz-moscada a gosto
- 1 dente de alho
- Punhado de folhas frescas de hortelã
- 4 colheres de sopa de azeite
- 2 colheres de sopa de biomassa de banana verde
- 2 colheres de chia

PREPARO:
- Descasque as mandioquinhas, coloque-as na água, o suficiente para cobri-las, e cozinhe-as na thermomix ou numa panela, com o alho. Quando estiverem macias, bata as mandioquinhas com suco de abacaxi, a biomassa de banana verde, o azeite, hortelã, noz-moscada, sal, pimenta a gosto.

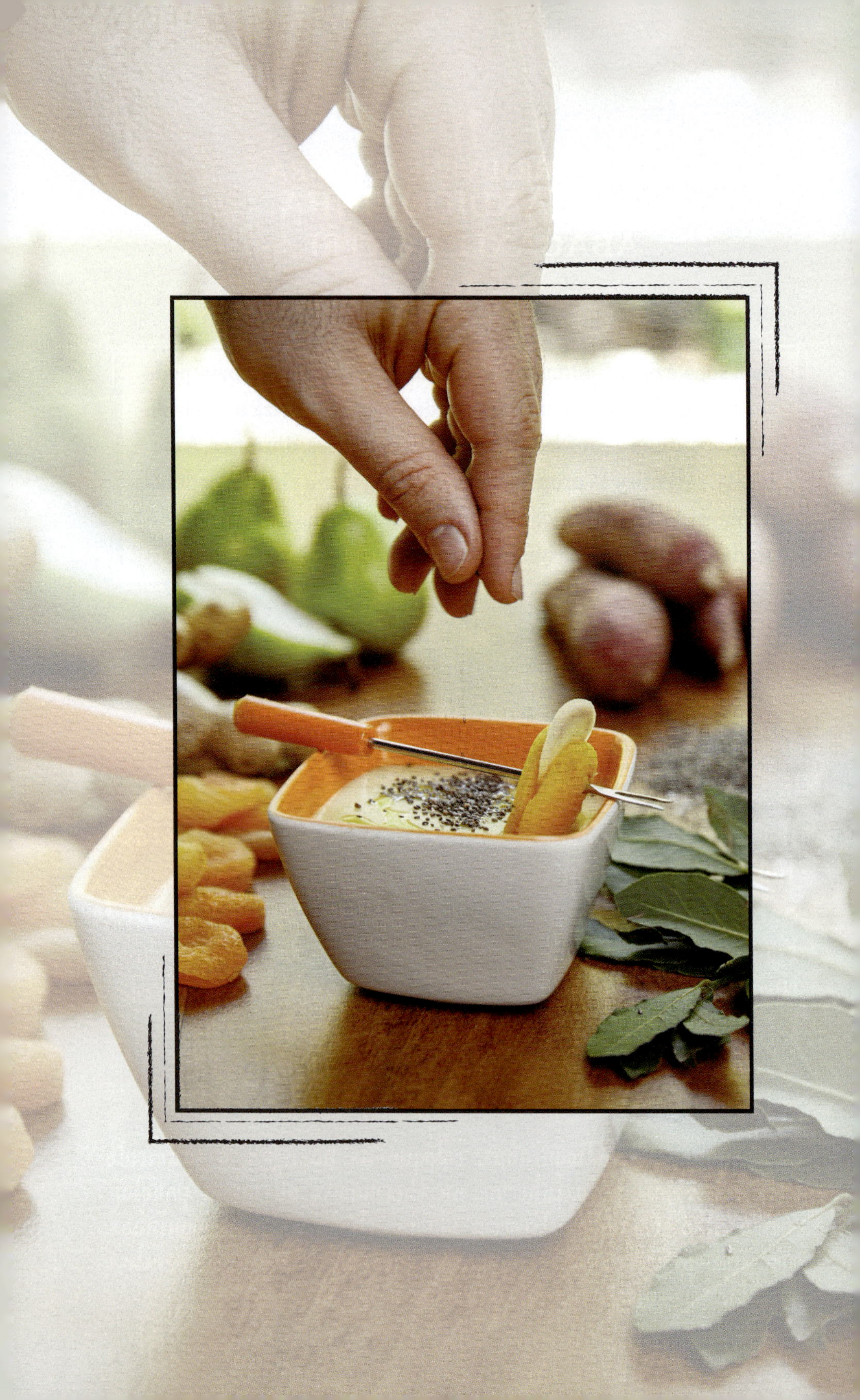

SOPA FIT DE BATATA-DOCE COM PERA, GENGIBRE, DAMASCO E ERVAS

RENDIMENTO:
- 4 porções

UTENSÍLIOS:
- Thermomix ou liquidificador, faca, tábua, colher

INGREDIENTES:
- 1kg de batata-doce
- 2 colheres de biomassa de banana verde
- 1 pedacinho de gengibre
- Punhado de hortelã fresco
- 2 dentes de alho
- 2 unidades de pera cozidas previamente em suco de tangerina da Fazenda da Toca orgânico
- 3 damascos
- Pitada de cúrcuma
- Pitada de pimenta moída na hora a gosto ou pimenta caiena ou dedo-de-moça
- 1 e meia xícara de café de azeite
- 1 punhado de alecrim fresco
- 2 colheres de biomassa de banana verde
- 1 colher de sopa de chia

PREPARO:

> Cozinhe na thermomix ou em uma panela, a batata-doce descascada e cortada em rodelas com o gengibre, alho, hortelã e água até ficarem macias. Retire o gengibre e hortelã e dispense-os. Bata a batata-doce com o líquido do cozimento, as peras, o damasco, alho e sal a gosto.
> Adicione azeite e bata até ficar homogêneo.
> Finalize com gengibre ralado na hora e decore com folhas de hortelã.

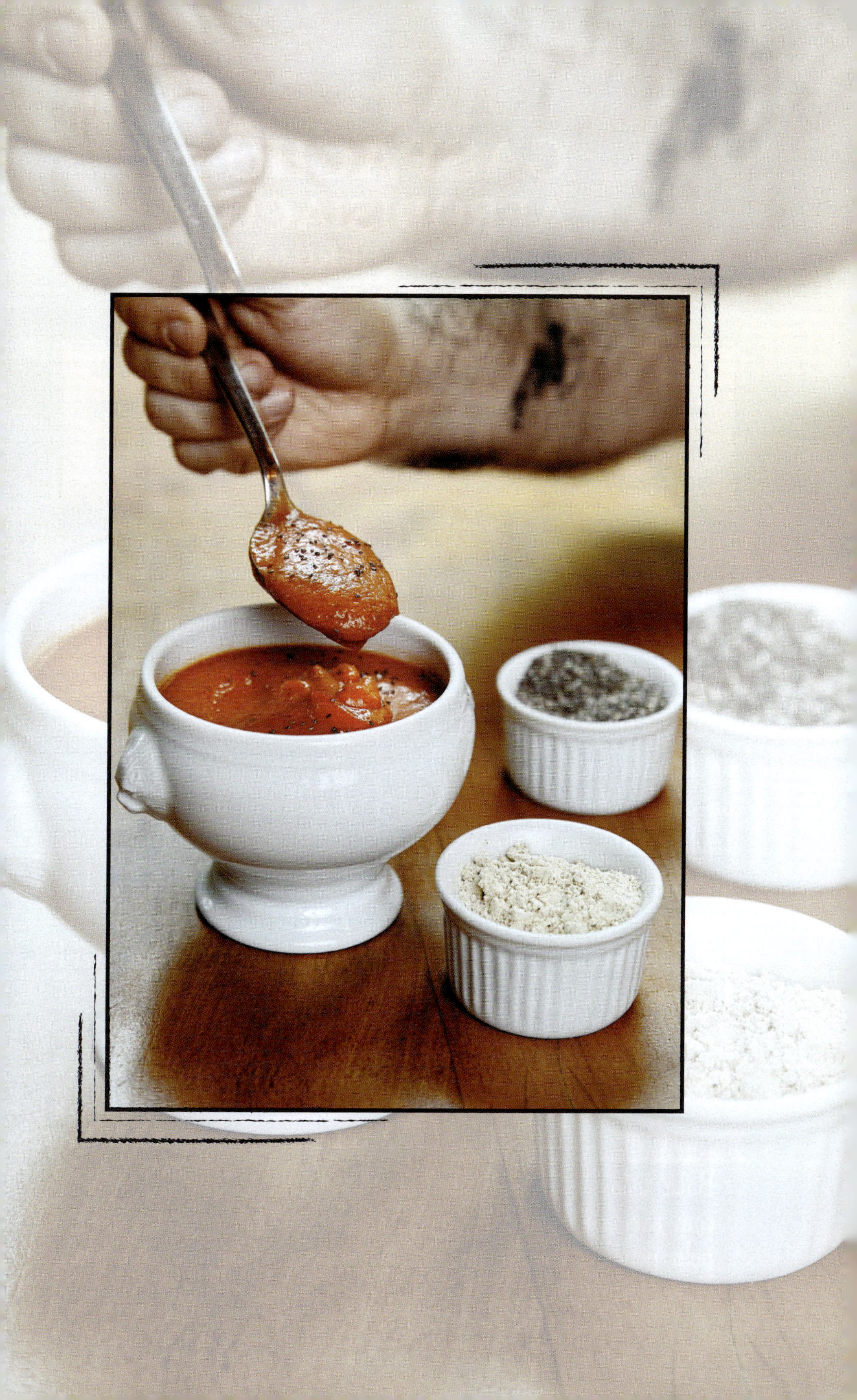

GASPACHO AFRODISÍACO
COM MACA PERUANA

Essa receita é detox, *antiaging*, anti-inflamatória e repleta de alimentos antioxidantes. A maca peruana ajuda a conferir poderes termogênicos e afrodisíacos. Essa sopa também possui poderes prebióticos.

RENDIMENTO:
- 4 porções

UTENSÍLIOS:
- Thermomix ou liquidificador, 1 colher, espátula ou pão duro

INGREDIENTES:
- 660g ou 2 potes de molho de tomate orgânico Fazenda da Toca, sabor basílico ou tradizionale ou a mesma quantidade de tomates frescos orgânicos maduros
- 150g de cebola
- 1 pimentão orgânico pequeno
- 2 colheres de sopa rasas de maca peruana em pó
- 1 colher se sopa de semente de chia
- 2 colheres de sopa de azeite
- 1 raminho de alecrim fresco
- 2 colheres de sopa de biomassa de banana verde
- 1 dente de alho
- 1 colher de chá de sal
- Noz-moscada a gosto

PREPARO:
- Bata todos os ingredientes na thermomix ou liquidificador, com exceção da chia. Corrija o tempero. Em seguida passe pela peneira, divida em quatro porções e salpique chia por cima. Sirva frio.

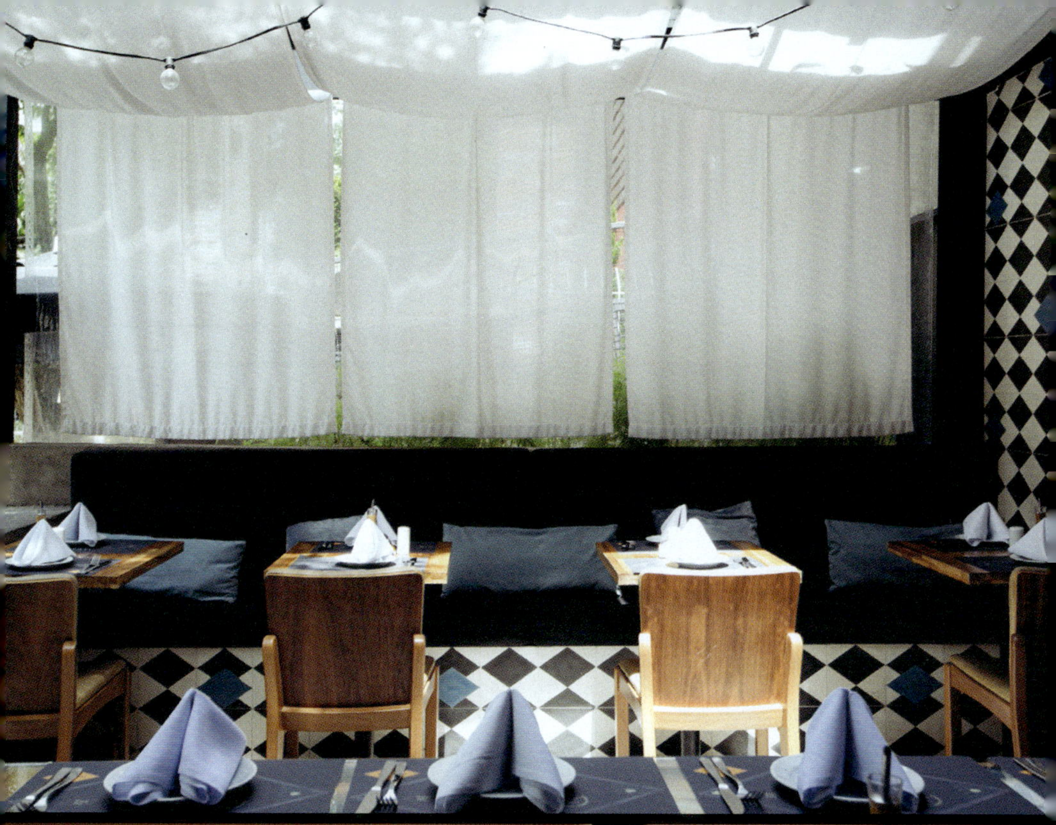
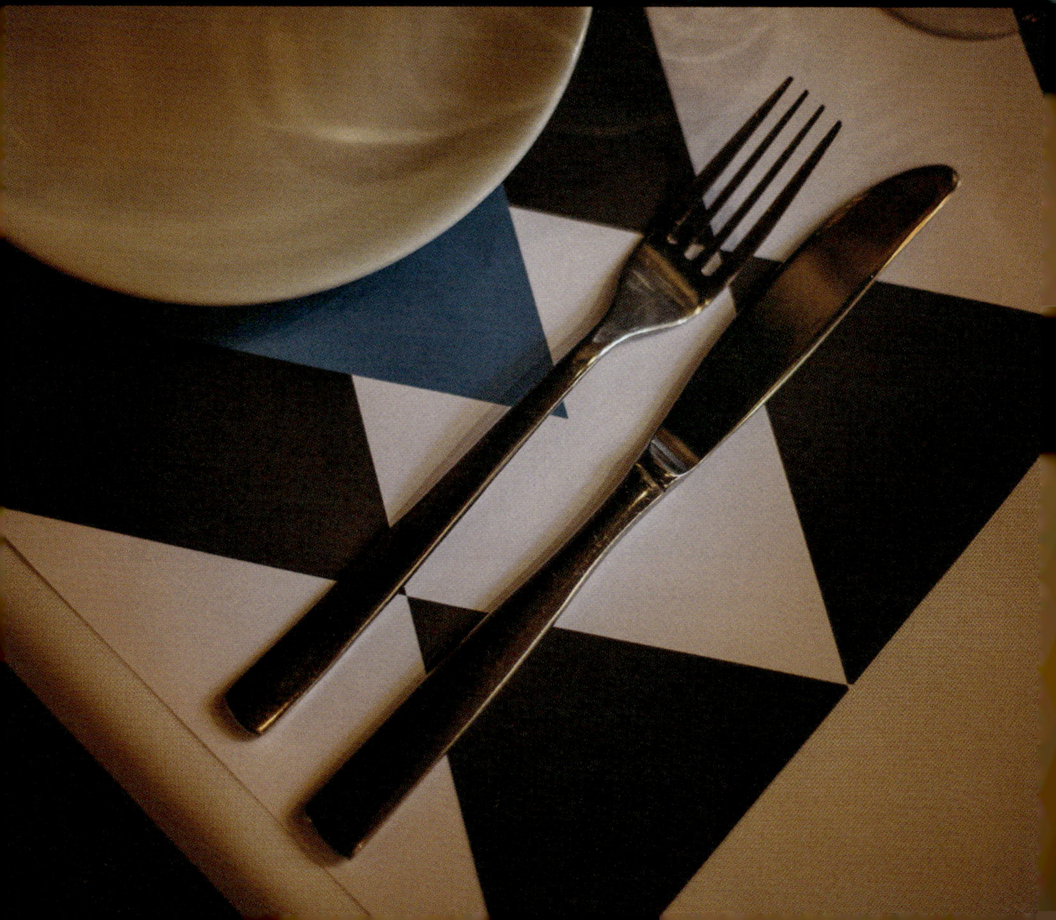

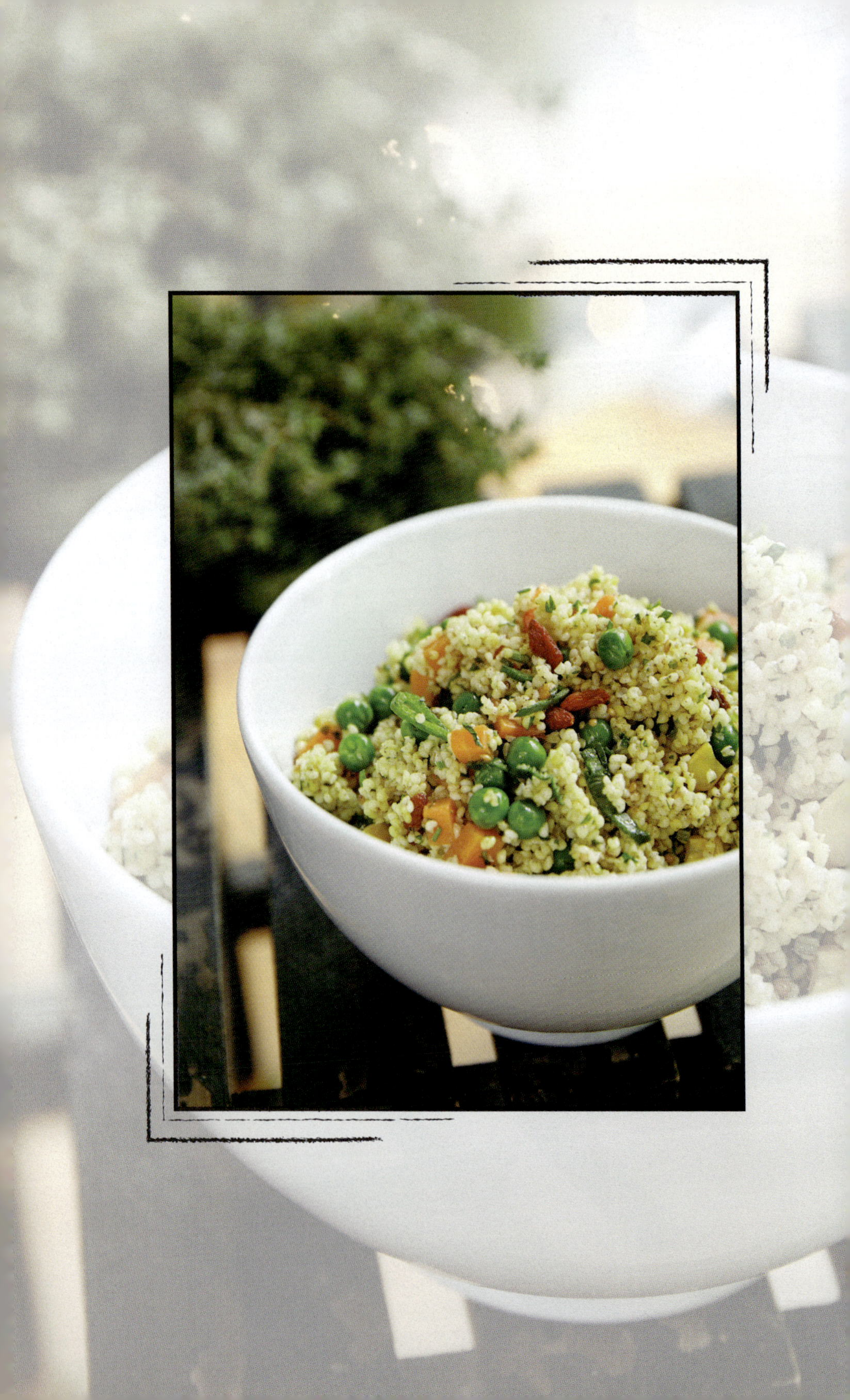

COUSCOUS DE GRÃOS DE PAINÇO À MODA MARROQUINA COM CACAU

Sirva frio ou quente, com salada verde de acompanhamento. O painço é um grão de baixa caloria, boa fonte de proteína, rico em fibras, vitaminas e minerais; está relacionado ao bom humor, protege os ossos e diminui sintomas da TPM.

RENDIMENTO:
- 2 porções

UTENSÍLIOS:
- Thermomix ou panela funda, frigideira antiaderente, prato fundo, garfo, espátula

INGREDIENTES:
- 1 xícara de chá de painço em grão
- 4 xícaras de água
- 50g de cenoura em cubinhos previamente branqueadas (cozidas)
- 2 colheres de sopa de ervilhas frescas previamente branqueadas
- 2 colheres de milho fresco previamente branqueado
- Ervas frescas picadas
- Sal a gosto
- Noz-moscada
- Pitadas de cominho em pó
- Pitadas de curry em pó
- 2 colheres de sopa de passas ou goji berry ou cranberry
- 2 colheres de sopa de azeite de sua preferência

PREPARO:
- Na thermomix ou em uma panela, ferva a água e cozinhe os grãos de painço até ficarem macios e al dente. Cuidado, pois podem passar do ponto rapidamente. Passe numa peneira e reserve.
- Misture com o restante dos ingredientes. Sirva quente ou frio.

SALADA DE QUINOA GERMINADA

O grande manifesto para ingestão de brotos e germinados é que esse processo torna o alimento mais saudável e com maiores teores de nutrientes digeríveis, além de conterem alta carga de energia vital. São considerados importantes preventivos contra envelhecimento, doenças como câncer, diabetes e problemas do coração. Mais uma vez turbinamos a receita com ervas e especiarias comuns e antioxidantes. A presença da vitamina C da laranja melhorará a absorção do selênio da castanha-do-pará, assim como a pimenta melhorará a absorção dos poderes do fitoquímico curcumina, presente na cúrcuma. O gengibre presenteia com seu sabor refrescante e propriedades anti-inflamatórias e termogênicas.

RENDIMENTO:
> 2 porções

UTENSÍLIOS:
> Vidro de boca larga, filó ou redinha fina e delicada, elástico

INGREDIENTES:
> 1 xícara de grãos de quinoa orgânica
> Água filtrada e fresca para cobrir os grãos
> 2 tomates frescos orgânicos cortados em cubinhos
> Punhado de ervas frescas como tomilho, alecrim, manjericão, orégano

- 6 unidades de folhas de hortelã
- Sal a gosto
- 1 colher de café de cominho em pó
- 1 colher de café de cúrcuma
- Pitada de curry ou pitada de pimenta moída na hora a gosto
- Punhado de alho-poró fatiado
- 2 colheres de sopa de azeite
- 1 punhado de gengibre ralado
- 1 dente de alho amassado ou picado
- 1 laranja cortada em gomos
- 4 unidades de castanha-do-pará ou Brasil picadas.

PREPARO:

- Enxague por 6 vezes os grãos de quinoa para obter um sabor melhor ao final do processo.
- Coloque os grãos de molho na água por um período de 4 horas.
- Após o período de molho na água, drene a água e lave bem e várias vezes os grãos. Mantenha os grãos no pote de vidro, com inclinação de 45 graus e coberto com o filó preso por um elástico, para que escorra toda a água. O pote deve ficar em local seco, com ar e com luz natural indireta, preferencialmente. O frio da geladeira interrompe o processo de germinação.
- Conforme a germinação, ou seja, o aparecimento de brotinhos, os grãos estarão prontos. Normalmente o tamanho dos brotos de grãos de quinoa pode chegar até 1cm. Esse processo, por ser quinoa, pode levar de 2 até 3 dias.
- Misture com os demais ingredientes e sirva.

RISOTO
acalma e conforta!

E SE FOR PREPARADO ADEQUADAMENTE, PODE SER MUITO SAUDÁVEL.

Mas como fazer um risoto saudável e funcional? Podemos usar grãos de arroz próprios para risotos ou grãos integrais cateto ou mesmo grãos de quinoa. Em vez de caldo proteico ou legumes, devemos usar infusão de ervas e especiarias, que contribuirão com os benefícios da fitoterapia, tais como hortelã, cúrcuma, cardamomo, canela, anis estrelado. Adicione biomassa de banana verde para dar liga e consistência, e linhaça, na metade do risoto, para conferir uma cremosidade e brilho.

O azeite ao final irá conferir mais brilho e sabor.

ARROZ INTEGRAL

RENDIMENTO:
> 2 porções

UTENSÍLIOS:
> Panela com tampa, espátula

INGREDIENTES:
> 1 e 1/2 xícara de arroz integral cateto vermelho
> 5 xícaras de água filtrada
> 1 colher de café de vinagre de maçã
> Sal a gosto

PREPARO:
> Utilize a proporção de 3 xícaras de água para uma de arroz integral.
> Lave o arroz e deixe escorrendo. Seque bem o arroz. Sele o arroz em tempero com azeite; o suficiente para lubrificar os grãos. Adicione a água quente sem ferver. Adicione o vinagre e o sal. Mexa e tampe parcialmente a panela. Mantenha a mesma temperatura do início ao final, em fogo médio alto. A água sempre deve ferver pelas laterais e nunca pelo centro. Não mexa o arroz. Ao formar buracos como se fosse um formigueiro, quase seco, mas ainda com algumas poças de água e vapor lateral, desligue o fogo e tampe toda a panela, deixando cozinhar o arroz por pelo menos 15 minutos, fora da chama.

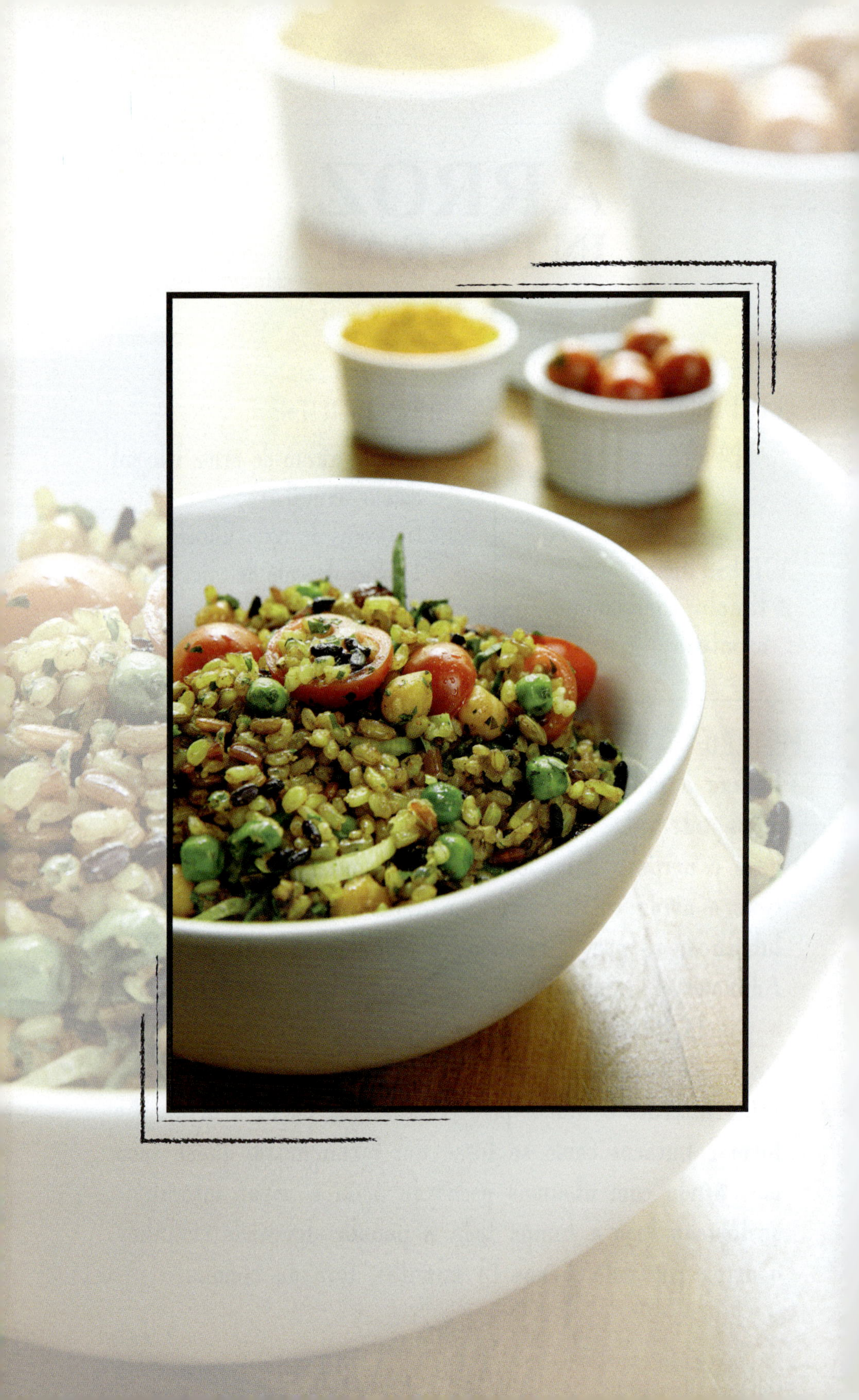

ARROZ INDIANO ANTIAGING

RENDIMENTO:
> 2 porções

UTENSÍLIOS:
> Frigideira ou caçarola antiaderente, espátula

INGREDIENTES:
> 1 e ½ xícara de arroz integral cozido
> 1/4 de xícara de ervilha fresca previamente branqueada e al dente
> ¼ de xícara de grão de bico cozido
> ¼ de xícara de lentilha cozida
> Pitada de cominho em pó
> Pitada de cúrcuma
> Pitada de curry
> Pitada de canela
> 2 unidades de cardamomo sem semente
> Noz-moscada ralada a gosto
> Azeite de gengibre

PREPARO:
> Leve o arroz cozido para a panela e misture os demais ingredientes. Sirva com folhas de hortelã.

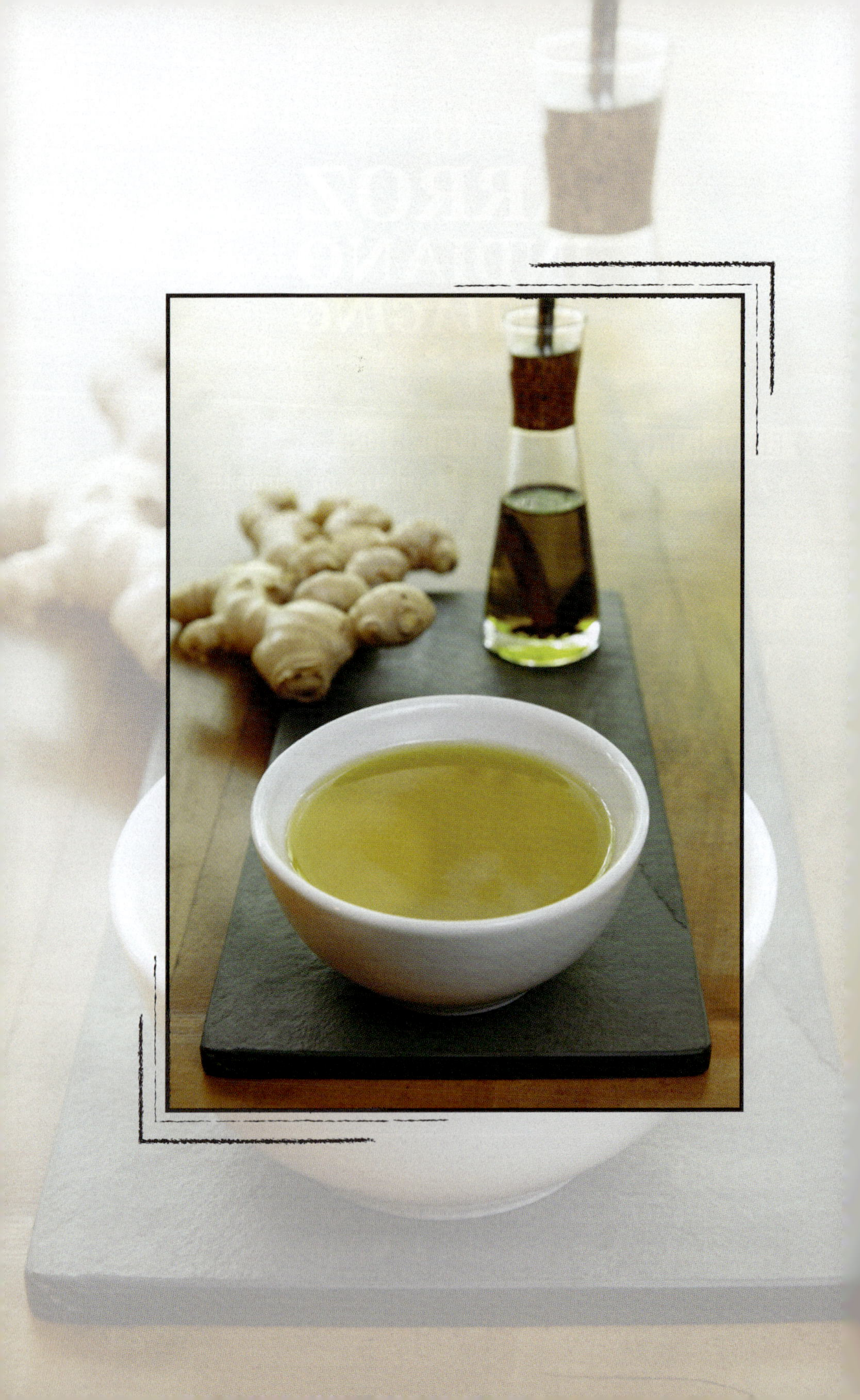

RISOTO FIT
DE FRUTAS VERMELHAS
COM TOMILHO E GENGIBRE

> Este risoto é antioxidante por conter frutas vermelhas, tomilho e gengibre. Ele pode ser também considerado Fit, pois as frutas vermelhas são ricas em fitoquímicos que ajudam na recuperação muscular, e nesta receita a linhaça garante propriedades de ômega3. Este risoto também é rico em prebiótico por causa da biomassa de banana verde e rico em substâncias estimulantes e termogênicas como gengibre.

⇜ AZEITE DE GENGIBRE ⇝

RENDIMENTO:
> 10 porções

UTENSÍLIOS:
> Thermomix ou liquidificador, espátula ou pão duro, peneira

INGREDIENTES:
> 50g de gengibre com casca
> Pitada de sal a gosto
> 250ml de azeite extravirgem

PREPARO:
> Higienize o gengibre e seque-o. Corte em tiras e bata com o azeite e o sal na thermomix ou no liquidificador. Passe na peneira, apertando bem com uma colher até sair todo o líquido. Dispense a fibra. Armazene em pote de vidro, na geladeira, por até 30 dias.

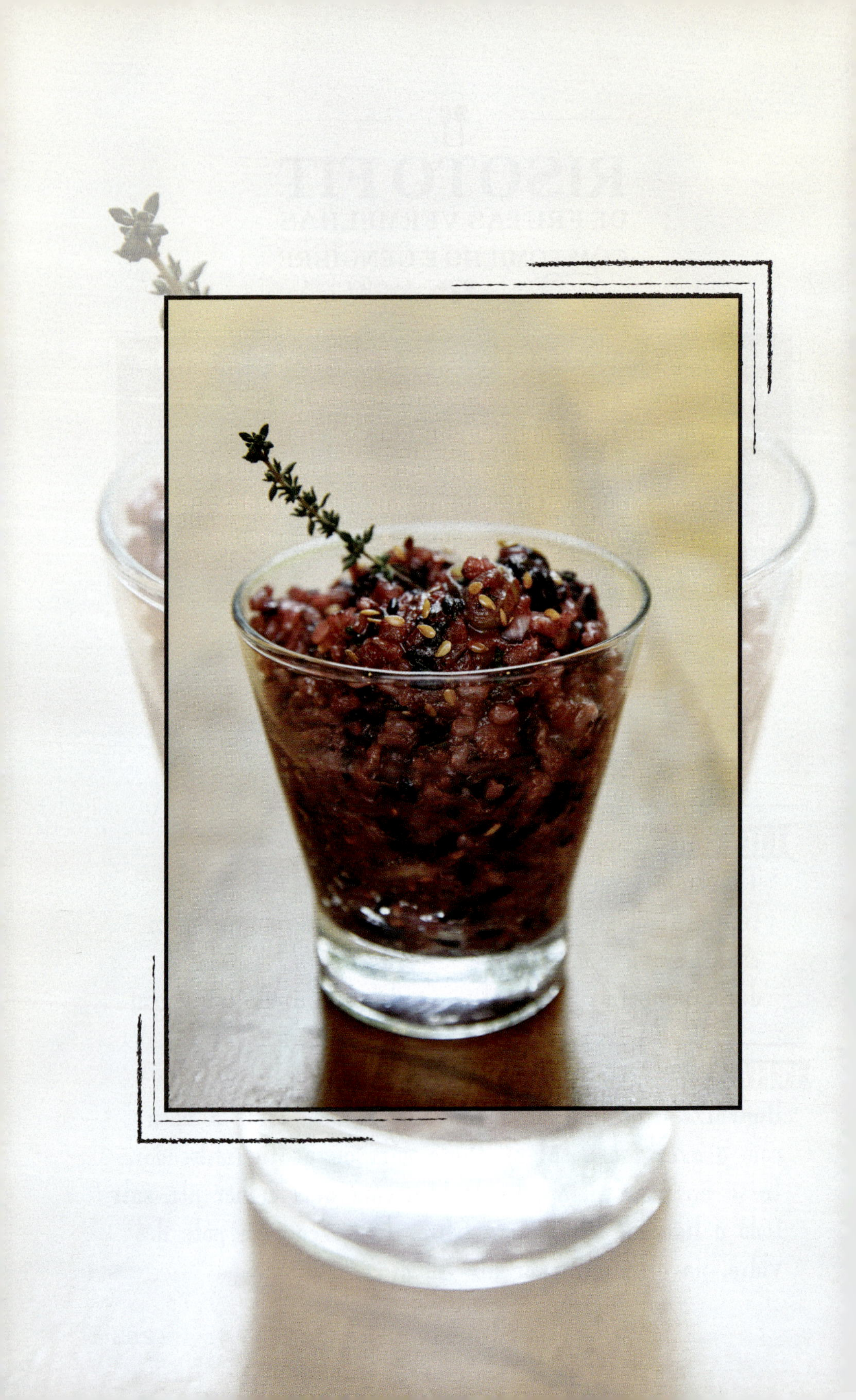

RISOTO DE FRUTAS VERMELHAS

RENDIMENTO:
- 2 porções

UTENSÍLIOS:
- Panela, frigideira ou caçarola antiaderente, espátula, colher, peneira

INGREDIENTES:
- 2 xícaras de chá de arroz integral previamente cozido
- 3 dentes de alho picado ou amassado
- Fio de azeite
- 1 colher de sopa de linhaça hidratada em 1 xícara de café de água
- 100g de frutas vermelhas da estação variadas: amora, morango, framboesa, mirtilo ou apenas a fruta vermelha de sua preferência
- 1 xícara de chá de infusão de ervas e especiarias
- Punhado de folhinhas de tomilho
- 2 colheres de sopa de biomassa de banana verde
- 1 colher de sopa de açúcar de coco ou mel
- 3 colheres de sopa de azeite de gengibre para finalizar
- Sal a gosto
- Pimenta moída na hora
- Tomilho fresco

PREPARO:
- Em uma panela, refogue o alho com fios de azeite e adicione o arroz cozido. Em seguida adicione o chá de hortelã, a biomassa, a linhaça e as frutas vermelhas.
- Deixe cozinhar em fogo médio-alto até os grãos absorverem o líquido e alcançar a consistência cremosa. Adicione o sal a gosto e pimenta moída na hora. Adicione uma colher de sopa de açúcar de coco ou mel e misture. Desligue o fogo e agregue o azeite de gengibre. Salpique o tomilho fresco e sirva.

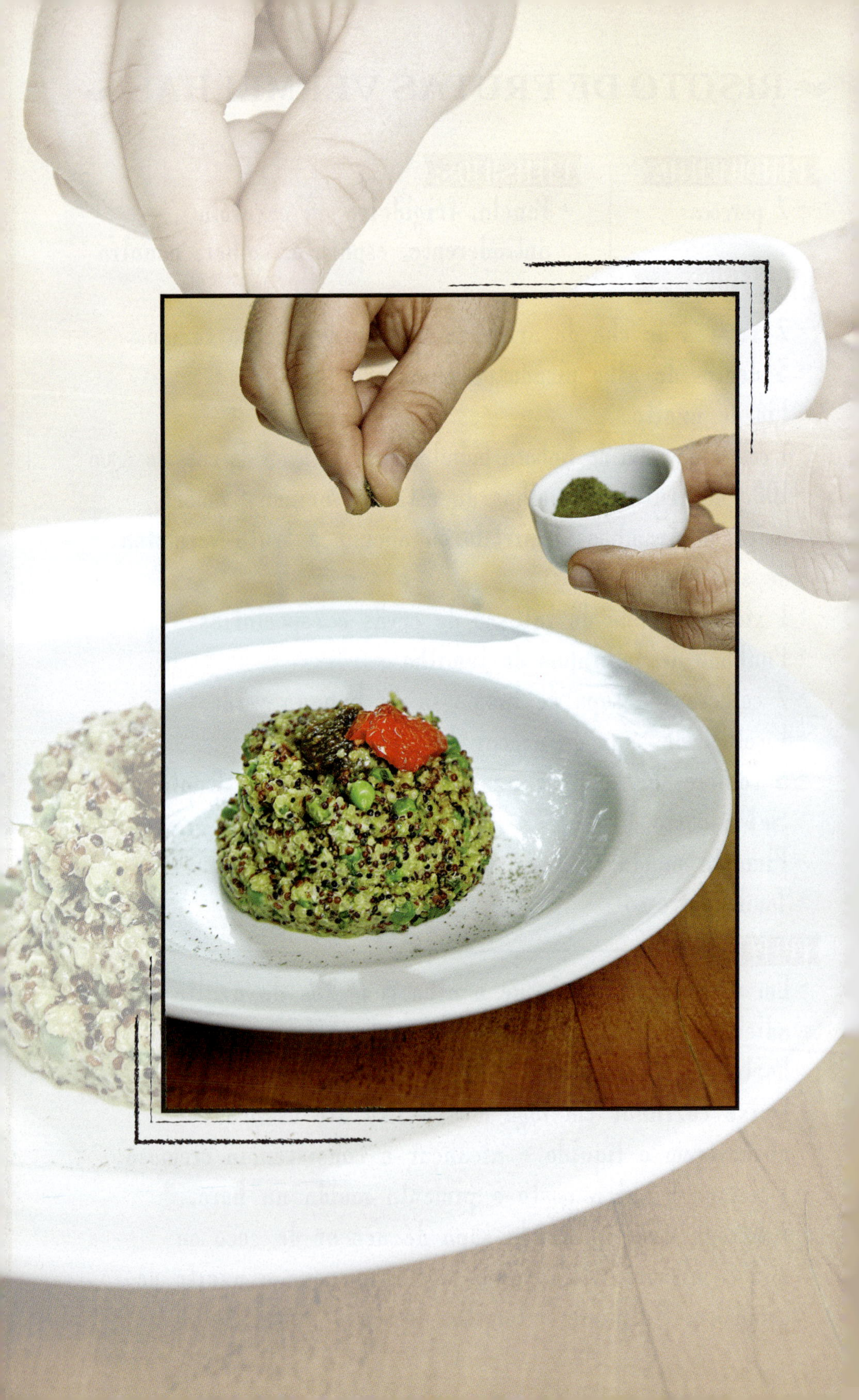

RISOTO DE QUINOA COM ERVILHAS, TOMATE SECO E MANTEIGA DE CASTANHA DE CAJU COM PERFUME DE MANJERICÃO

Essa receita serve para finalizar risotos, sopas, massas e passar em tapiocas e pães. Com propriedades *antiaging* e antioxidantes, também possui o benefício de proteger o coração.

MANTEIGA DE CASTANHA DE CAJU E MANJERICÃO

RENDIMENTO:
- 10 porções

UTENSÍLIOS:
- Thermomix e liquidificador, espátula ou pão duro, colher

INGREDIENTES:
- 200g castanha de caju
- ½ macinho de manjericão
- 1 colher de café rasa de cominho em pó
- Sal a gosto
- 20ml de azeite ou óleo de coco

PREPARO:
- Higienize o manjericão e deixe secar com auxílio de um papel toalha.
- Separe as folhas de manjericão, dispensando os talos. Bata na thermomix ou em um liquidificador potente as castanhas até virarem uma pasta lisa e homogênea. Desligue o aparelho e ajuste, com auxílio de uma espátula

ou pão duro, a pasta que se grudar à parede do copo novamente ao centro. Bata por mais uns instantes até ficar homogêneo e liso. Adicione o óleo de coco ou azeite, sal, cominho em pó. Bata por mais uns instantes. Por último, e não precisa bater muito, o manjericão.

Armazene a pasta em um pote de vidro, dentro da geladeira.

～ RISOTO DE QUINOA ～

RENDIMENTO:
> 10 porções

UTENSÍLIOS:
> Thermomix e liquidificador, espátula ou pão duro, colher

INGREDIENTES:
> 1 e ½ xícara de grãos de quinoa (grãos de coloração branca, negra ou vermelha ou misturados)
> 4 xícaras de água filtrada em temperatura ambiente
> 1 xícara de café de chá de hortelã
> 50g de tomates secos cortados em tiras
> 3 colheres de sopa de manteiga de castanha de caju com manjericão
> 2 colheres de sopa de biomassa de banana verde
> Sal a gosto
> ½ cebola média em cubos
> 1 xícara de café de ervilhas frescas previamente branqueadas (cozidas em água fervente, porém com textura firme)
> 2 dentes de alho picados ou amassados
> 1 colher de sopa de semente de linhaça

PREPARO:

- Deixe os grãos de quinoa de molho em água suficiente para cobri-los por 20 minutos. Esfregue os grãos com as mãos. Dispense a água com auxílio de uma peneira.
- Esquente uma panela sem gordura e adicione os grãos ainda úmidos e deixe que sequem na panela. Em seguida adicione as 4 xícaras de água.
- Cozinhe em fogo alto até a água começar a secar, escumando a espuma que se formar; abaixe o fogo e deixe secar toda a água, sem queimar os grãos. Reserve.
- Leve uma frigideira antiaderente ao fogo médio, adicione fios de azeite e refogue rapidamente a cebola e, em seguida, o alho. Adicione a quinoa cozida e misture. Em seguida adicione o chá, a linhaça e a biomassa de banana verde. Misture tudo delicadamente e acrescente os tomates secos. Quando estiver quente, com sal a seu gosto e com consistência homogênea, desligue o fogo e adicione a manteiga de castanha. Agregue delicadamente e sirva.

> O processo de lavar, deixar de molho, esfregar com as mãos e secar na panela são métodos para amenizar os fatores antinutricionais, que na prática podem gerar gases e dores de cabeça. Escumar é importante para não resultar em sabor amargo residual.

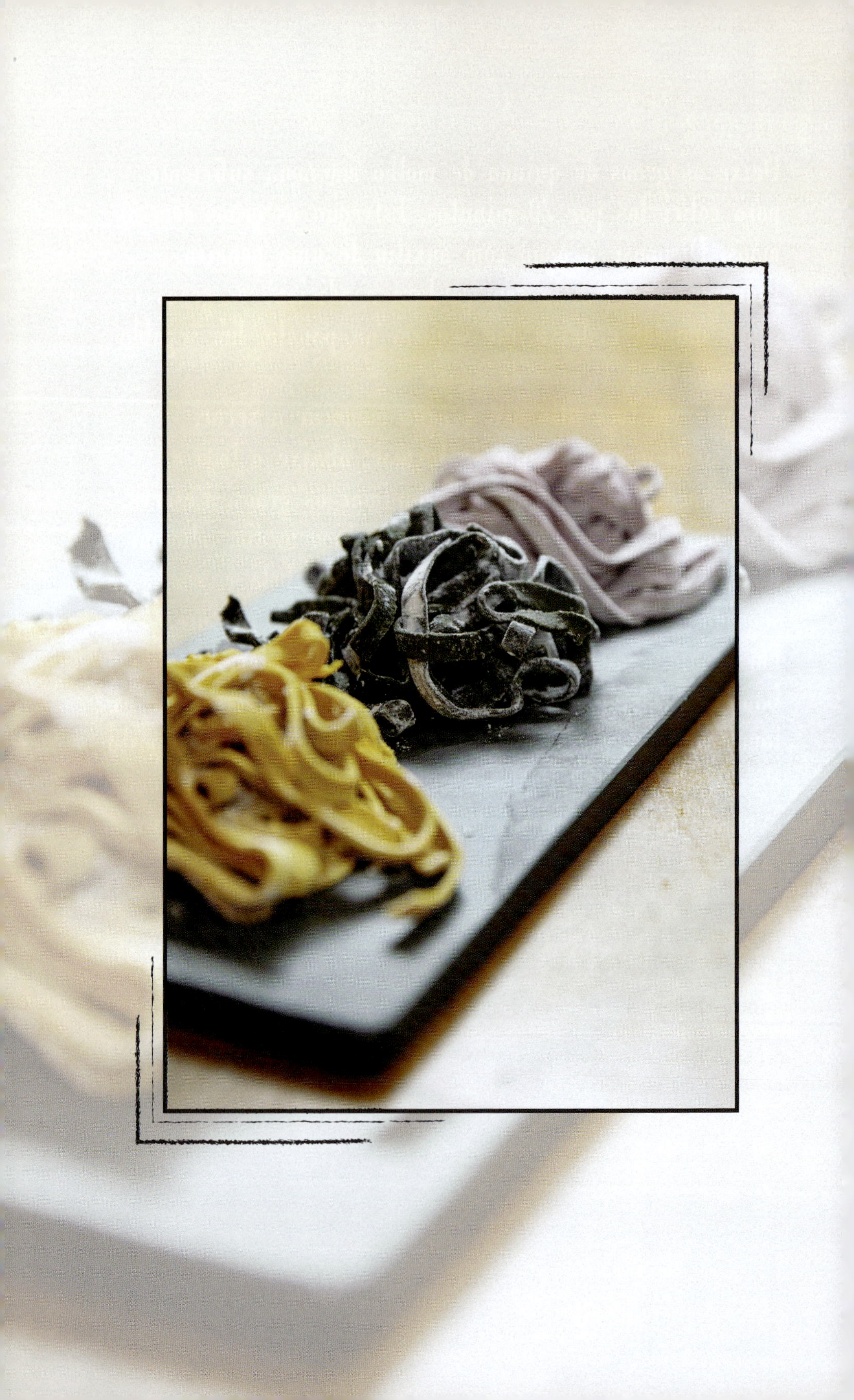

TALHARIM DE SPIRULINA AO LIMONE

A vantagem desta massa é que ela é totalmente vegana e sem glúten com as propriedades antioxidantes e proteicas da spirulina. Essa massa foi uma invenção do meu amigo chef Paulo Berin a qual tradicionalmente era de spirulina e eu sugeri que fosse de açaí; ele carinhosamente me presenteou e me homenageou com a receita, que eu alterei ligeiramente. Nesta versão, podemos usar e ousar com spirulina ou açaí ou cúrcuma. A spirulina, por exemplo, melhora o colesterol e protege o coração, é rica em antioxidante, previne infecções, é antibiótico, antimicrobiano, melhora o sistema imunológico e protege o fígado.

RENDIMENTO:
> 4 porções

UTENSÍLIOS:
> Thermomix ou bateira, papel-manteiga, espátula ou pão duro

INGREDIENTES:
> 130g farinha FSG
> 40g de gel de polvilho (60g de polvilho doce + 300g água filtrada)
> 35 a 40g de água filtrada
> 10g de spirulina em pó (pode ser substituído por açaí, beterraba, cenoura, cúrcuma, curry em pó)
> 5g de goma xantana
> 5g de sal
> Papel filme plástico

PREPARO PARA O GEL DE POLVILHO

> Dissolva bem o polvilho com 100g de água, em um recipiente. Leve para uma panela, em fogo médio, mexendo sem parar até formar uma liga. Adicione mais 100g de água e mexa vigorosamente. Retire do fogo e acrescente o restante dos 100g de água, mexendo bem vigorosamente até ficar transparente e com aspecto de um gel. Deixe esfriar e armazene.

PREPARO PARA A MASSA

> Misture todos os ingredientes secos na thermomix ou em uma batedeira. Misture com a goma e com os 35 a 40g de água aos poucos, até a massa ficar úmida.
> Unte a superfície de trabalho com farinha e sove a massa com o cuidado de não secar demais e torná-la quebradiça. Deixe a massa descansar por 10 minutos, embrulhada em papel-manteiga.
> Trabalhe a massa no cilindro no formato de talharim.
> Cozinhe a massa em água quente com sal e azeite até ficar no ponto de cozimento. Sirva com o molho.

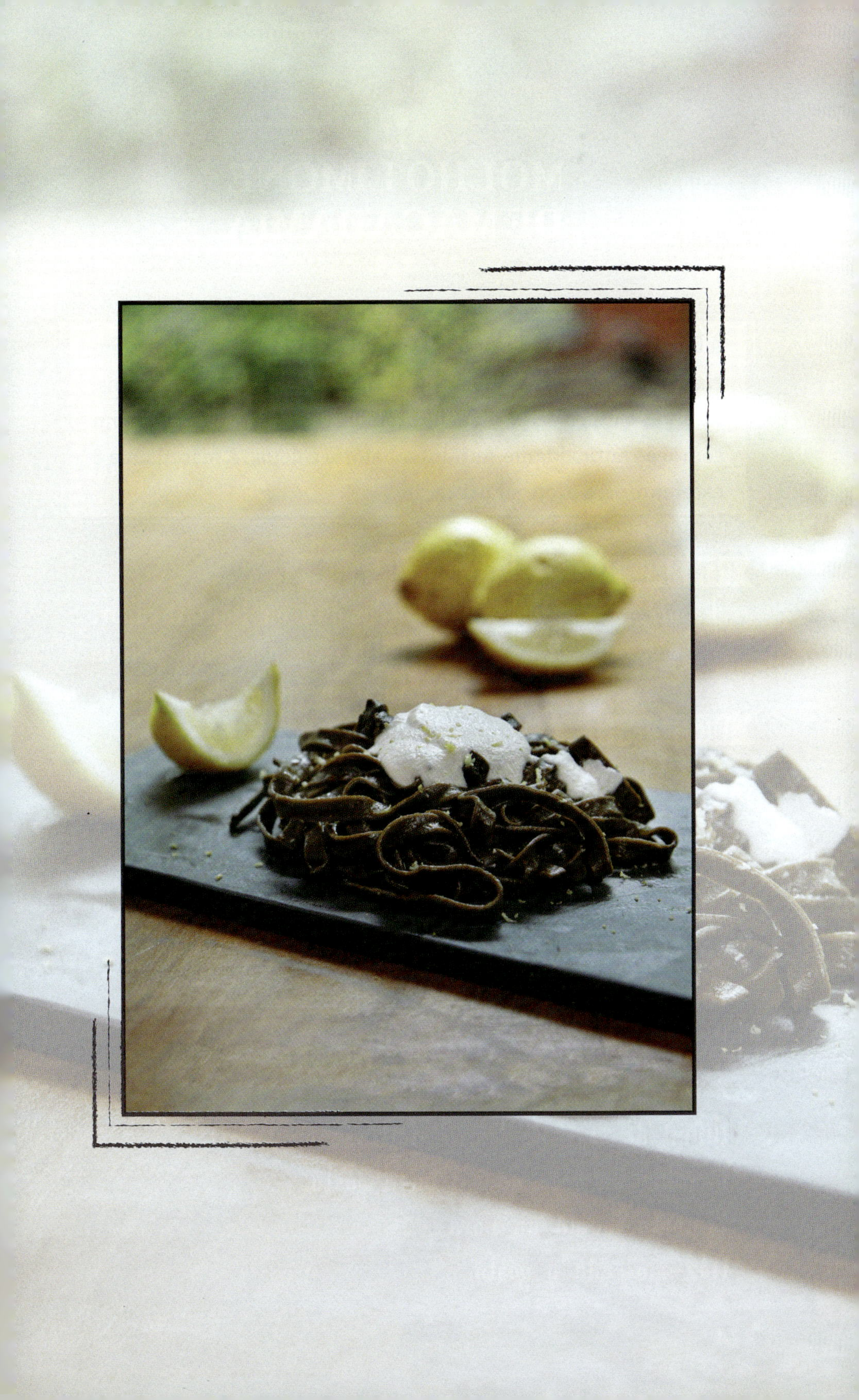

MOLHO LIMONE DE MACADÂMIA

A biomassa de banana verde nesta receita, além de dar consistência, melhora a carga glicêmica com suas propriedades funcionais. As ervas e especiarias, além de melhorarem o sabor, contribuem com ação antioxidante, anti-inflamatória e detox. A macadâmia é excelente para proteger o coração.

RENDIMENTO:
- 4 porções

UTENSÍLIOS:
- Thermomix ou liquidificador, espátula ou pão duro, panela alta, espremedor de limão

INGREDIENTES:
- 30ml de azeite
- 250g de macadâmia ou castanha de caju
- 1l de água filtrada
- 500ml de chá de especiarias ou de sua preferência
- 30g de polvilho azedo ou tapioca
- 200g de biomassa de banana verde
- 1 colher de café de ervas secas
- 2 raminhos de alecrim fresco
- 100ml de suco de limão siciliano ou tahiti
- 1 colher de café de sal ou a gosto.
- Pimenta moída na hora
- Noz-moscada a gosto

PREPARO:

- Germine as macadâmias ou castanha de caju deixando-as de molho em água filtrada por até 2 horas.
- Dispense a água e bata as castanhas com o chá, a biomassa de banana verde, as ervas e o alho. Bata na thermomix ou no liquidificador até formar uma pasta homogênea e lisa. Adicione o polvilho ou a tapioca e, em seguida, o suco de limão. Bata até incorporar tudo. Se preferir mais ácido, adicione mais suco de limão e corrija o tempero com sal, pimenta e a noz-moscada.
- Sirva frio ou leve para esquentar na thermomix ou numa panela. Se desejar um molho mais ralo, corrija a textura adicionando mais água ou chá ou suco de limão.
- Misture com a massa e sirva.

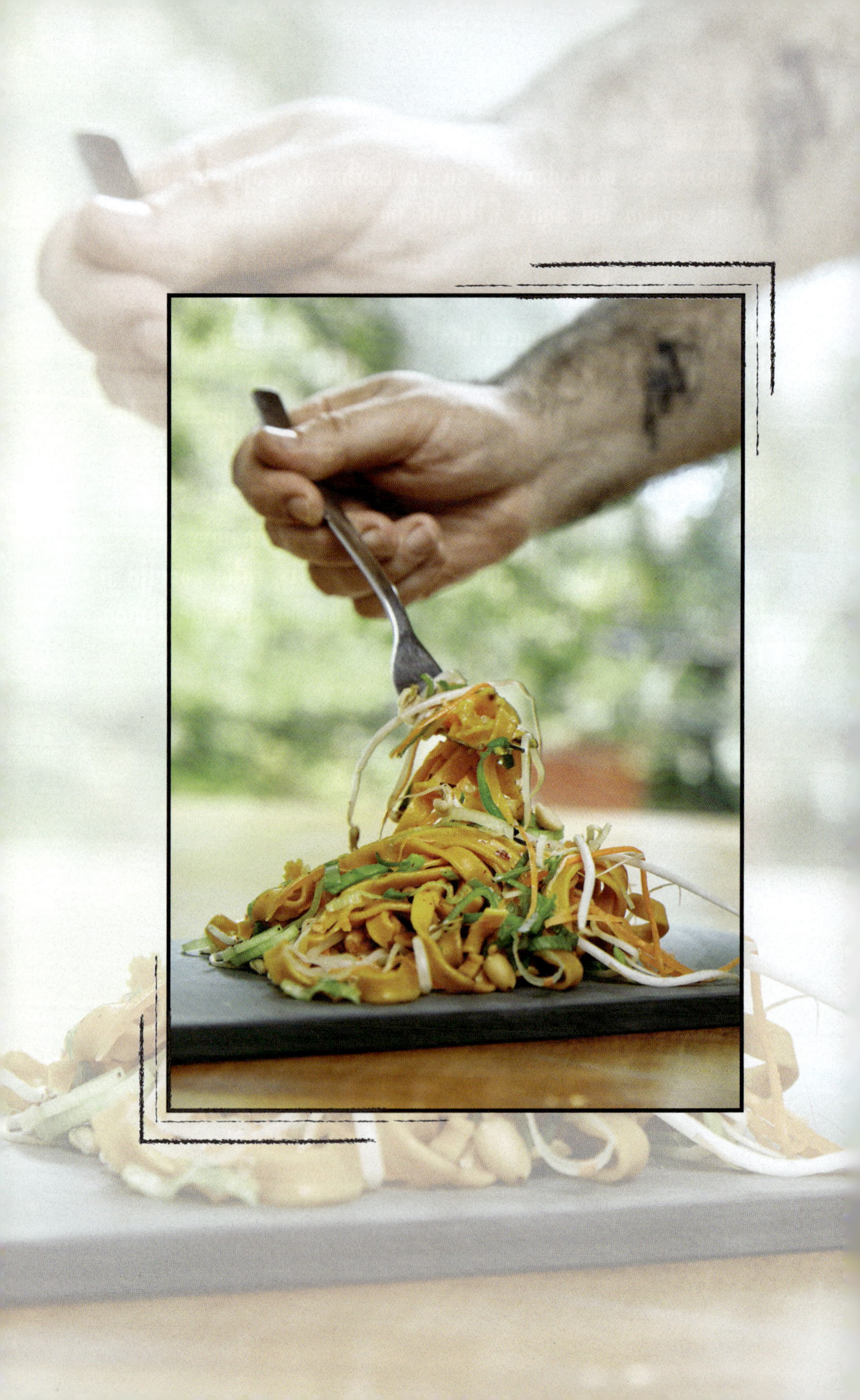

TALHARIM DE CÚRCUMA À MODA THAI

O capim-limão, além de refrescante e perfumado, contribui para ação antioxidante, detox, diurética, antimicrobiana, calmante; ideal para sintomas da TPM e cólicas em geral.

TALHARIM DE CÚRCUMA

UTILIZE A RECEITA DO TALHARIM DE SPIRULINA, SUBSTITUINDO A SPIRULINA EM PÓ PELA CÚRCUMA EM PÓ.

RENDIMENTO:
- 5 porções

PREPARO:
- Higienize o capim-limão e seque.
- Corte em pedacinhos com uma tesoura.
- Bata o azeite com o capim-limão e sal na thermomix ou liquidificador e coe. Corrija o sal e armazene em geladeira em pote de vidro.

UTENSÍLIOS:
- Thermomix ou liquidificador, peneira fina, espátula, tábua, faca ou tesoura

INGREDIENTES:
- 150ml de azeite
- 1 punhado de 100g de capim-limão inteiro, talos e folhas
- Pitada de sal a gosto

MODO DE PREPARO PARA MASSA TALHARIM DE CÚRCUMA
- Siga as instruções da massa da receita anterior, substituindo a spirulina por cúrcuma.

MIX DE THAI

Esta receita tem o propósito de lembrar a você que a ingestão de cúrcuma é muito importante. Como a ingestão da quantidade diária é relativamente alta para uma só receita, caso contrário o sabor ficaria amargo, minha dica é adicionar a cúrcuma em várias receitas para esse aporte e consumo ideal. Nesta receita a pimenta do mix thai garantirá a absorção da curcumina da massa. Para você que precisa sempre de uma proteína de origem animal, misture ovos cozidos, camarões ou frango desfiado nesta receita.

RENDIMENTO:
> 2 porções

UTENSÍLIOS:
> Frigideira ou caçarola antiaderente, liquidificador, espátula, colher, panela, cilindro de macarrão

INGREDIENTES:
> 2 punhados generosos de broto de feijão
> 2 punhados de cenoura ralada
> 2 dentes de alho amassados ou picados
> 1 colher de café rasa de pimenta calabresa ou pimenta dedo-de-moça sem semente
> Sal a gosto

> 2 colheres de sopa de azeite de capim-limão
> Fio de azeite extravirgem sem sabor
> 2 colheres de sopa rasa de amendoim previamente tostado

PREPARO:
> Em uma frigideira antiaderente, adicione um fio de azeite e refogue rapidamente em fogo médio alto todos os ingredientes e, em seguida, adicione a massa. Misture delicadamente e desligue a chama do fogo. Adicione o azeite de capim-limão, misture e sirva com a massa.

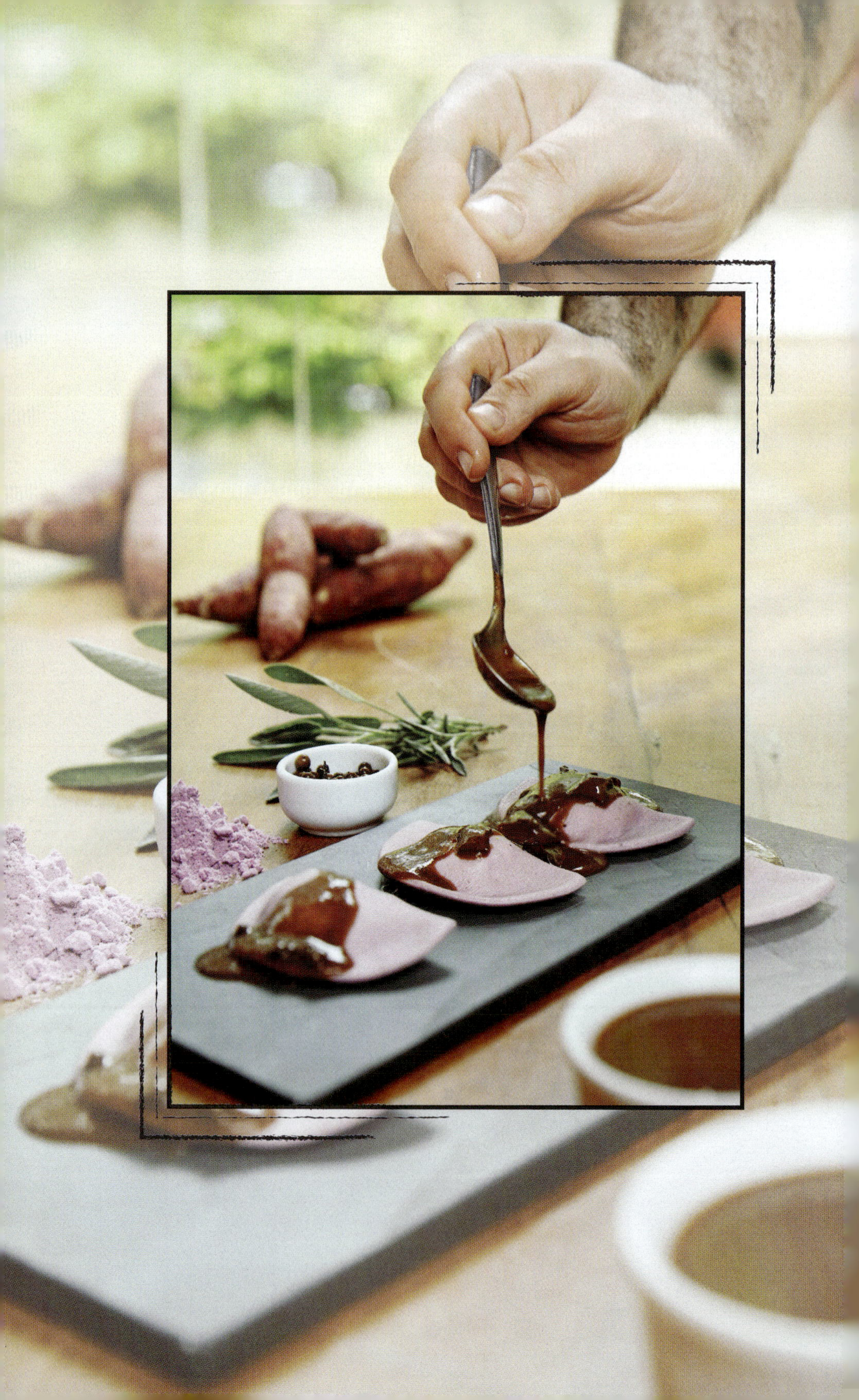

RAVIOLI DE AÇAÍ COM RECHEIO DE BATATA-DOCE, NOZES E SÁLVIA AO MOLHO DE VINHO MALBEC TINTO COM PIMENTAS VERDES

Utilize a receita do talharim, porém substitua a spirulina por açaí em pó e depois em formato de ravioli.

RECHEIO DE BATATA-DOCE COM SÁLVIA E NOZES

RENDIMENTO:
- 4 porções

UTENSÍLIOS:
- Thermomix ou processador, panela, espátula ou pão duro, colher de sopa

INGREDIENTES:
- 600g batata-doce
- 3 dentes de alho picados
- 2 colheres de sopa de biomassa de banana verde
- 10 unidades de folha de sálvia
- 10 unidades de nozes

PREPARO:
- Pique grosseiramente as folhas de sálvia e as nozes. Refogue rapidamente as folhas de sálvia e as nozes, em azeite com o alho. Reserve.
- Cozinhe as batatas em água, na thermomix ou em uma panela, com ou sem casca, até ficarem macias. Descasque as batatas e bata na thermomix ou processador, com pitada de cúrcuma, 1 colher de sopa de biomassa de banana verde, 1 colher de sopa de azeite. Tempere com sal e noz-moscada a gosto. Agregue a mistura de sálvia e nozes. Deixe esfriar e recheie cada ravioli com cerca de 20g de recheio ou uma colher de sopa cheia.

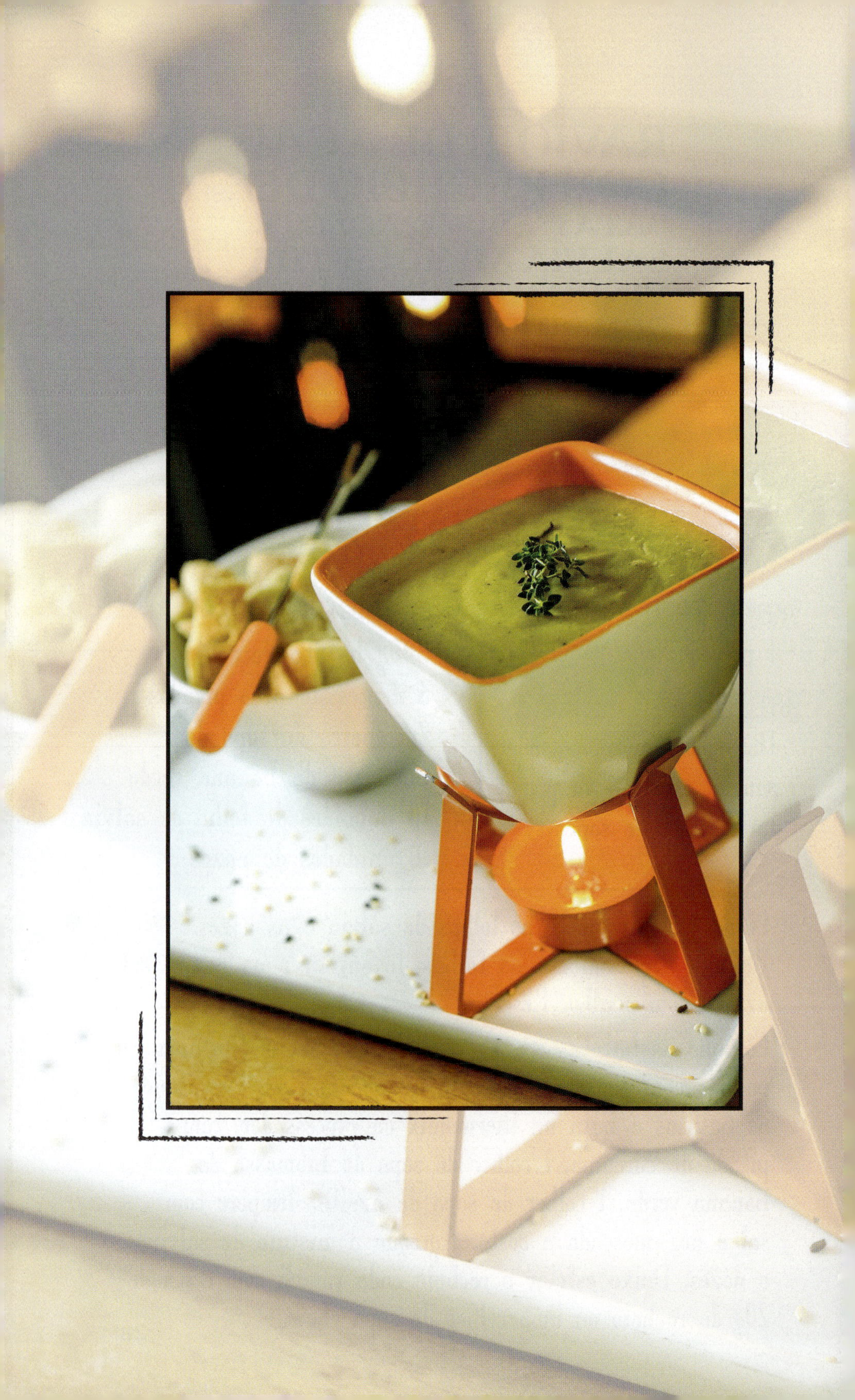

FOUNDUE FUNCIONAL DE CASTANHA DE CAJU

RENDIMENTO:
- 7 porções

UTENSÍLIOS:
- Thermomix ou processador, panela, espátula ou pão duro, colher de sopa

INGREDIENTES:
- 250g de castanha de caju
- 400ml de água filtrada
- 1 colher de café de alho crocante
- 2 colheres de café de ervas provance
- 2 colheres de café de sal
- 6 raminhos de alecrim sem talo
- 80g de biomassa de banana verde
- 100ml de azeite
- 30g de polvilho azedo
- 4 colheres de sopa oficial de salsa picada

PREPARO:
- Deixe de molho as castanhas de caju por cerca de 2 horas. Elimine a água e bata, na thermomix ou liquidificador potente, os restantes dos ingredientes. Se for na thermomix, triture com calor de 90 graus, caso contrário, leve toda a mistura para a panela para ferver, mexendo para não grudar no fundo.
- Sirva com pão de abacate, pãezinhos de batata-doce e de sua preferência.

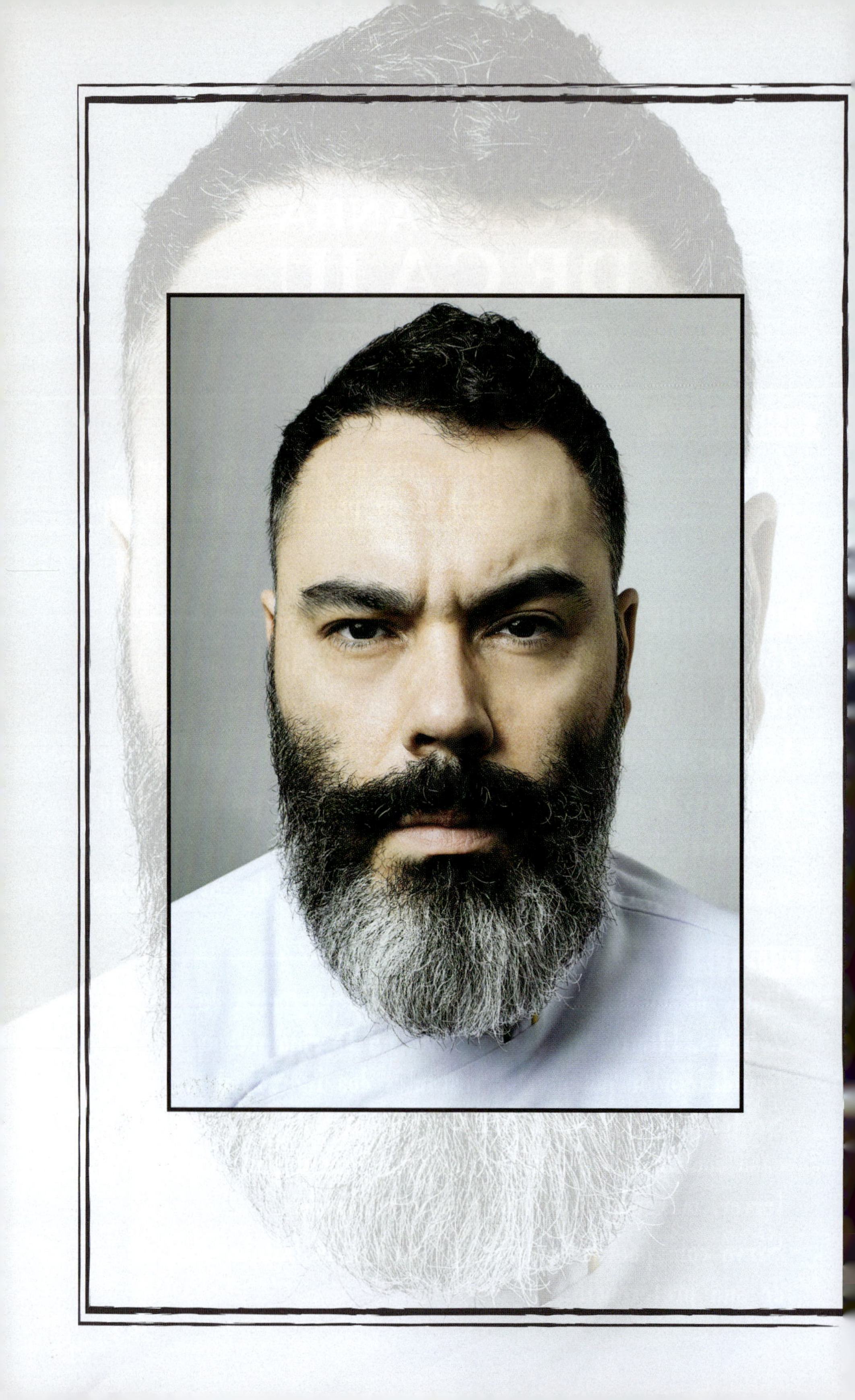

MOLHO DE VINHO TINTO COM PIMENTAS VERDES

RENDIMENTO:
- 4 porções

UTENSÍLIOS:
- Thermomix ou liquidificador, panela funda, peneira, faca, tábua, colher grande e pão duro

INGREDIENTES:
- 500ml de vinho malbec ou de sua preferência
- 250g de cebola
- 150ml de vinagre balsâmico
- 50ml de azeite
- 350g de biomassa de banana verde
- 30g de alho-poró
- 4 colheres de sopa de açúcar mascavo ou de coco
- 2 colheres de café de sal
- 2 colheres de sopa de pimenta verde

PREPARO:
- Corte a cebola em cubos médios e reserve. Fatie o alho-poró e reserve.
- Leve para a panela o vinho com a cebola, açúcar e balsâmico.
- Deixe reduzir e incorporar o sabor. Em seguida bata uma parte do líquido com a cebola, a biomassa, o azeite e o alecrim, na thermomix ou liquidificador. Bata até ficar homogêneo e, em seguida, passe pela peneira. Retorne tudo para a panela e deixe incorporar mais o sabor. Corrija o equilíbrio do sal e do açúcar a seu gosto. Em seguida, acrescente as pimentas verdes e sirva por cima da massa ou de carnes, cogumelos e legumes.

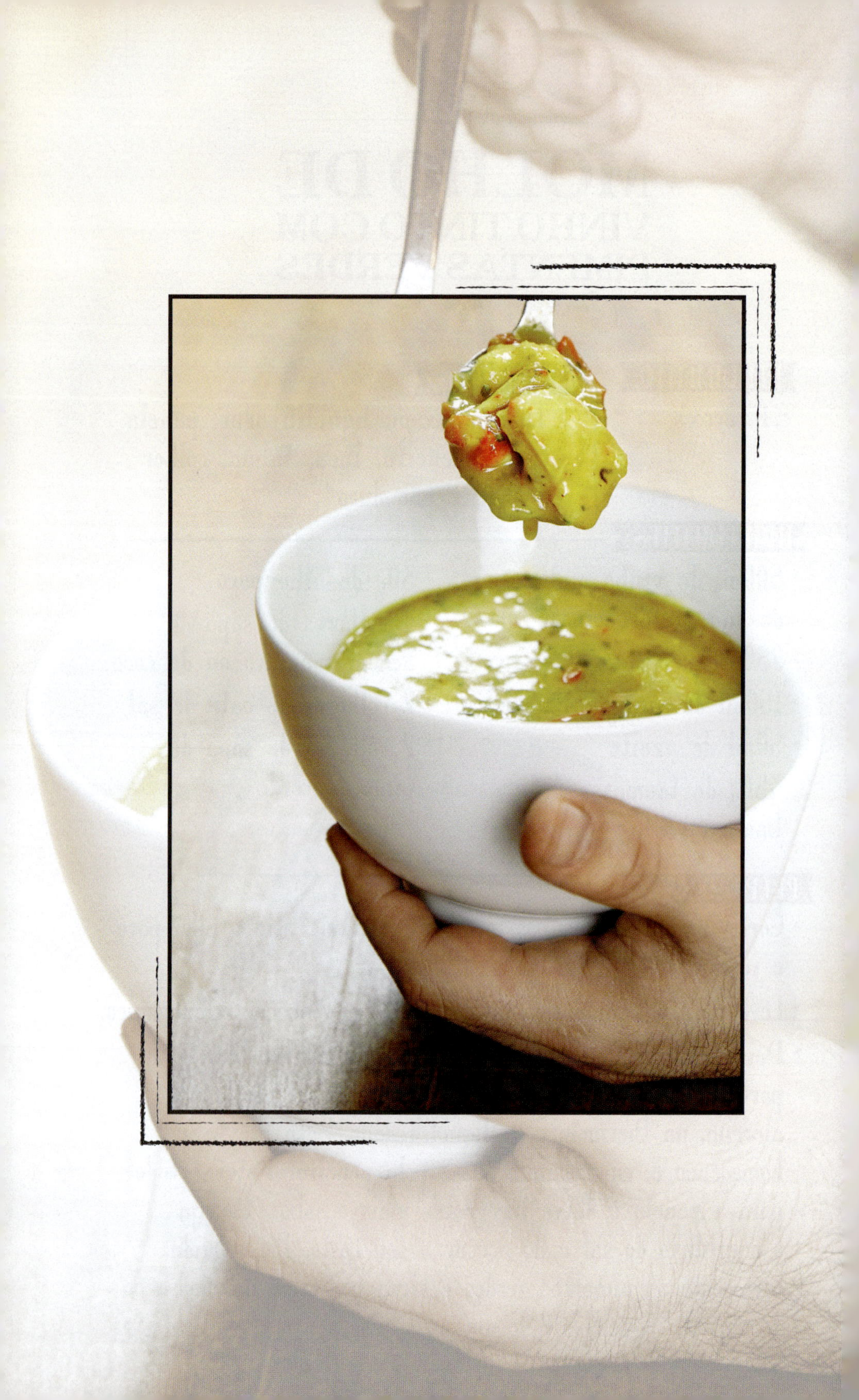

PEIXE COM CREME DE INHAME
MOQUECA DE INHAME
COM PIRARUCU

O inhame melhora o sistema imunológico e é considerado preventivo contra dengue, ele também é anti-inflamatório e ajuda na eliminação de impurezas do sangue através da pele, rins e dos intestinos. Ele contém fitoestrógenos e, portanto, homens devem comer com moderação para não diminuir seus teores de testosterona.

RENDIMENTO:
> 5 porções

UTENSÍLIOS:
> Thermomix ou liquidificador, panela funda, espátula, colher, tábua e faca

INGREDIENTES:
> 50g de pimentão vermelho
> 100g de cebola
> 200g de inhame
> 3g de cúrcuma
> 15g de curry
> 500ml de chá de hortelã
> 150g de palmito pupunha in natura
> Sal a gosto
> ½ talo fino de alho-poró
> Punhado de salsa picada
> 750g de peixe de sua preferência ou camarões. Sugiro pirarucu em cubos
> 5 dentes de alho
> Pimenta moída na hora

PREPARO:

- Pique o palmito em cubinhos e leve ao forno em um refratário com fio de azeite, sal e pimenta moída até ficarem macios e suculentos. Reserve.
- Pique ou amasse o alho.
- Corte em fatias finas o alho-poró.
- Corte a cebola em cubinhos e o pimentão em tirinhas. Reserve.
- Cozinhe inhame na thermomix ou em uma panela, com a metade do chá sem sal até ficar macio. Bata na thermomix ou liquidificador até formar um purê.
- Na panela, refogue a cebola e, em seguida, 5 dentes de alhos picados e os pimentões.
- Em seguida adicione o purê e o restante do chá com curry dissolvido. Quando estiver com o caldo expresso, misture os palmitos, o alho-poró fatiado e um punhado de salsa picada. Em seguida, envolva os pirarucus grelhados ou o peixe de sua preferência.

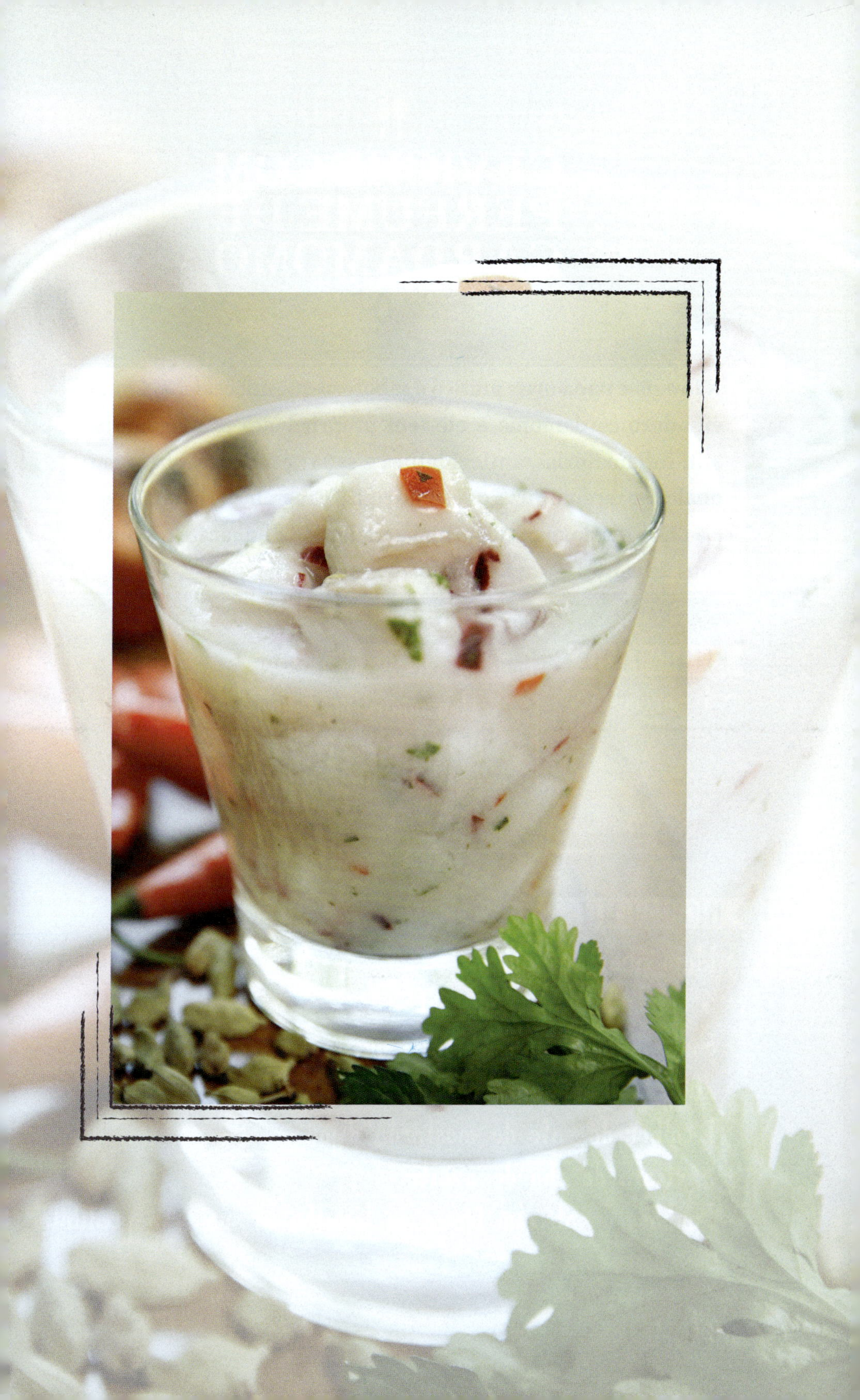

CEVICHE COM PERFUME DE CARDAMOMO

Não existe nada mais prático e saboroso que um ceviche. Como eu adoro cardamomo e ele tem propriedades termogênicas, anti-inflamatórias, antioxidantes e sabor exótico, cai bem em qualquer receita. Sirva o ceviche com o pãozinho de batata-doce e a chapatis de mandioquinha e maionese de abacate ou couscous de painço. Ficará perfeito!

RENDIMENTO:
> 4 porções

UTENSÍLIOS:
> Thermomix ou liquidificador, frigideira antiaderente, prato fundo, garfo, espátula ou pão duro

INGREDIENTES:
> Meio abacate maduro
> 3 colheres de café de sal
> Suco de meio limão tahiti ou da safra
> 200g de biomassa de banana verde
> 1 colher de café de mostarda dijon
> ½ xícara de chá de azeite
> Punhado de alecrim fresco ou tomilho ou sua erva predileta

PREPARO:

- Corte as cebolas ao meio e depois em tiras finas.
- Abra as pimentas ao meio, retire as sementes e despreze-as. Corte-as em seguida em tiras e depois em cubinhos bem pequeninos.
- Corte o peixe em cubos, separando as partes mais finas e escuras.
- Bata na thermomix ou liquidificador metade do suco de limão, a água, um punhadinho de cebola, uma colher de café de pimenta picada, uma colher de sopa do coentro, os cardamomos e sal a gosto. Passe pela peneira e reserve.
- Misture o restante do suco de limão com o peixe em cubos e adicione uma pitada de sal. Deixe por 15 minutos na geladeira e, em seguida, misture delicadamente com os outros ingredientes. Ajuste o sal e sirva!

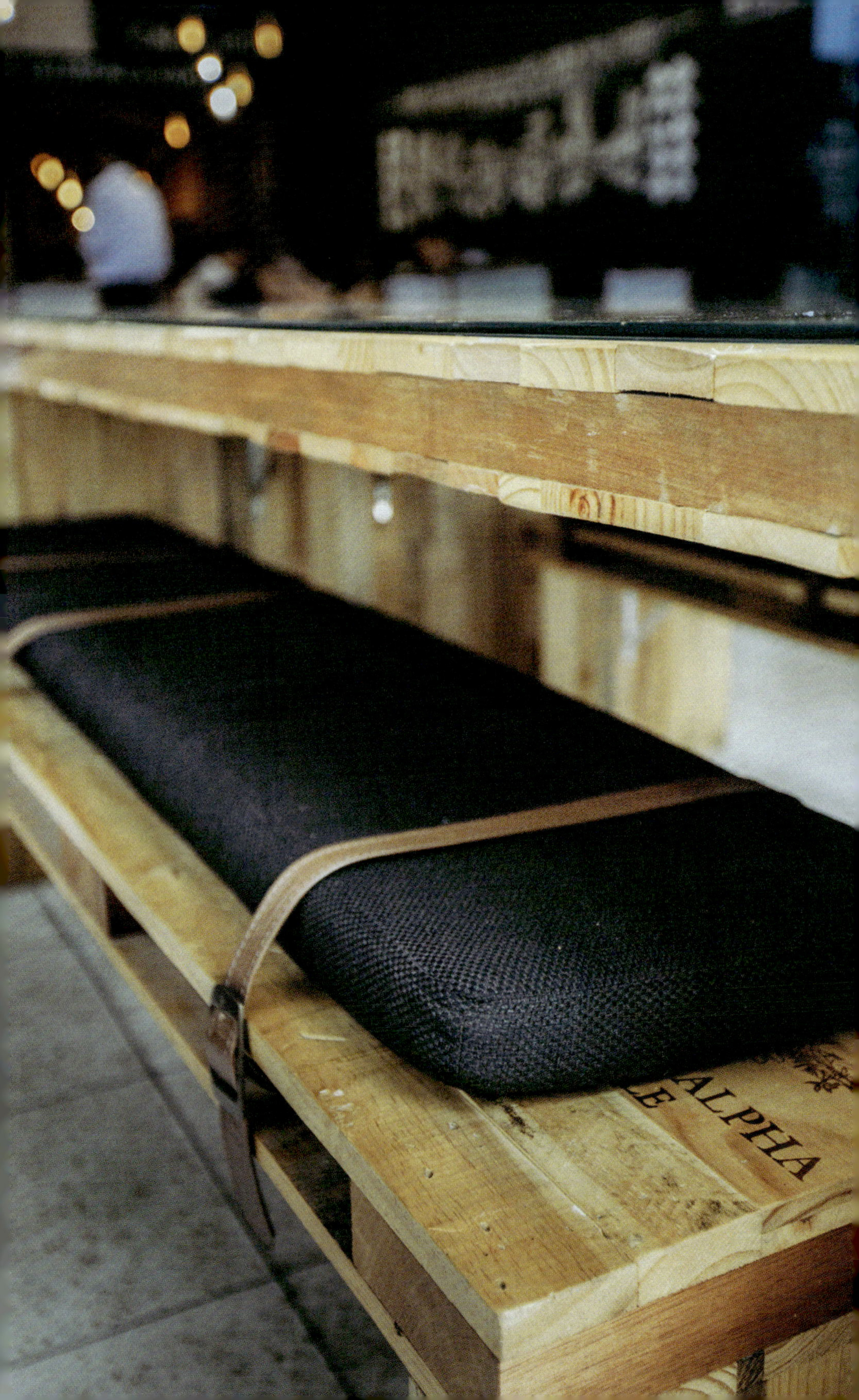
ALPHA

E para uma dieta emagrecedora:
escalfados!

Trata-se de cozimento em calor úmido. Perfeito, pois tem baixa caloria, é diurético, antioxidante, anti-inflamatório e sacia.

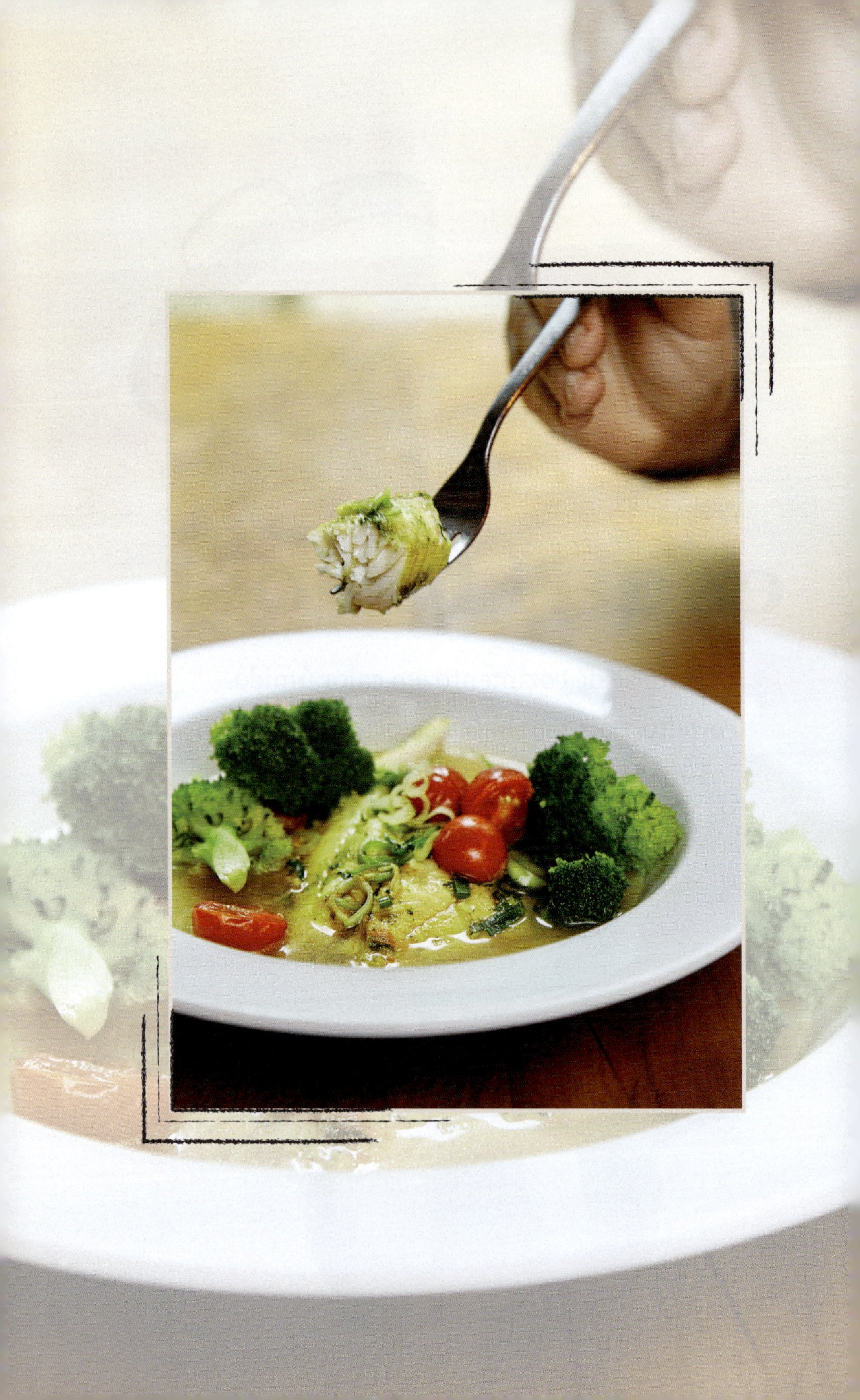

ESCALFADO EMAGRECEDOR COM BRÓCOLIS

RENDIMENTO:
- Para 1 pessoa

UTENSÍLIOS:
- Frigideira alta, espátula ou pão duro, colher, escumadeira

INGREDIENTES:
- 80 a 100g de filé de saint peter (ou seu peixe preferido magro) ou de frango orgânico
- 2 unidades de cardamomo
- 1 pedacinho de gengibre ralado
- 2 unidades de zimbro amassados
- Punhado de ervas frescas, como tomilho, alecrim, manjericão, orégano
- 1 colher de café de cominho em pó
- 1 colher de café de cúrcuma
- Pitada de curry
- Pitada de canela
- Pitada de pimenta moída na hora
- Sal a gosto
- Punhado de alho-poró fatiado
- 4 unidades de tomatinhos orgânicos
- 100g de brócolis ou couve-flor
- 300ml de água filtrada

PREPARO:
- Coloque a água na frigideira e ligue o fogo. Disponha a proteína (frango ou filé de peixe), as especiarias, ervas e, em seguida, os brócolis e tomatinhos.
- Deixe ferver em fogo baixo até a proteína ficar cozida. Prove o líquido, corrija o tempero com sal ou demais especiarias a seu gosto.
- Com auxílio da espátula e escumadeira, retire a proteína e ajuste-a em um prato fundo. Ajuste os legumes por cima e, em seguida, o caldo.

Nunca tivemos tantas hamburguerias espalhadas pelo mundo. É a comida do momento e do passado, mas como podemos preparar um hambúrguer gostoso que também seja mais saudável?

Podemos substituir a batata frita pela assada, a maionese e o catchup por algo mais natural e menos industrializado.

Que tal bionese e geleia de tomate?
E o que acha de um pão sem glúten?
E no lugar do queijo... pode usar homus!

Você pode usar queijo, queijo vegano ou até um homus de hortelã. **A seu critério!**

Parece um desafio, né?

Mas agora vou provar que isso pode ser uma deliciosa opção.

BURGUER SAUDÁVEL

Hambúrguer de cordeiro com homus de castanha com hortelã em pão de hambúrguer, servido com batatas assadas, geleia de tomate e bionese de ervas.

HAMBÚRGUER VEGANO

RENDIMENTO:
- 4 porções

UTENSÍLIOS:
- Thermomix ou processador, espátula ou pão duro, peneira, colher, garfo, 1 ou 2 frigideiras antiaderentes, panela funda

INGREDIENTES:
- 1 xícara de feijão azuki
- ½ xícara de chá de quinoa cozida ou germinada
- 1 batata inglesa pequena ou doce ou mandioquinha
- 10 cogumelos Paris frescos
- 10 cogumelos shiitake médios
- 2 dentes de alho picados ou amassados
- 3 colheres de molho de cebola confit em caramelo de aceto (receita abaixo)
- 1 punhado de ervas a gosto, como tomilho, alecrim, salsa
- 1 colher de café de sal ou a gosto

- Pimenta moída na hora a gosto
- 2 colheres de biomassa de banana verde sem líquido

PREPARO:

- Cozinhe o feijão azuki até ficarem macios e al dente. Retire e dispense a água e reserve.
- Reserve a quinoa cozida ou germinada.
- Cozinhe a batata com ou sem casca até ficar macia. Descasque, amasse numa peneira de aço com ajuda de uma colher ou garfo, ainda quente, e reserve.
- Corte todos os cogumelos e seus talos em cubos médios de no máximo 1 cm e reserve.
- Em uma frigideira quente, adicione fio de azeite e refogue rapidamente o alho e, em seguida, os cogumelos, para ficarem ainda al dente. Escorra e dispense o líquido que se formar e reserve os cogumelos.
- Leve todos os ingredientes para o Thermomix ou processador e pulse rapidamente para formar uma pasta grosseira, ou seja, ainda com pedaços de feijão, quinoa e cogumelos.
- Misture todos os ingredientes sem misturar e amassar muito. Faça 4 bolas e achate-as com a mão ou molde de hambúrguer.
- Leve para uma frigideira ou grelha quente e, depois que selar bem de um lado, vire com auxílio de uma espátula.
- Deixe o preparo do hambúrguer por último.

> Esta receita é composta por ingredientes veganos que melhoram o sistema imunológico, antioxidantes, alcalinizantes e anti-inflamatórios. O feijão azuki, a quinoa e os cogumelos são ótimas fontes proteicas vegetais. A biomassa de banana verde melhorará a performance funcional e a consistência do hambúrguer.

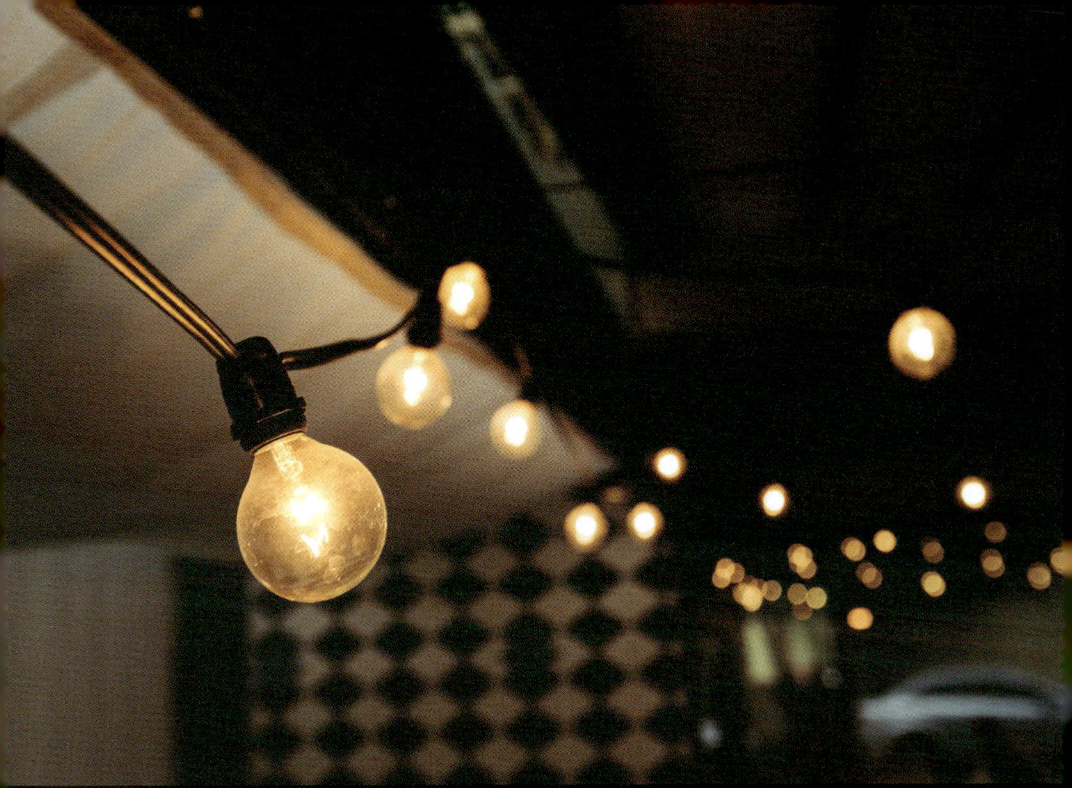

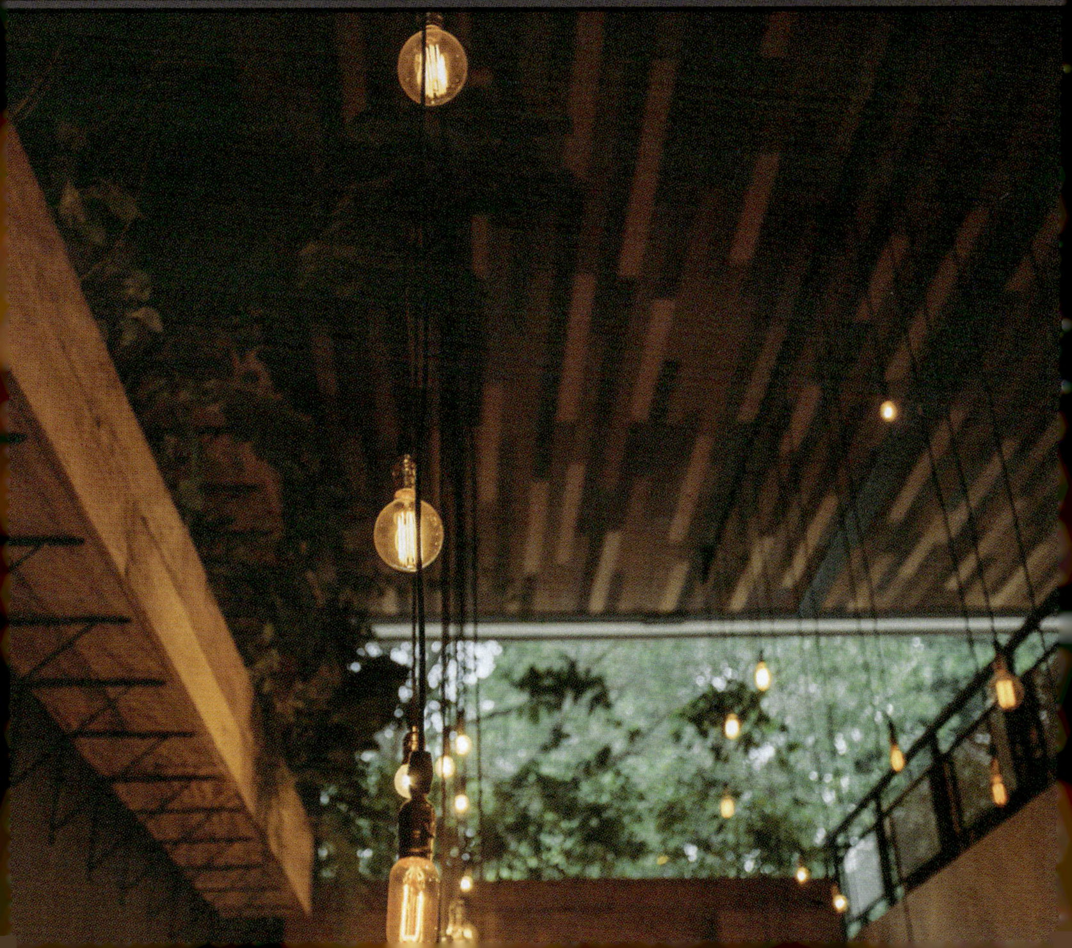

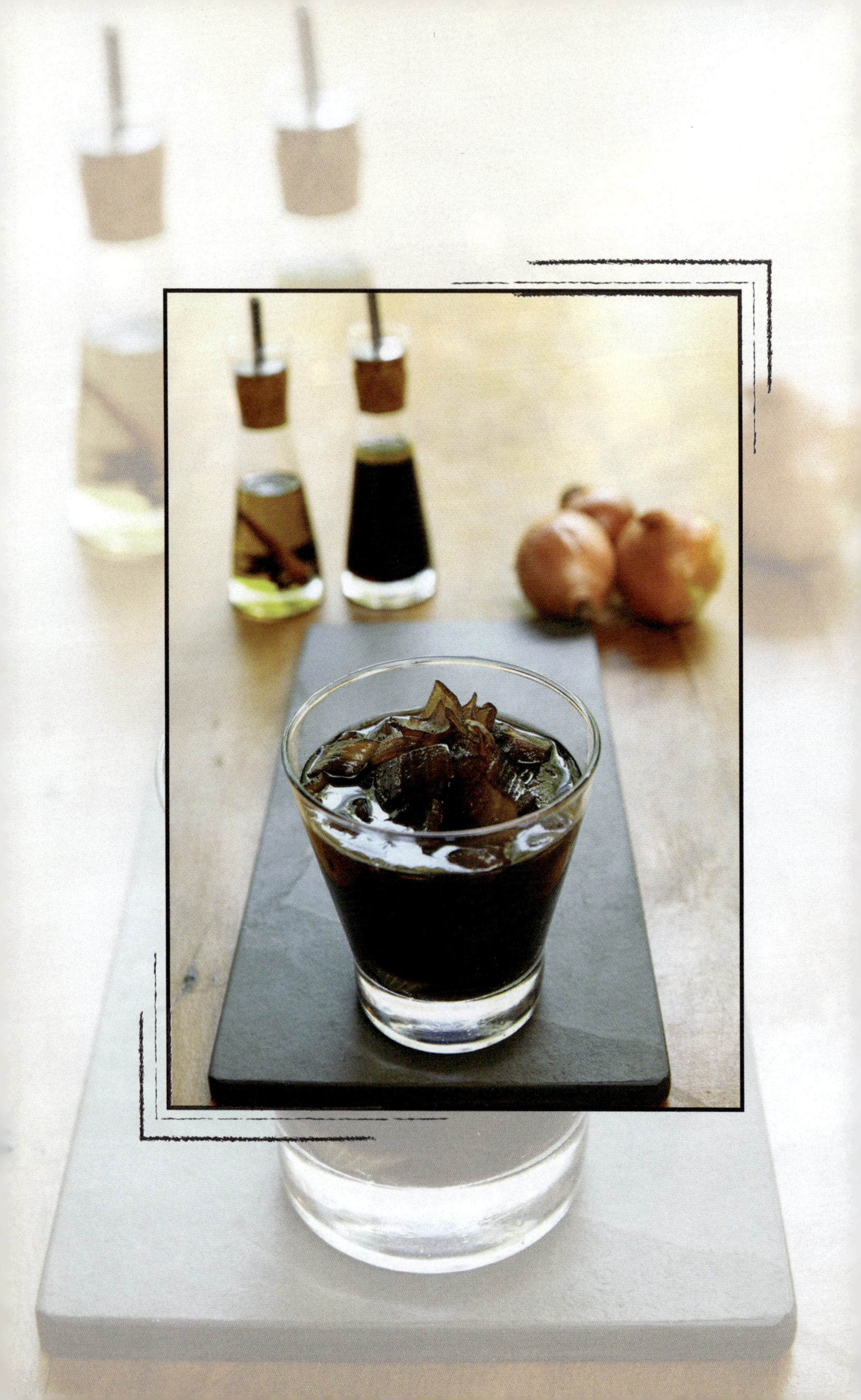

MOLHO DE CEBOLA CONFIT EM CARAMELO DE BALSÂMICO

RENDIMENTO:
- 6 porções

UTENSÍLIOS:
- Frigideira antiaderente, espátula ou pão duro, colher

INGREDIENTES:
- 1 cebola grande cortada em cubos
- 2 xícaras de vinagre ou aceto balsâmico
- 5 colheres de açúcar mascavo
- 4 colheres de sopa de azeite extravirgem
- 1 canela em pau
- 1 anis estrelado (opcional)
- Suco de meio limão tahiti

PREPARO:
- Leve todos os ingredientes com exceção do suco de limão e ferva até reduzir, em fogo baixo, até adquirir consistência de xarope liso. Adicione o suco de limão, misture e em seguida adicione o azeite até cobrir e passar 2 dedos o molho. Misture sempre antes de servir.

HAMBÚRGUER DE CORDEIRO

Nesta receita você encontrará alguns ingredientes que considero antídotos naturais e que minimizam os efeitos indesejáveis formados pela ação dos métodos de cocção do hambúrguer, que envolvem calor, fumaça e crosta. Isso tudo acelera a formação de radicais livres e as ervas e especiarias retardam e minimizam tais efeitos, que são maléficos à nossa saúde. A biomassa de banana verde melhorará a digestão e eliminação de toxinas e as tais substâncias formadas e negativas, além de melhorar a acidificação do nosso meio interno.

RENDIMENTO:
- 2 porções

UTENSÍLIOS:
- Frigideira antiaderente, prato fundo, colher, espátula ou pão duro

INGREDIENTES:
- 300g de carne moída de cordeiro (pode ser filé mignon, contrafilé ou até mesmo patinho)
- 1 colher de sopa de biomassa de banana verde (opcional)
- Noz-moscada a gosto
- Sal a gosto
- Pimenta moída na hora a gosto
- Punhado de salsa
- Punhado de ervas frescas picadas
- 1 dente de alho amassado
- Fio de azeite

PREPARO:
- Misture todos os ingredientes sem misturar e amassar muito. Faça duas bolas e achate-as com a mão ou molde de hambúrguer.
- Leve para uma frigideira ou grelha quente e, depois que selar bem de um lado, vire com auxílio de uma espátula.
- Deixe o preparo do hambúrguer por último.

PÃO DE HAMBÚRGUER

RENDIMENTO:
- 9 porções

UTENSÍLIOS:
- Thermomix ou liquidificador, espátula ou pão duro, colher

INGREDIENTES:
- 150g de farinha de trigo
- 75g de farinha de grão de bico
- 150g de polvilho doce
- 50g de fécula de batata
- 10g de fermento biológico seco
- 10g de sal
- 10g de açúcar de sua preferência
- 5g de goma xantana
- 50g de biomassa de banana verde
- 7,5g de vinagre de maçã
- 150g de ovos orgânicos da Fazenda da Toca
- 100g de azeite extravirgem
- 400g de leite de amêndoas ou leite vegetal de sua preferência
- Punhado de gergelim branco e negro misturados e previamente tostados

PREPARO:
- Misture todos os secos.
- Bata na thermomix ou liquidificador o azeite, o vinagre, os ovos e a biomassa e, em seguida, os secos. Bata em seguida com o leite vegetal.
- Misture até ficar homogêneo e disponha em forminhas redondas no tamanho de hambúrguer, untadas com azeite e farinha de arroz.
- Salpique gergelim por cima.
- Deixe fermentar por 20 minutos na forma. Asse em 160 graus preaquecido por cerca de 20 minutos.

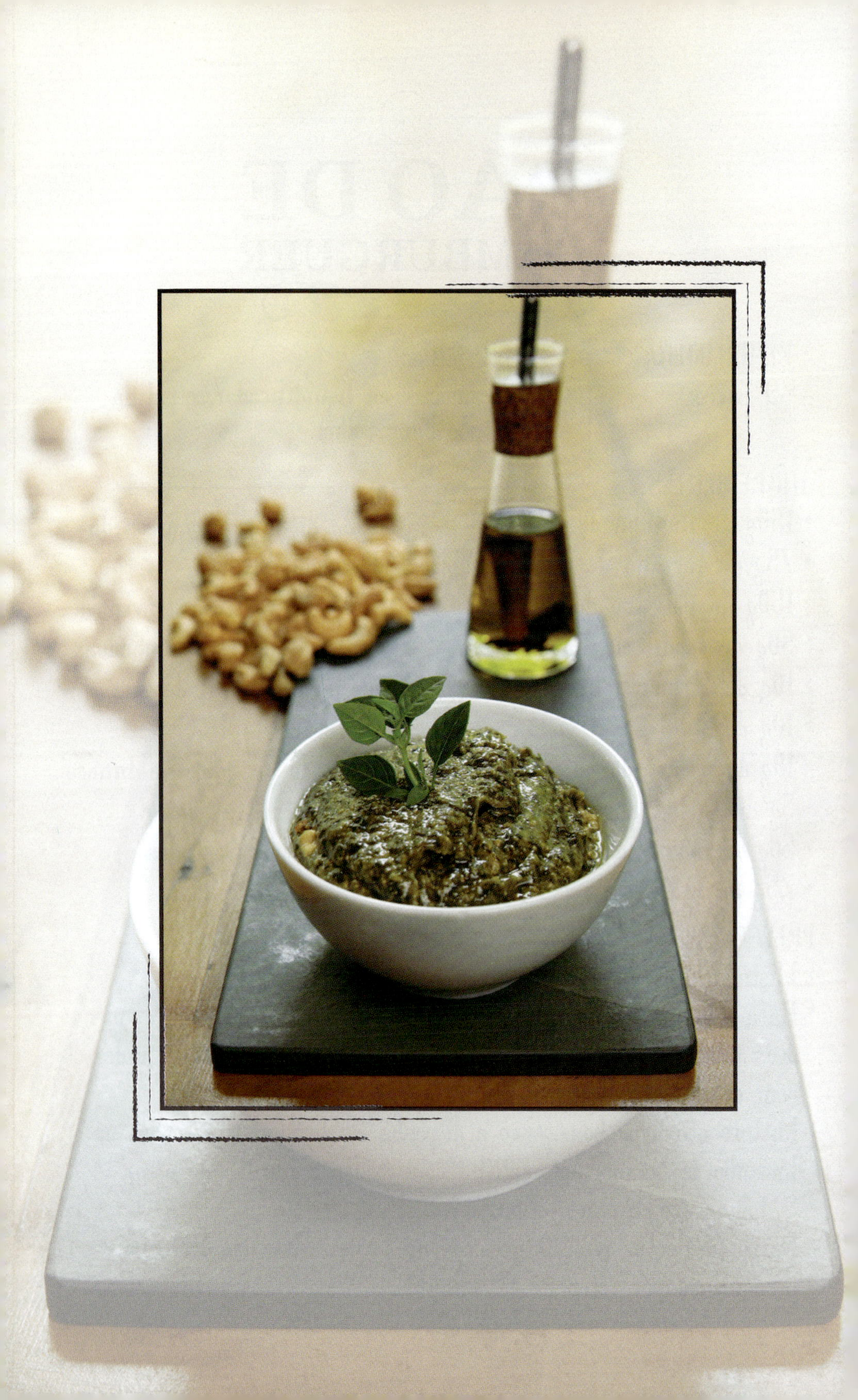

HOMUS DE CASTANHA DE CAJU COM HORTELÃ

RENDIMENTO:
> 10 porções

UTENSÍLIOS:
> Thermomix ou liquidificador, espátula ou pão duro, colher

INGREDIENTES:

> 150g de castanha de caju preferencialmente crua e não tostada
> 1 litro de água filtrada
> 1 macinho ou punhado de hortelã lavado e seco
> 5g de cominho em pó
> Sal a gosto
> 60ml de azeite
> 60ml de chá de hortelã

PREPARO:

> Coloque a castanha de caju de molho na água filtrada por 6 horas, fora da geladeira. Dispense a água e lave as castanhas.
> Bata no liquidificador as folhas de hortelã, sem talo, com o azeite e reserve. Bata as castanhas com o chá até formar uma pasta lisa e homogênea. Adicione o restante dos temperos.
> Armazene em um pote de vidro, em geladeira, por até 10 dias.

BATATA ASSADA COM ERVAS

RENDIMENTO:
- 2 porções

UTENSÍLIOS:
- Assadeira, pinça ou pegador, papel-manteiga

INGREDIENTES:
- 400g de batata orgânica
- 2 ramos de alecrim
- Ervas secas
- Punhadinho de salsa picada
- Fios de azeite
- 4 dentes de alho
- Pitadas de cúrcuma em pó

PREPARO:
- Lave as batatas e, com a casca, corte em gomos.
- Cubra a assadeira com papel-manteiga. Disponha as batatas numa assadeira e salpique cúrcuma em pó, fios de azeite, sal e folhas de alecrim. Acrescente os dentes de alho com a casca. Misture todos os ingredientes envolvendo os temperos por toda a batata. Leve para assar em forno preaquecido por 180 graus até ficarem crocantes e macias por dentro.

SUSTENTABILIDADE
DENSIDADE NUTRITIVA
DA HORTA
O CICLO DA VIDA
PRA MESA
COMER E CELEBRAR A VIDA
SUPER ALIMENTOS
ZERO LACTOSE
ZERO GLÚTEN

LE MANJUE
ORGANIQUE

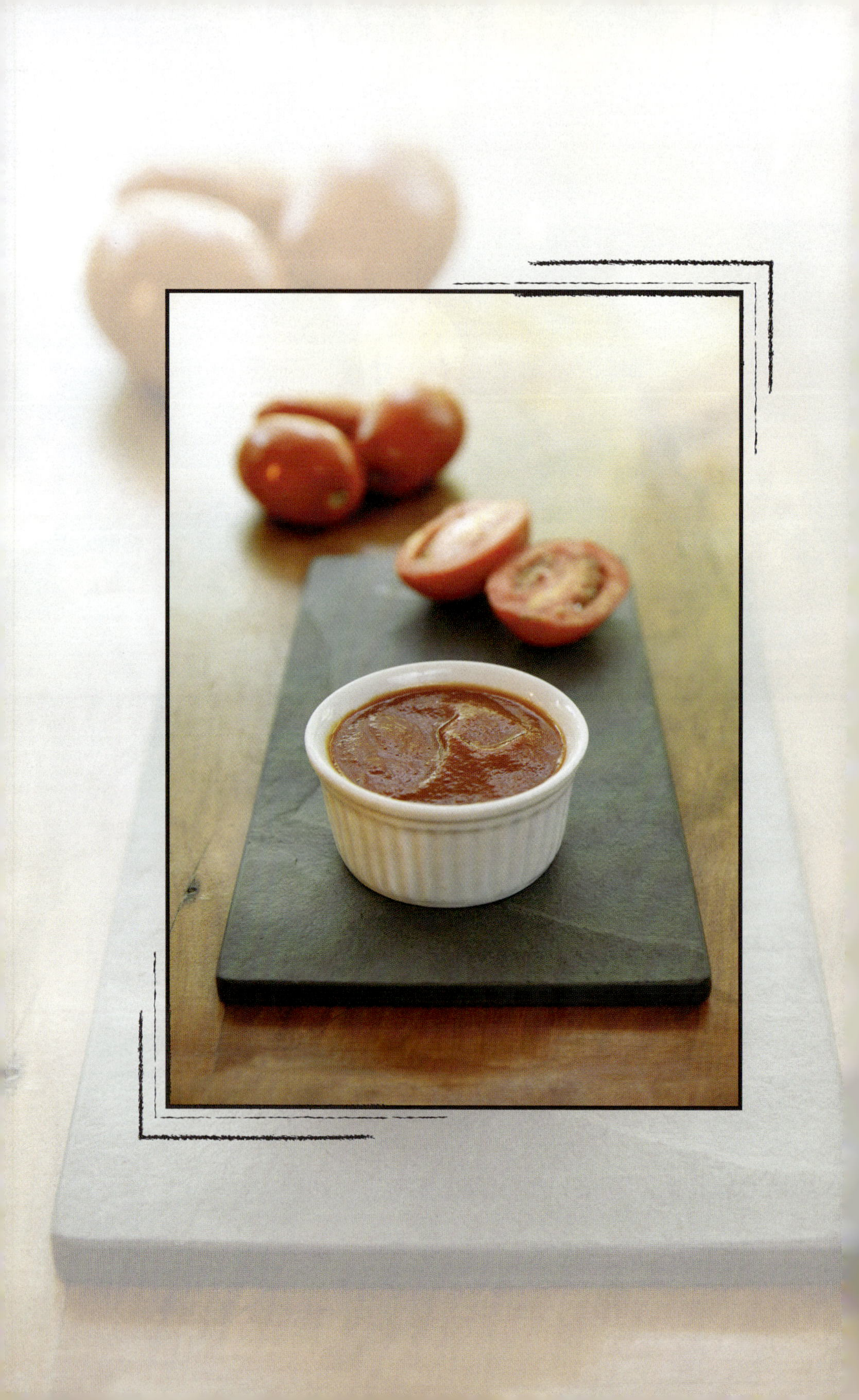

GELEIA DE TOMATE

Concordo que esta receita possui alto teor de açúcar, porém, não contém corantes, aditivos nem substâncias químicas que possam piorar nossa qualidade de vida.

RENDIMENTO:
> 6 porções

UTENSÍLIOS:
> Panela funda, liquidificador, espátula ou pão duro

INGREDIENTES:
> 125g de tomate orgânico maduro ou molho de tomate orgânico da Fazenda da Toca
> 125g de açúcar de sua preferência
> 250ml de vinagre de maçã orgânico

PREPARO:
> Bata todos os ingredientes no liquidificador e coloque na panela, em fogo baixo, até reduzir e formar um molho denso e consistente como um caramelo ou xarope. Bata tudo no liquidificador novamente e passe por uma peneira fina e deixe esfriar. Armazene por até 60 dias.

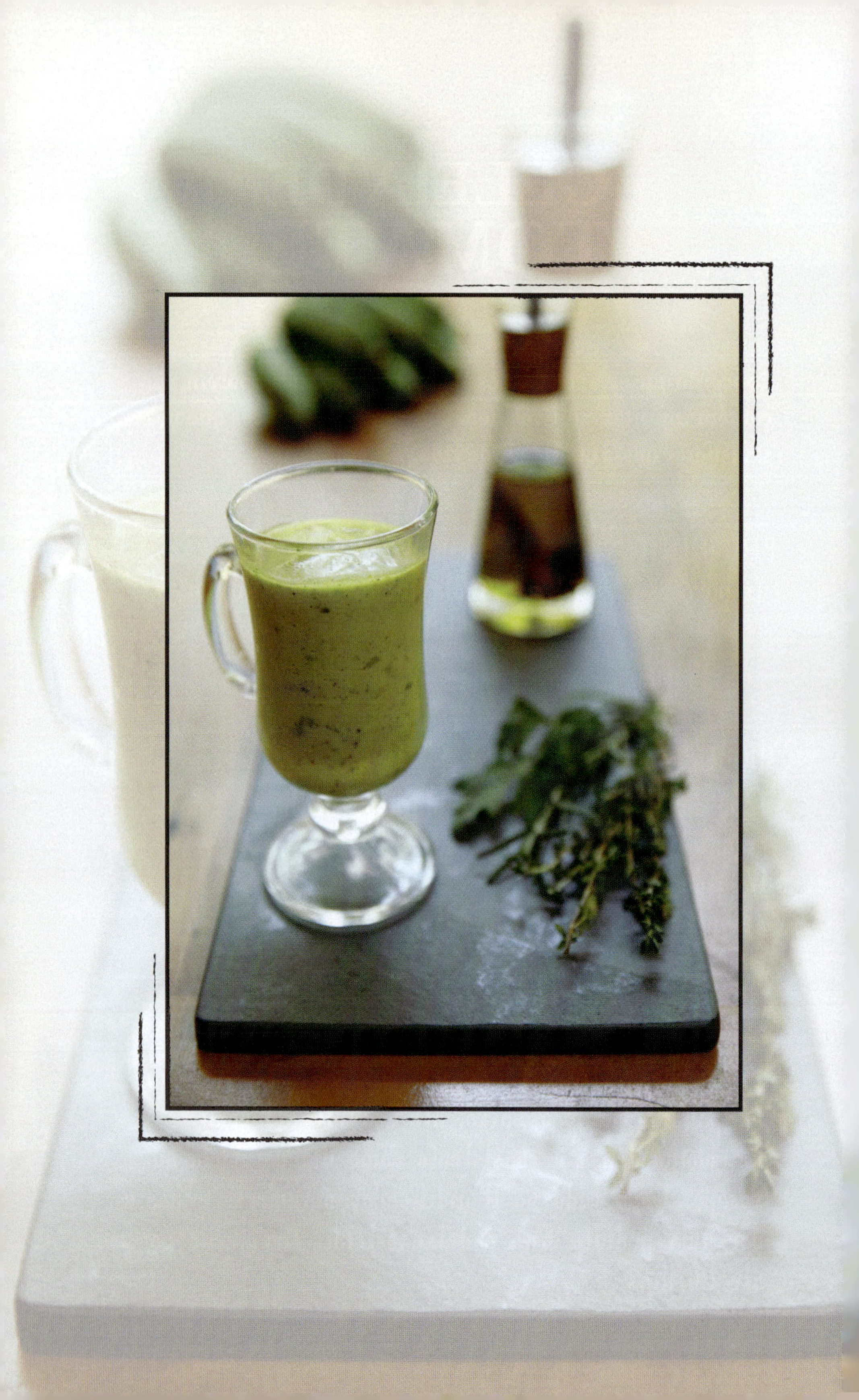

BIONESE DE ERVAS

RENDIMENTO:
> 10 porções

UTENSÍLIOS:
> Thermomix, liquidificador, espátula ou pão duro

INGREDIENTES:
- 400g de biomassa de banana verde sem muito líquido
- 100g de azeite extravirgem
- 100ml de chá de hortelã ou de sua preferência
- 1 colher de café rasa de matchá (opcional)
- 2 colheres de café de ervas moídas
- Punhado de ervas frescas, como tomilho, manjericão, alecrim e orégano
- Punhado de salsinha
- 3 colheres de café de sal
- 1 dente de alho
- 1 colher de café de cúrcuma
- Pitada de canela

PREPARO:
> Bata todos os ingredientes na thermomix ou liquidificador e armazene em um pote de vidro, na geladeira, por até 5 dias.

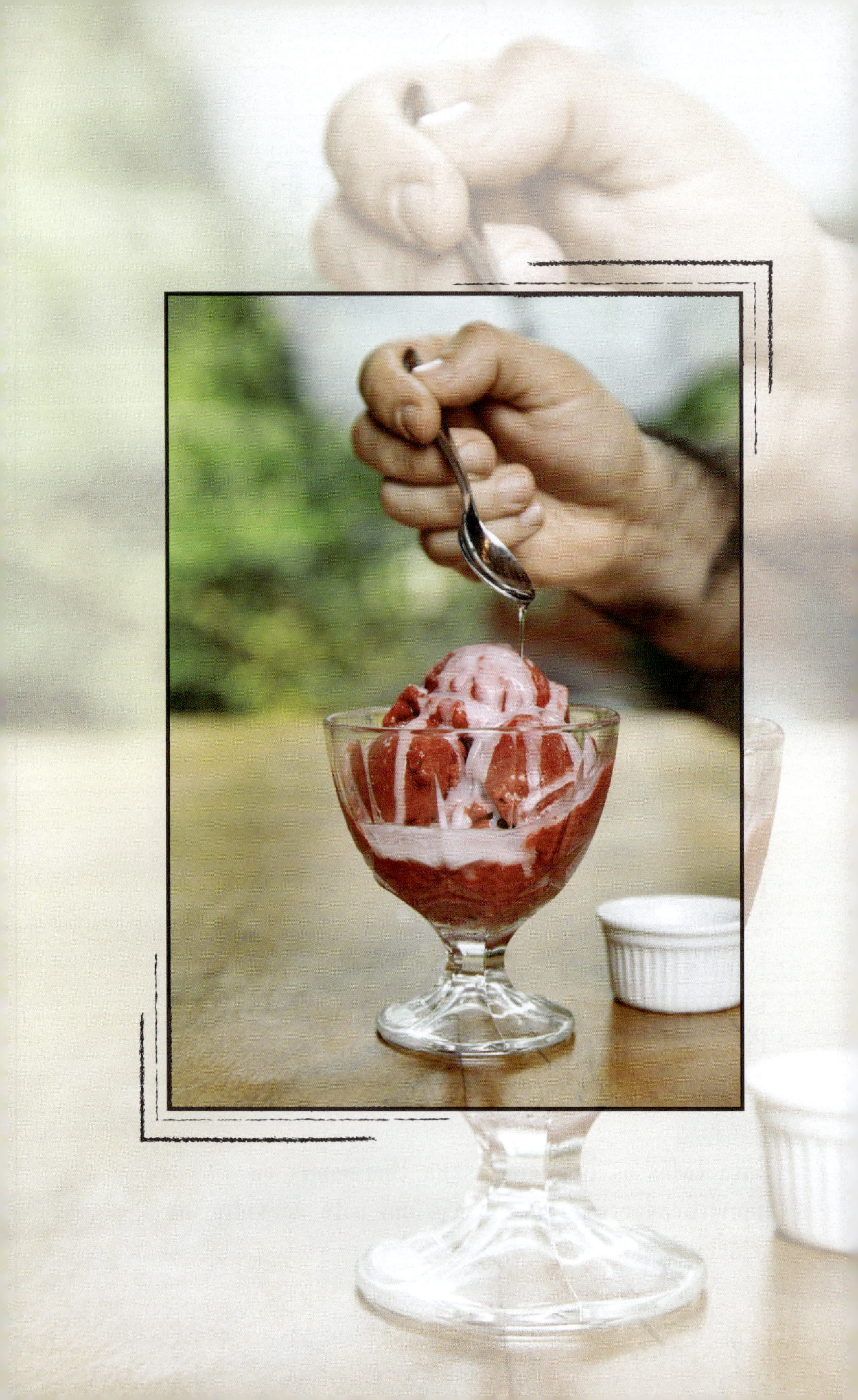

SORBET DA JUVENTUDE

Este sorbet é muito saudável e delicioso, possui ingredientes antioxidantes, anti-inflamatórios, detox e *antiaging*, ou seja, rejuvenescedores.

RENDIMENTO:
- 4 porções

UTENSÍLIOS:
- Thermomix ou liquidificador, espátula ou pão duro

INGREDIENTES:
- 2 xícaras de frutas vermelhas congeladas
- 3 bananas maduras
- 1 colher de chá de raspas de limão siciliano
- 1 colher de sobremesa de gengibre ralado ou picadinhos
- 2 sementes de cardamomo sem casca
- 1 colher de sobremesa de óleo de coco
- 1 colher de cafezinho de cúrcuma
- Folhas de manjericão fresco
- 1 manga madura

PREPARO:
- Corte a manga em cubos e leve para congelar. Descasque as bananas, corte em rodelas e leve para congelar. Se as frutas estiverem muito congeladas, espere descongelar um pouco para ser mais fácil de processar.
- Bata no liquidificador ou processador as frutas congeladas com cúrcuma, raspas de limão, gengibre, com auxílio de uma espátula, até formar uma massa homogênea. Sirva numa taça regada com fios de óleo de coco e folhas frescas de manjericão.

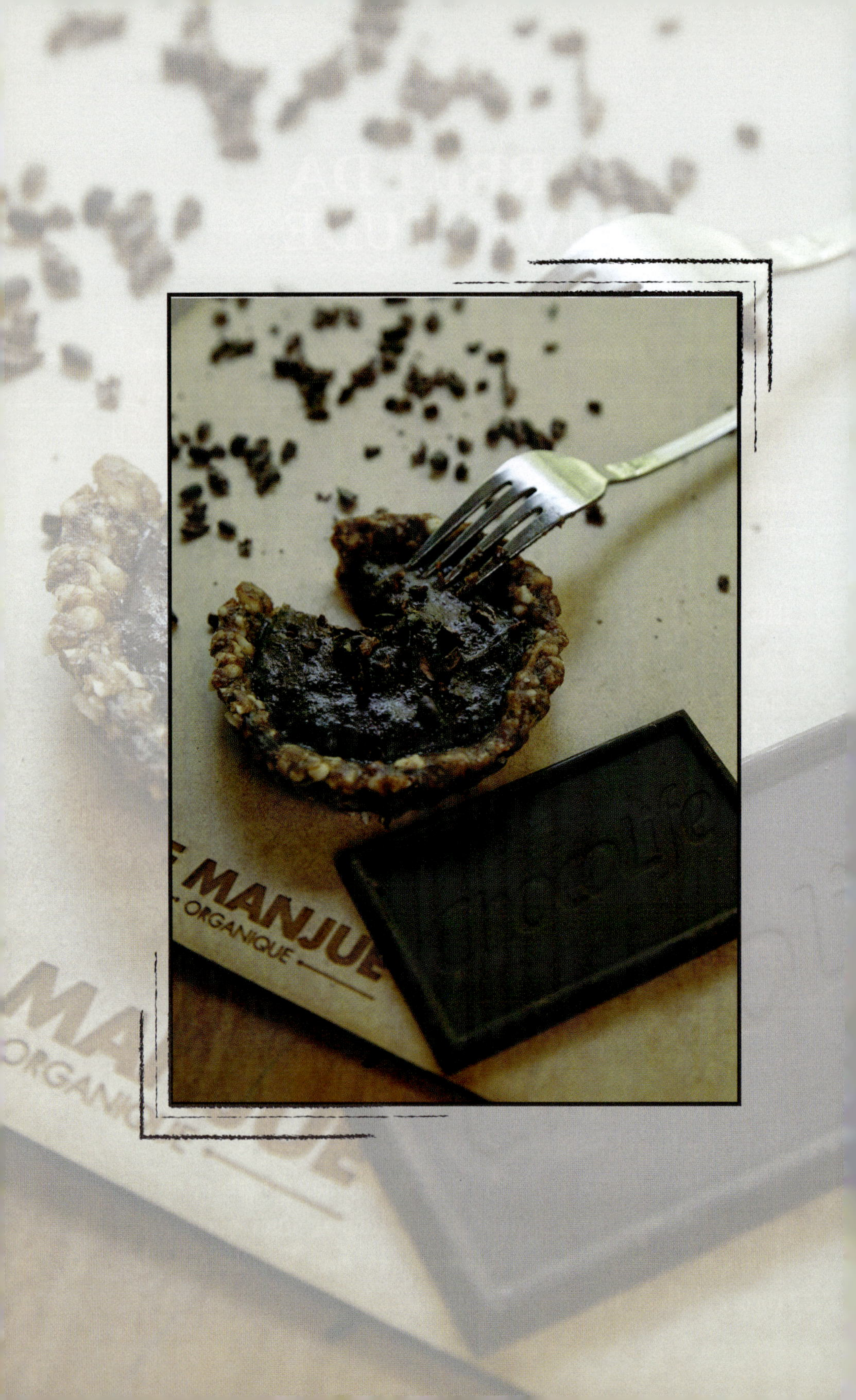
MANJUE
ORGANIQUE

TORTA FIT
RAW COM CREME DE CHOCOLATE 71%

Uma torta proteica e repleta de ingredientes antioxidantes, estimulantes, termogênicos, fibras solúveis e prebióticas, além de energéticos. Também pode ser chamada de *antiaging*.

RENDIMENTO:
- 5 porções

UTENSÍLIOS:
- Thermomix ou liquidificador, espátula ou pão duro, 5 forminhas com fundo móvel

INGREDIENTES:
- 150g de tâmaras
- 100g de farinha de amêndoas
- 1 colher de sopa de gergelim branco
- 1 pedacinho de gengibre
- 3 unidades de cardamomo
- 1 anis estrelado
- 1 canela em pau
- 200g de chocolate 71%
- 250ml de água filtrada
- 30g de castanha-do-pará ou amêndoas ou castanha de caju
- 1 colher de sopa de chia ou semente de linhaça
- 1 xícara de chá de biomassa de banana verde
- 1 colher de sopa de óleo de coco
- Pitada de noz-moscada
- Pitada de pimenta caiena
- Sal rosa do Himalaia
- 5 colheres de açúcar de coco ou demerara caso precise deixar o creme de chocolate mais doce para o seu paladar

PREPARO:

- Deixe as castanhas que você escolheu de molho em 50 ml de água filtrada por 6 horas. Em seguida dispense a água e reserve as castanhas.
- Ferva 200 ml de água com as especiarias por 8 minutos. Em seguida desligue o fogo e tampe, deixando em infusão por mais 5 minutos. Coe e adicione as tâmaras. Deixe as tâmaras de molho nesse chá até amolecerem. Retire as tâmaras e suas sementes, reservando o chá.
- Bata as tâmaras na thermomix ou no liquidificador, sem líquido nenhum, até formarem uma pasta e reserve.
- Misture a pasta de tâmara com a farinha de amêndoas e o gergelim (você pode preparar a farinha triturando as amêndoas na thermomix ou liquidificador potente) até formar uma massa úmida. Em seguida, misture com pitada de noz-moscada, pimenta caiena e pitada de sal rosa do Himalaia. Reserve a massa envolta em papel-manteiga.
- Bata as castanhas escolhidas em 150 ml do chá em que ficaram as tâmaras. Coe numa peneira fina e reserve a parte sólida para outras receitas.
- Misture a chia no leite de castanha preparado com o chá. Deixe por 10 minutos, misturando de vez em quando.
- Derreta o chocolate na thermomix ou em banho-maria. Em seguida bata na própria thermomix ou liquidificador o chocolate com o leite de castanhas e a chia hidratada, o óleo de coco e a biomassa de banana verde. Bata até virar um creme liso e homogêneo. Se quiser mais doce, adicione o açúcar.
- Enforme as forminhas de modo a ficarem firmes. Ajuste o recheio dentro das forminhas. Leve para a geladeira até ficarem firmes, por cerca de 2 horas. Retire as tortinhas com o cuidado de não quebrarem. Salpique nibs de cacau por cima.

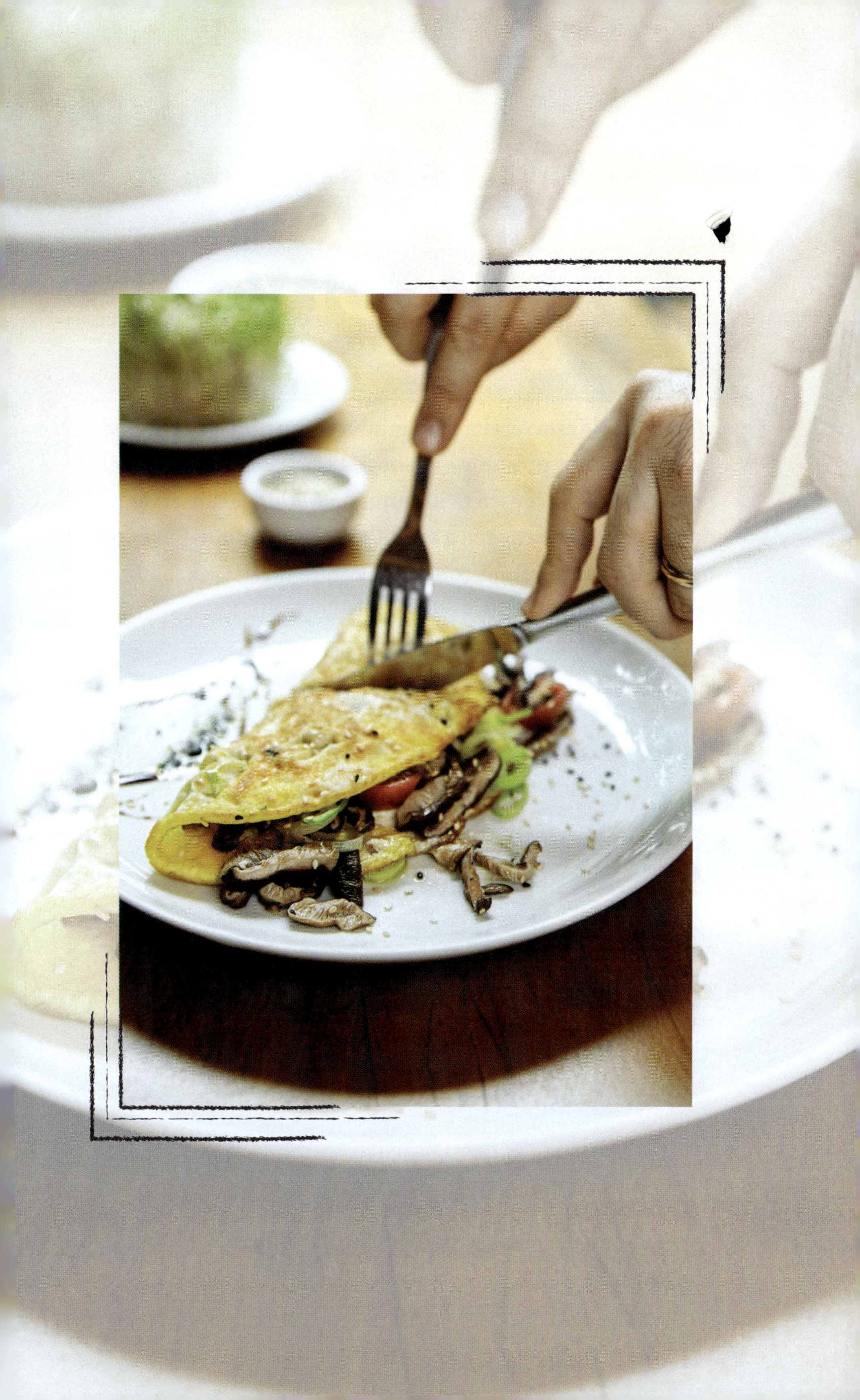

OMELETE EM HOMENAGEM À TIA DIVA

Quando fazia esta receita para minha tia, eu utilizava cogumelos em conserva, presunto e queijo. Esta versão é mais saudável, pois agora tenho consciência de que embutidos e conservas industrializadas fazem mal à saúde. Gosto da combinação entre o gergelim que combina com shiitake que por sua vez combina com alho-poró.

RENDIMENTO:
- 1 porção

UTENSÍLIOS:
- Frigideira antiaderente, prato fundo, garfo, espátula ou pão duro

INGREDIENTES:
- 3 a 4 ovos orgânicos da Fazenda da Toca
- 1 colher de sopa de água
- 1 pitada de sal
- Ervas frescas ou secas, como salsa, alecrim, tomilho, orégano
- 1 talinho pequeno de alho-poró
- 1 dente de alho
- 2 unidades de shiitake
- 1 colher de sopa de gergelim branco e preto tostado

PREPARO:

- Corte os cogumelos em tiras.
- Corte o alho-poró em fatias finas ou em cubos.
- Amasse o alho.
- Em uma frigideira antiaderente refogue com fio de azeite a cebola, o alho e o shiitake. Adicione as ervas e reserve em um pote.
- Misture os ovos com o sal e a água.
- Adicione mais um fio de azeite na frigideira e, em fogo alto, adicione a mistura de ovos. Quando a omelete começar a firmar nos arredores, empurre-a para o meio com a espátula, para os ovos moles preencherem a frigideira. Dessa forma, a omelete ficará mais grossa e os ovos do meio, cozidos. Abaixe o fogo e disponha o recheio reservado por toda a frigideira. Incline a frigideira e, com auxílio da espátula, feche a omelete e deixe cozinhar por mais alguns instantes. Disponha no prato e salpique gergelim por cima.